外事礼仪

WAISHI LIYI

金正昆 著

第六版

首都经济贸易大学出版社
Capital University of Economics and Business Press
·北京·

图书在版编目(CIP)数据

外事礼仪/金正昆著. ——6 版. ——北京:首都经济贸易大学出版社,2021.1

ISBN 978-7-5638-2958-3

Ⅰ.①外… Ⅱ.①金… Ⅲ.①外交礼节—基本知识 Ⅳ.①D802.2

中国版本图书馆 CIP 数据核字(2019)第 272604 号

外事礼仪(第六版)

金正昆 著

责任编辑	田玉春
封面设计	砚祥志远·激光照排 TEL:010-65976003
出版发行	首都经济贸易大学出版社
地　　址	北京市朝阳区红庙(邮编 100026)
电　　话	(010)65976483　65065761　65071505(传真)
网　　址	http://www.sjmcb.com
E - mail	publish@cueb.edu.cn
经　　销	全国新华书店
照　　排	北京砚祥志远激光照排技术有限公司
印　　刷	北京市泰锐印刷有限责任公司
成品尺寸	170 毫米×240 毫米　1/16
字　　数	356 千字
印　　张	20.25
版　　次	2002 年 9 月第 1 版　2004 年 9 月第 2 版　2010 年 6 月第 3 版 2013 年 7 月第 4 版　2017 年 2 月第 5 版　**2021 年 1 月第 6 版** 2024 年 1 月总第 16 次印刷
书　　号	ISBN 978-7-5638-2958-3
定　　价	45.00 元

图书印装若有质量问题,本社负责调换

版权所有　侵权必究

内容提要

　　本书是我国知名礼仪与公共关系专家、中国人民大学金正昆教授所撰写的一部外事礼仪专著。

　　本书分为基本守则、个人礼仪、接待礼仪、出访礼仪四部分,具体涉及外事工作的方方面面与整个过程,对外事人员的仪容仪表、穿着打扮、言谈举止、交往应酬、待人接物、来宾接待与出国访问等均做了具体的规范。本书兼具权威性、规范性、系统性与实用性,这是它区别于市场上其他同类型书籍的一大特点。

　　本书以外事人员为读者对象,既可作为外事部门的培训教材,又可作为广大涉外人员的案头参考书。

引　言

随着我国社会主义物质文明建设、精神文明建设和政治文明建设的协调发展,作为社会主义精神文明的有机组成部分,礼仪在人们的日常工作与生活中越来越受到重视。尤其是在对外交往中,外事礼仪更为国人所关注,可以说现在已经发展到没有人不讲究外事礼仪、没有人敢于忽略外事礼仪的程度。

在外事礼仪日益受到关注的进程中,人们对它产生了一些不尽相同的认识。在本书正文之前,有必要系统地阐述一下作者对与之密切相关的一系列具体问题的个人见解,以供广大读者参考。

问题一:什么是外事礼仪?

对于外事礼仪这一基本概念,世人往往存在着不同的看法。作者认为:外事礼仪,可被视为中国人尤其是中国的广大外事工作者对外交往的规矩与艺术。之所以对外事礼仪这样进行界定,主要出自如下双重考虑:

其一,外事礼仪,顾名思义,主要适用于对外交往,即适用于中国人尤其是中国的广大外事工作者与外国人打交道。换言之,外事礼仪,乃适用于中国人的涉外交往规矩与艺术。而在国人的相互交往中,则没必要生搬硬套外事礼仪的一系列做法。

其二,外事礼仪,显然主要适用于处理中国人与外国人之间的人际关系。在现代社会里,每一个人都必须明确一点,即自己的工作能力并不能简单地完全等同于业务能力。在实际工作尤其是在外事活动中,除了业务专长之外,交际能力亦不可或缺。一个人不仅需要较高的智商,而且同时需要较高的情商。也就是说,外事人员不仅要有一定的业务专长,而且应具备相应的交际能力,否则就不能胜任其工作。而外事人员要在对外交往中处理好自己的人际关系,提高自己的交际能力,就不能不学习并运用相应的交往艺术。

问题二:什么是外事礼仪的基本理念?

学习并运用外事礼仪,首先必须弄清它的基本理念。所谓外事礼仪的基本理念,是指运用外事礼仪的主要要求。

在谈及个人修养时,孔子曾明确要求:修己以敬;孟子曾指出:有礼者敬人;《礼记》中也曾强调:勿不敬。具体来讲,外事礼仪的基本理念,就是要求外事工作者在对外交往中必须始终坚持以尊重为本。既要尊重自己,又要尊重自己的交往对象,并要尊重自己的工作。

在坚持以尊重为本的大前提之下,运用外事礼仪时还须注意:尊重要以具体的形式来表达;对交往对象表达尊重的具体形式必须相对规范。离开了这两点,对他人的尊重就无从谈起。

问题三:外事礼仪有哪些主要内容?

对外事礼仪的内容,从不同的角度,可以有不同的具体表述。

从微观上讲,外事礼仪主要包括以下几个方面的内容:

其一,基本守则。它指的是外事人员在对外交往中所应恪守的主要行为准则。

其二,个人礼仪。它指的是外事人员在对外交往中的个人注意事项。

其三,接待礼仪。它指的是外事人员在以我为主,接待外方来宾时所应遵守的东道主的基本规则。

其四,访问礼仪。它指的是外事人员出国访问,我方身为宾客时所应遵守的行为规范。

从宏观上讲,外事礼仪的主要内容可划分为以下两大部分:

其一,形象的构建。它是针对外事人员自身方面所提出的要求,是外事人员自尊自爱的正确表达形式。

其二,沟通的技巧。它是针对外事人员待人接物方面所提出的要求,是外事人员尊重交往对象的必要表达形式。

引 言

问题四:外事礼仪有哪些重要特征?

一般认为,外事礼仪有如下三大重要特征。对它们有所了解,可以进一步端正外事人员对外事礼仪的基本认识。

其一,规范性。所谓规范,通常是指标准。外事礼仪的规范性特征,实际上强调的是外事礼仪即外事人员在外事活动中的行为规范,是外事人员自律与待人的标准化、正规化做法。

其二,对象性。外事礼仪的应用具有明确的对象,即外方人士。其使用者,为与外方人士打交道的我方人员。必须明确的是,外事礼仪对非外方人士并不适用,我方人员与非外方人士打交道时,亦无使用外事礼仪之必要。

其三,技巧性。应用外事礼仪,必须掌握必要的专业技巧。也就是说,外事礼仪具有一定的可操作性,而并非仅仅只是局限于理念。因此,在学习、应用外事礼仪时,外事人员必须对"有所为"与"有所不为"的具体要求认真加以把握,并在实际工作中一丝不苟地遵照执行。

问题五:外事人员为什么必须遵守外事礼仪?

不论从哪个方面来说,外事人员在对外交往中遵守外事礼仪,都是十分必要的。

就大局而论,遵守外事礼仪,可使我方人员在对外交往中无伤大雅,赢得尊重。所谓"外事",也就是涉外之事。人际交往,从来都讲究"内外有别"。在对外交往中,每一名中国人都知道:"外事无小事,事事是大事,事事须重视,事事有规矩。"因此,遵守外事礼仪,将有助于我方人员"内强素质,外塑形象",更好地在国际社会中发出中国好声音、讲述中国好故事,进而避免在对外交往方面出现重大过失,损害中外双方的关系以及国家的形象。

就个人而言,遵守外事礼仪,还可以使我方人员在对外交往中"减灾"。日常的外事工作,往往繁杂不堪、异常琐碎,它要求外事人员具有极强的耐心与极高的热情。在一般情况下,不可能指望外事工作天天都会取得重大进展。实际上,只要保证其不产生严重差错,就等于取得了一定的成绩。同样的道理,遵守外事礼仪,并不能够确保外事人员显著地提高个人能力,但却可以使外事人员在其人际关系上少犯错误,在其对外交往中少出"洋相"。换言之,自觉而规范地遵守外事礼仪,可使外事人员在其对外交往中"问题最小化"。外事礼仪的这一"减灾效应",已经在实际工作中得到了广泛的验证。

目　　录

第一章　外事礼仪的基本守则 ················· 1
　　一、忠于祖国 ····························· 1
　　二、以人为本 ····························· 6
　　三、维护形象 ····························· 10
　　四、求同存异 ····························· 18
　　五、遵时守约 ····························· 23
　　六、热情有度 ····························· 28
　　七、不宜过谦 ····························· 33
　　八、尊重隐私 ····························· 37
　　九、女士优先 ····························· 42

第二章　外事人员的个人礼仪 ················· 48
　　一、穿着打扮 ····························· 48
　　二、西装着装 ····························· 55
　　三、仪容修饰 ····························· 68
　　四、举止行为 ····························· 78
　　五、语言沟通 ····························· 83
　　六、姓名称呼 ····························· 90
　　七、名片交换 ····························· 96
　　八、问候行礼 ····························· 108

第三章　外事接待的常规礼仪 ………………………………… 115

一、礼宾规格 …………………………………………… 116

二、礼宾次序 …………………………………………… 122

三、接待计划 …………………………………………… 127

四、升挂国旗 …………………………………………… 132

五、奏唱国歌 …………………………………………… 143

六、使用国徽 …………………………………………… 147

七、迎来送往 …………………………………………… 153

八、相互介绍 …………………………………………… 161

九、会晤合影 …………………………………………… 171

十、谈判签字 …………………………………………… 179

十一、文娱活动 ………………………………………… 187

十二、饮食住宿 ………………………………………… 193

十三、交通往来 ………………………………………… 207

第四章　外事访问的一般礼仪 ………………………………… 217

一、外交特权 …………………………………………… 217

二、乘坐飞机 …………………………………………… 223

三、住宿酒店 …………………………………………… 229

四、应对媒体 …………………………………………… 239

五、出席宴会 …………………………………………… 244

六、享用西餐 …………………………………………… 254

七、酒的品尝 …………………………………………… 266

八、饮用咖啡 …………………………………………… 277

九、公务参观 …………………………………………… 283

十、馈赠礼品 …………………………………………… 288

十一、给付小费 ………………………………………… 295

目　录

主要参考书目 …………………………………………… 301

后记 ……………………………………………………… 304

再版后记 ………………………………………………… 306

修订第三版后记 ………………………………………… 307

修订第四版后记 ………………………………………… 308

修订第五版后记 ………………………………………… 309

修订第六版后记 ………………………………………… 310

第一章

外事礼仪的基本守则

外事人员在学习与运用外事礼仪时,必须要对其具体的可操作性技巧细致观察、悉心体会、认真把握,并力求精益求精。除此之外,外事人员还必须认真地学习、掌握并遵守外事礼仪的基本守则,这一点往往更为重要。

有位先贤尝言:在社会生活中,有规则,人们的行为才会有所节制;人们的行为有所节制,才有文明可言。孟子则更为言简意赅地强调:不以规矩,不成方圆。所谓外事礼仪的基本守则,通常是指外事人员在运用外事礼仪时所必须共同遵守的规则,即对外事人员运用外事礼仪时所提出的最基本也是最重要的要求。它是对外事礼仪一般规律的高度概括,因而对于外事人员如何运用外事礼仪具有普遍的指导意义。

如果将外事礼仪的可操作性技巧称之为微观上的具体做法的话,则可将外事礼仪的基本守则称之为宏观上的指导方针。有道是:思维决定行为。在任何情况下,了解并遵守外事礼仪的基本守则,既有助于深刻地理解外事礼仪,又有助于更好地运用外事礼仪。

一、忠于祖国

对于外事人员而言,忠于自己的伟大祖国,在任何时候、任何地点、任何情况下,都始终是第一位的、最基本的要求。

在中文里,"忠"字的基本含义是:尽心尽力。忠于祖国,即为祖国尽心尽力。在外事活动中,外事工作者必须为祖国尽心尽力。不忠于自己祖国的人,绝对算不上是称职的外事工作者。不仅如此,这样的人往往还会为外方人士所蔑视。而始终如一地忠于自己祖国的人,才会真正赢得其交往对象的尊重。

忠于祖国,作为一项外事礼仪的基本守则,要求外事人员在外事活动中,尤其是在运用外事礼仪的具体过程中,必须无怨无悔地对自己的祖国忠诚以待,不讲任何条件、毫无保留地为之尽心尽力。

在外事活动的具体实践中,遵守此项基本守则,通常体现在维护祖国、拥护政府两个基本方面。

(一)维护祖国

忠于祖国,首先必须维护祖国的利益。它主要应当体现在以下几个方面。

1. 坚持爱国主义。列宁指出:爱国主义就是千百年来固定下来对自己的祖国一种最深厚的感情。外事人员坚持爱国主义的具体表现,就是应当在外事活动中:以自己的实际行动热爱祖国,"威武不能屈,富贵不能淫,贫贱不能移";要时时刻刻胸怀自己的祖国,时时刻刻为自己的祖国而感到骄傲与自豪;要能够奋不顾身地维护祖国的利益,为祖国的独立、统一、完整、繁荣、富强、民主而努力奋斗,为了自己的祖国甚至不惜奉献出自己的一切。

习近平同志指出:爱国主义是中华民族精神的核心。在坚持爱国主义的同时,外事人员必须放眼世界,坚持国际主义。坚持爱国主义,并非推崇狭隘的民族主义和极端的自私自利。任何一国的爱国主义,都不应对其他国家的主权、其他民族的独立构成任何形式的妨碍。世界各国人民的正义事业从来都是相互支持的。中国人民一向主张,在办好自己事情的同时,中国应当对人类做出更大的贡献。中国有责任促进世界的和平、发展、合作、共赢,中国有义务帮助世界上一切亟待帮助的国家。为此,中国将不遗余力。

坚持爱国主义,还必须坚持反对霸权主义。霸权主义的主旨,就是要争夺、维持世界性或区域性霸权;就是要称霸于某一地区甚至整个世界。为此目的,霸权主义者不惜对别国事务横加干涉。中国一贯主张,国家不分大小、强弱、贫富,理当一律平等,互相尊重。各国人民都有选择本国发展道路的权力,其他国家对此只能予以尊重,而绝对不允许横加干预。

2. 捍卫祖国尊严。 外事人员在日常工作中维护祖国的一个重要表现,就是时刻不忘捍卫祖国尊严。一般而言,在跨国交往中,国与国之间都十分介意本国的国家尊严。国家尊严,主要指的是一个国家在国际社会上和国际交往中理应表现出来的自身的庄严与尊贵。捍卫祖国尊严,实际上就是要求外事人员自觉地以自己的一言一行去维护自己国家的声誉、形象。

在外事场合,外事人员首先必须确保自己的所作所为无损于祖国的尊严。在国事活动中,特别是在具体使用本国的国旗、国徽、国歌等国家象征性标志时,尤须慎之又慎。

在外事场合,外事人员还必须确保自己的所作所为不损害别国的国家尊严,同时也绝对不容许外方人士的所作所为损害我国的国家尊严。

总而言之,在外事活动中,外事人员在捍卫祖国尊严的前提下,对于哪些话该讲、哪些话不该讲,哪些事该做、哪些事不该做,应当做到心中有数,并且在实际工作中谨言慎行,一丝不苟。

3. 维护国家利益。 "祖国的利益永远高于一切"这句话,是每一名外事人员在任何情况下都必须牢牢铭记在心并切切实实地付诸个人行动之中的指南。维护国家利益,是每一名外事人员的神圣天职。

第一,必须防止个人主义。当个人利益与国家利益发生冲突时,切莫为保全个人利益而牺牲国家利益。正如周恩来同志所言:外交工作是代表国家的,一切必须从集体出发。倘若从个人出发,就一定很危险。外交工作不容许有个人打算。

第二,必须防止国家利益被自己或别人所伤害。即外事人员不仅不能因为自己的行为而损害国家利益,还必须勇于同一切有损于国家利益的行为进行坚决斗争。

(二)拥护政府

作为一名外事人员,不论其具体职务高低,不论其任职于政府部门还是任职于企业、事业单位,都必须无条件地拥护本国政府,忠于本国政府,服从本国政府。

在任何情况下,外事人员都必须拥护本国的合法政府。从原则上来讲,这是因为在各种正式的跨国交往中,唯有本国的合法政府才具有代表自己国家的资格。假若外事人员在外事活动中妄议本国执政党与中央政府的大政方针,甚至公然与本国合法政府唱对台戏,不仅不会为本国合法政府所接受,而且其身份也难以为外方所认可。

从组织纪律方面来讲,外事工作历来强调高度集中,下级必须服从上级,全国必须拥戴中央。作为国家、政府、地方、行业、单位的代表,外事人员必须在其思想上、行动上服从上级、拥护政府。如果与上级、与政府离心离德,就不具备从事外事工作的资格,就不能为政府、为国家、为社会所接受,做好自己的本职工作则更是无从谈起。

一般而言,在实际工作中,外事人员对政府的拥护应具体体现在下列三个方面:

1. 时刻依靠政府。做好外事工作,既有赖于全体外事人员上下一心、齐心协力,更有赖于外事人员自觉地依靠政府。

依靠政府的具体要求,一是外事工作必须在政府领导之下进行;二是开展外事工作,必须遵守有关的政策、政纪、政令与规定;三是临时遇到重大事件或问题,必须及时向政府报告、请示或寻求帮助;四是平时必须自觉而积极地与政府保持联系。

在参与重大外事活动时,外事人员必须无条件地服从政府安排,听从政府指挥,绝对不允许独断专行,或另搞一套。维护党和国家的权威,是极端重要的。党和国家的指导思想、奋斗目标、大政方针和法律制度以及重要工作部署等,必须统一,各个地方、部门和单位绝不能各行其是。

2.执行国家政策。外事人员拥护本国政府的具体表现之一,就是要在外事活动中自觉地执行国家的各项政策,尤其是要无条件地坚决执行国家的外事、外交政策。

所谓外事、外交政策,是各国政府所制定的有关本国外事、外交活动的大政方针,是实现本国外事、外交工作基本目标的有力工具,外事人员必须坚决地义无反顾地予以执行。

要执行好国家的外事、外交政策,有必要明确以下两点:

第一,必须认真学习国家的外事、外交政策。外事工作不仅事关国家与政府的声誉,而且政策性极强。所以,每一名外事人员均应全面、深入、系统地学习本国的外事、外交政策。在学习过程中,外事人员一要有的放矢;二要抓住实质;三要细致入微。

第二,要全面、深入、准确地掌握好、执行好外事、外交政策。国家的外事、外交政策,应该在本国各单位、各部门的外事工作中得以全方位地贯彻落实。因此,外事人员在一切外事活动中,必须严格地"照章办事",不允许牵强附会,主观、片面地理解和运用外事、外交政策;更不允许厚此薄彼,有所偏废。

3.保守国家机密。世界各国的外事工作者,都无一例外地被要求保守其国家机密。保守国家机密,是外事人员必须遵守的一项基本的职业操守。外事人员只有在保守国家机密方面做到万无一失,才能够真正地履行好自身的重要职责。

所谓国家机密,通常是指与国家利益、国家安全直接相关的重要情报。其具体内容,一般由各国政府详尽地加以规定。为此,各国都制定了一系列的保密法规,并且大都设立了专司其职的保密机构。

在外事活动中,外事人员要做到严守国家机密,关键是要遵守相关法律、法规,并要重在防泄密、不泄密、反泄密。为此,有如下三点要求必须重视。

第一,具有保密意识。外事人员必须在思想上高度重视保密工作,在任何时候都不可有丝毫的懈怠。

第二,养成保密习惯。外事人员必须养成良好的保密习惯,并且将这一习惯具体贯彻于各项外事活动之中。

第三，坚持内外有别。在外事工作中，提倡我方人员多交朋友，广结善缘。与此同时，还要求我方人员注意内外有别，对国家机密必须守口如瓶，不允许无所顾忌地内事外扬。

二、以人为本

作为一项外事礼仪的基本守则，"以人为本"的含义是：在国际交往中，与在国内交往中一样，外事人员的任何行为，均应有意识地尊重与保障人权。每一名外事人员都必须充分地意识到：自己所从事的一切国际交往的根本目的，都是为了尊重人、理解人、爱护人、发展人，都是为了维护人类的尊严。换言之，中国的一切涉外交往活动就其本质而言，都是要为人民服务，都是要始终维护中国人民与世界人民的根本利益。

胡锦涛同志曾经站在政治的高度上对"以人为本"进行过科学的论述，他说：我们必须始终坚持一切为了群众、一切依靠群众，坚持立党为公、执政为民，不断实现好、维护好、发展好最广大人民的根本利益。要坚持权为民所用、情为民所系、利为民所谋。习近平同志则强调：权为民所赋，权为民所用。由此可知，实现好、维护好、发展好最广大人民的根本利益，始终是中国共产党与中国政府的最高目的，始终是中国共产党与中国政府观察和处理问题的基本守则。

在具体的国际交往中遵循"以人为本"这一基本守则时，主要应当关注以下两个方面的具体问题。

（一）尊重人权

《中华人民共和国宪法》明文规定："国家尊重和保障人权。"在国际交往中，中国的每一名外事人员均不可对此掉以轻心。

所谓人权，其实是一个不断发展、更新的历史概念。简而言之，它指的是人的基本权利。但其具体内容则涵盖甚广，不仅包括政治权利、经济权利、社会权利、文化权利等人的个人权利,而且还包括发展权、民族自决权等人的集体权利。

在人权问题上,国际社会一直存在着争议与斗争。目前,中国政府的基本立场是:人权必须作为一个完整的概念被理解。它既应包括个人权利,也应包括集体权利。在个人权利中,不仅应当包括政治权利,而且也应当包括经济权利、社会权利与文化权利,等等。总之,人权的各个方面互相依存,同等重要,不可分割,不可或缺。

由于各国的具体发展水平不一,其所面临的各种具体的社会、经济、文化问题亦千差万别,故应允许各国根据自己某一特殊时期的需求而突出人权的某项内容,但这并非意味着否定或抹杀其他各项人权。

中国政府认为:对任何一项人权的剥夺,实质上都是对整体人权的剥夺;对任何一项人权的促进,实质上都是对整体人权的促进。

与此同时,中国政府还强调:人权是权利与义务的有机统一。权利与义务在实践中应该而且必须是一致的:不存在没有义务的权利,也不存在没有权利的义务。

总而言之,外事人员在国际交往中涉及人权问题时,必须始终如一地坚持以下基本立场:第一,中国是尊重和保障人权的。第二,中国对人权有着自己的理解。第三,中国坚决反对曲解与滥用人权。

某些国家将自己的人权观强加于别人,或者借所谓"人权问题"干涉中国内政,向来都受到中国政府与中国人民的强烈反对。在此大是大非问题上,外事人员必须立场坚定、旗帜鲜明,始终与本国政府保持一致。

毛泽东同志说过:"世间一切事物中,人是第一个可宝贵的。"在世间万物、万事之中,既然人是最宝贵的,那么一切工作都应当置人于核心,将人作为世间万物、万事之本。不论任何工作,只要忽略了人,不以人为核心,甚至目中无人,都将失去其实际的价值或意义。这就是所谓"以人为本",同时这也是对人权最好的尊重。

具体而言,在实际的外事工作中坚持"以人为本"的最基本的要求,就是必须明确:外事工作,首先就是有关人的工作。遵守外事礼仪,在本质上就是为了尊重人、理解人、爱护人、发展人。

1. 尊重人。 在国际交往中,包括在具体运用外事礼仪时,外事人员都应坚持将尊重外方人士置于首位。从根本上讲,礼仪即尊重他人的具体表现形式。如果抱着轻视或漠视交往对象的心态去运用外事礼仪,或是以此姿态去进行国际交往,都不可能取得成功。在尊重外方人士的同时,还须明确:对外事人员自身以及其他我方人员的尊重同等重要。一个人倘若不尊重自己,显然不可能真正地为其交往对象所尊重。

2. 理解人。 经验告诫人们:人各有别,不可一概而论。在从事以跨文化为背景的国际交往时,外事人员必须高度重视对交往对象的理解。只有理解他人,才有所谓尊重对方可言。如果根本不能够理解对方,不能真正具体了解对方的喜怒哀乐及其个人偏好与忌讳,那又何谈对对方的尊重?

3. 爱护人。 不论理解人还是尊重人,其最终目的,都是要爱护人。爱护人的基本要求,则是要保护人。所谓保护人,在此主要是指保护人的生命财产安全,保护人的正当权益,保护人所特有的风俗习惯,保护人所赖以生存的环境。在国际交往中,外事人员必须爱护自己的交往对象,不允许任何伤害自己交往对象的现象发生。

4. 发展人。 在国际交往中,外事人员的一切所作所为,均应真正地有助于人的发展。所谓发展人,在此意即令人有所成长、有所进步、有所完善。就尊重人权而言,发展人乃是其最关键之点。邓小平同志曾经指出:发展是硬道理。离开了人的发展,尊重人、理解人、爱护人往往就会变成空谈。

(二)服务于人

从社会制度方面来看,中国是一个社会主义国家。作为一个社会主义国家,中国的外事工作自然是为人民服务的。对于此点,每一名外事人员均应牢记于心并见诸行动。

在坚持外事工作始终为人民服务这一基本目标时,外事人员具体需要谨记以下两个要点:

第一章 外事礼仪的基本守则

1. 为全中国人民服务。邓小平同志曾经明确地指出：中国外交以国家利益为最高准则。在阐述"三个代表"重要思想时，江泽民同志具体要求：中国共产党必须始终代表中国最广大人民的根本利益。习近平同志则明言：一切为民者，则民向往之。因此，中国的外事工作必须始终坚定不移地为中国人民服务。

此处需要强调的一点是，中国的外事工作首先应当是为全中国人民服务的。其具体对象，不但应当包括中国内地人民，而且还应当包括台湾、香港、澳门同胞，以及一切海外华人、华侨。中国的每一项外事工作，都必须真真切切地尊重中国人民、爱护中国人民、保障中国人民、发展中国人民，并且永远服务于全体中国人民。

外事工作，就其性质而论，实际上属于一种服务工作。中国的外事工作，从来都是为祖国、为人民、为社会主义现代化事业服务的。

近年来，中国政府一直强调：中国外交以人为本，其基本含义就是中国外交以服务于中国人民为基本宗旨。服务工作，从根本上讲，其实并无高低贵贱之分，而只有做好与做不好之别。

外事人员要想恪尽职守，并努力做好自己的本职工作，关键是要做到如下两点：

第一，强化服务意识。既然外事工作是为人民服务的，那么从事外事工作的全体外事人员，不论直接面对本国公民，还是直接接触外方人士，都应该自觉自愿地提供最优质的服务。

外事人员必须意识到，尽管外事工作具有一定的特殊性，但它依旧属于服务工作。尽管我方人员与外方人士在人格上完全平等，我方人员既不高人一等，也不低人一截；但由于外事工作的性质所决定，外事人员在具体的外事活动中所扮演的往往是服务于人的角色。对这一角色，外事人员必须自觉"到位"，而绝对不允许"错位""越位""缺位"，或者"不到位"。

第二，做好服务工作。常言道：外事无小事，事事是要事。不论具体分工如何，只要身在外事工作的岗位上，每一名外事人员就必须充分认识到自己的责任重大，对自己的本职工作不能有丝毫懈怠。

与此同时，外事人员还应当意识到，在与外方人士打交道时，自己实际上被视为国家、民族、单位的代表，因而自己所从事的工作是无上光荣的。先哲有言：热爱是最好的老师。外事人员不仅要干一行爱一行，而且还必须干一行精通一行。外事人员一定要扎扎实实地做好本职工作，勤勤恳恳地为每一位涉外交往的具体对象服务。

2. 为全世界人民服务。当今的中国正在走向世界的中心，并且已经成为国际社会的真正一员，中国正在扮演着一个负责任的大国的角色，因此中国的每一位外事人员亦应具有真正的、开阔的国际视野。

就其宗旨而言，中国的外事工作，是要努力维护世界和平、促进共同发展、增进国际合作。中国这样做，不仅有助于世界的稳定与繁荣，而且也符合全世界人民的根本利益。

中国的外事工作，主要以外国朋友为服务对象。因此，它在本质上就是为世界人民服务的。对于此点，不容置疑。

中国的外事工作，必须以不损害世界人民与别国人民的根本利益为前提。具体而言，为世界人民服务，不仅是要为本国人民服务、为特定的交往对象国人民服务，而且也要为其他国家的人民服务。不论在任何情况下，中国人民都不应以自己的所作所为伤害世界人民或别国人民的根本利益。而当世界人民或别国人民利益受到伤害时，中国人民也绝对不应该对此幸灾乐祸或推波助澜。

三、维护形象

阅历丰富的外事人员都十分清楚，在外事活动中，尤其是在比较正式的外事场合，外事人员的个人形象自始至终都会受到其交往对象的高度关注，并且在一定程度上制约着外事活动的开展与效果。因此，要求外事人员在外事活动中要务必重视个人形象、规范个人形象、维护个人形象。

在日常生活里，形象的内涵与外延极其广泛。就其类别而论，除个人形象之外，还有群体形象、组织形象、产品形象、品牌形象、国家形象等。从宏观上看，形象可分为人的形象与物的形象两大类别。在人的形象中,个人形象无疑是最为重要的。

所谓个人形象,一般是指一个人在社会上所形成的公众印象,以及社会公众由此而对其产生的基本看法和做出的总体评价。要求外事人员维护形象,首先就要求其在外事活动中认真维护个人形象。

就具体要求而论,外事人员维护其个人形象主要包括下述两个方面:一是要重视个人形象;二是要规范个人形象。

（一）重视个人形象

重视个人形象,往往是外事人员维护其个人形象的第一步。没有对个人形象的高度重视,不仅谈不上个人形象的规范,而且也不可能维护好个人形象。

要求外事人员重视个人形象,实质上就是要求其认真对待个人形象问题。而要真正做到这一点,需要外事人员在思想上对个人形象问题端正态度,提高认识。

从理论上讲,外事人员必须重视个人形象主要基于以下五个方面的原因。

1. 它真实地体现着其个人教养与素质。在现代社会中,教养与素质的高低,既是一个人能否立足于社会的一项基本条件,又是一个人是否具有品位、能否获得尊重的一项重要内容。正因为如此,每一个现代人都希望自己具有良好的教养与素质。

所谓素质,通常是一个人在文化、品德方面的修养;所谓教养,则是指人们在为人处世、待人接物等方面的个人修养及其所达到的一定水准。显而易见,一个人的教养与素质不仅与其个人经历、生活环境、受教育程度直接相关,同时也受到自我要求、社会风尚的影响。

在人际交往的过程中,特别是当人与人初次相见时,人们都会对其交往对象的个人教养与素质倍加关注,甚至往往还会留下难以磨灭的印象。所谓教养体现于细节,细节展现个人素质,细节决定事业的成败。因此,可以说一个人的素质与教养是其个人形象的核心组成部分。换句话说,一个人的个人形象通常真实地体现着其自身的素质与教养。一个人的个人形象,实质上就是他所拥有的软实力。

2. 它客观地表现着其个人的生活态度与精神风貌。 大千世界之中,人们的生活态度与精神风貌既有其个性,又存在其共性。外事人员也不例外。由于每个外事人员的个性不一样,心理素质不一样,生活条件不一样,工作岗位不一样,因此,外事人员的生活态度与精神风貌显然也存在着一定的差异。对于这一点,完全没有必要大惊小怪,也不值得小题大做。

但是,作为从业的基本条件之一,每一名合格的外事工作者,在其生活态度与精神风貌方面,也必然存在许多的共同之处。具体而言,作为一名合格的外事工作者,对待生活的基本态度,应当是认真、负责,充满自尊、自信,对生活充满了热爱;其精神风貌,应当是热情开朗、豁达大度、朝气蓬勃、奋发进取的。

唯其如此,外事工作者才会在外事活动中真正为人所信赖,受人尊重。也只有这样,外事工作者的公众形象才会具有一定的魅力,并能持续地保持这种魅力,这是对外事人员的生活态度与精神风貌的基本要求。

3. 它间接地展示了其个人对待交往对象重视与否。 按照中国人的传统习惯,一个人的穿着打扮等涉及个人形象的问题,纯粹属于个人私事,任何人都完全有权力"我行我素",而根本不必介意别人对自己的感受。这就是所谓"穿衣戴帽,各有所好"。而人们在交往应酬中,也往往被告诫:"不可以衣帽取人",即不得过分地关注其交往对象的外在形象。可是,这一习惯在外事活动中却不能被引申沿用。在国际社会里,通行的看法恰恰与中国人的传统习惯相反。人们普遍认为,在正式场合,特别是在国际交往中,每一名参与者的个人形象不仅体现了个人的教养和素质,而且与其对交往对象的重视程度直接相关。

也就是说,外事人员在外事活动中需要谨记:一个人在对外交往中如果形象甚佳,就会被视为对其交往对象极度重视;一个人在对外交往中如果形象欠佳,则会被视为对其交往对象缺乏应有的尊重。

4. 它直观地反映出其个人所在单位的整体形象。 在人际交往中,当人们不能确定某个人的具体归属时,即使其在交往中存在着一些缺陷,顶多会被视为其个人的问题。然而人们如果确知其归属于某一个具体单位,甚至拥有某单位代表的实际身份时,则往往会将其个人形象与其所属单位的形象直接画上一个等号。也就是说,在人际交往中,当一个人的具体身份可以明确时,其个人形象实际上就是其所属单位形象的有机组成部分。

每一名外事人员均须牢记,在正式活动中,自己的个人形象绝不是单纯的,而是其多重身份的集中展示:在本单位内部,每一名外事人员的个人形象代表着他所在的具体部门的形象;在与外单位打交道时,每一名外事人员的个人形象代表着他所在的单位或行业的形象;在为人民群众服务时,每一名外事人员的个人形象代表着他所在的政府部门或所在机关的形象;在与外地人进行交往时,每一名外事人员的个人形象代表着他所在地方的地方形象;同外国人相处时,每一名外事人员的个人形象则代表着他所在国家、所属民族的国家形象与民族形象。

作为部门形象、单位形象、机关形象、行业形象、政府形象、地方形象、民族形象乃至国家形象的具体代表,作为外国人借以观察当代美丽中国的"一扇窗口",每一名外事人员自然毫无任何理由对其个人形象掉以轻心。每一名外事人员都有义务、有责任以自己的所作所为,在外事工作中发出中国好声音、讲述中国好故事、传播中国好形象。

5. 它经常地被人们视为一种宝贵的无形资产。 一般而言,外事人员通常都是本单位的"精英"。作为"精英",外事人员的个人形象实际上也是其单位的一种极其宝贵的无形资产。

良好的外事人员个人形象对一个单位的价值,可以概括为以下三个方面:

第一,形象是一种传播。外事人员个人形象上乘,实际上就是一种最为直观可信、最具有说服力的对外传播。其功效显然要比"纸上谈兵"强过百倍。

第二,形象是一种效益。如果每个外事人员都拥有良好的个人形象,不仅可以传播其所在单位的形象,而且还可以直接为本单位带来一定的经济效益与社会效益。

第三,形象是一种服务。如果外事人员个人形象好,他所提供的个人服务往往就易于为其服务对象所接受,反之则不然。从这个意义上可以说,外事人员的个人形象实际上也影响着其服务效果,并且是其服务的重要组成部分之一。

(二)规范个人形象

重视个人形象,是对外事人员提出的一项总体要求。外事人员必须将此项要求确实落到实处,以自己的实际行动规范个人形象。

一般而言,在人际交往中,一个人令他人印象与感触最深的地方,往往包括其个人仪容、表情、举止、服饰、谈吐、为人处世等六个具体方面。它们通常被称为构建个人形象的六大要素。

与其他工作相比,外事工作显然具有其特殊性。外事工作的这种特殊性,自然也会体现在外事人员的个人形象上。要求外事人员规范个人形象,实际上就是指外事人员的个人形象应符合其职业要求。具体而言,要求外事人员规范其个人形象主要包括:

1. 规范仪容。当一个人与外界交往时,其个人仪容通常都会备受关注。所谓仪容,一般指的是一个人的仪表与容貌的统称。简单地讲,一个人的仪容,实际上就是指其个人形体的基本外观,即其外表与外貌。

在对外交往中,对外事人员个人仪容的基本要求是:干净整洁、略加修饰。其中要求修饰的重点,则是外事人员的头部与手部。

第一,干净整洁。所谓干净整洁,是指外事人员要注意个人卫生,其日常仪容必须做到无异味、无异物。若是浑身汗味、烟味,眼角、口角、耳孔之中的分泌物没有清理干净,其个人卫生状况岂能令人恭维。

第二,略加修饰。所谓略加修饰,则是指外事人员依照常规对个人仪容进行必要的修整、装饰,使之美观而得体。举例而言,外事人员不仅要经常理发,而且还应及时修剪胡须、鼻毛、耳毛、指甲、趾甲等。

2. 规范表情。在人际交往中,人们往往要对自己的交往对象察言观色,即关注其表情。所谓表情,通常是指一个人在面部所表露出来的其内在的思想、感觉与情绪。从本质上看,它是个人情感最真实、最自然、最直观的流露,往往最能够反映出一个人的内在感受。

在外事活动中,外事人员的基本表情应当是:和蔼、亲切、友善。外事人员对自身表情的关注重点,应当是眼神与笑容。

第一,表情和蔼。要求外事人员表情和蔼,是指在与人交往中态度应当温和,不粗暴、不严厉,使人感觉易于接近。

第二,表情亲切。要求外事人员表情亲切,是指待人要热情,令人感到一见如故,没有距离,容易与之亲近。若态度冷漠、沉重、呆板、做作甚至充满怀疑、敌视之感,是绝对不会令人感到亲切的。

第三,表情友善。要求外事人员表情友善,则是指要对人友好、和善,要善于关心、体谅、照顾或帮助别人,同别人和睦相处。

3. 规范举止。与他人相处时,人的肢体动作往往会给人留下深刻印象。一个人的肢体动作,通常被称为举止。在正式场合,特别是在外事活动中,一个人的举止,经常会被其交往对象视为一种充满寓意、传递一定信息的"肢体语言"。当人们在跨国交往中遇到难以逾越的语言障碍时,"肢体语言"的重要性就显得尤为重要。

就一般状况而言,外事人员个人举止的基本规范是:适度与从俗。外事人员要着重检点自己手臂的动作,除此之外,还要对自己在站立、行走、就座、工作时的肢体综合动作予以重视。

第一,举止适度。所谓举止适度,主要是要求外事人员在外事活动中有意识地控制肢体动作的幅度,并适度减少肢体动作,从而使自己的举止不至于让人感到夸张或者被别人曲解,给人以教养良好、稳重成熟之感。

第二,举止从俗。所谓举止从俗,对外事人员而言则主要有三项基本要求:一是要求其举止动作合乎本国的习惯;二是要求其举止动作合乎交往对象国的习惯;三是要求其举止动作合乎国际社会所通行、通用的习惯。至于究竟要合乎其中的哪一种习惯,则应视其具体场合而定。

4. 规范服饰。服饰,亦称穿戴。它指的是人们在日常生活与工作中所穿的服装与所佩戴的饰物。规范服饰,是现代社会文明与进步的基本表现。

一般而言,服饰的基本功能有三方面:其一,实用的功能。服饰可以遮蔽身体、抵御寒冷,劳作时又可护身。其二,界别的功能。在现代社会里,男女老幼、不同职业、不同级别者,其正式着装是不同的。其三,审美的功能。由于每个人的品位不同、眼光各异,其服饰偏好自然差异甚大。了解以上服饰的基本功能,有助于外事人员加深对服饰的认识。

在对外交往中,对外事人员个人服饰的基本规范是:应己、应人、应时、应景,此谓"四应规则"。它重点规范的,则是外事人员在正式场合所穿着的正装。

第一,应己。所谓应己,主要是要求外事人员在选择个人服饰时,首先要从自身的特点出发,兼顾自己的性别、年龄、性格、高矮、胖瘦、肤色等,要善于扬长避短,并注意重在避短。

第二,应人。所谓应人,主要是要求外事人员在选择个人服饰时,必须兼顾自己与他人之间的具体关系。在正式场合,上下级之间、宾主之间、主角与配角之间,服饰理应有所区别。正因为如此,外事人员的个人服饰不宜一厢情愿,而需要与自己的交往对象相适应。

第三,应时。所谓应时,主要是要求外事人员在选择个人服饰时,必须具有明确的时间观念。服饰要具有时代感,并根据季节和一天之中不同的时段而有所变化。

第四,应景。所谓应景,则主要是要求外事人员在选择个人服饰时,务必要考虑外事活动场合的具体地点和具体环境。根据具体地点、具体环境的不同来选择不同服饰,以求与周围的环境、气氛相协调。

5. 规范谈吐。任何有良好教养的人,都应对自己的谈吐有所要求,训练有素的外事人员更应如此。

一般来说,谈吐通常是指人们在口头交谈时的综合表现。在外事活动中,一个人的谈吐不仅直接反映着其综合素质的高低,也反映着其待人接物的风格与态度,而且往往直接影响着交往双方的相互理解与沟通。

在外事活动中,对外事人员个人谈吐的基本规范是:用词谨慎,应答自如,少说多听。其着重规范的,则是在口头交谈时的措辞与态度。

第一,用词谨慎。在此主要是要求外事人员在与外方人员交谈中要养成字斟句酌、反复推敲、措辞严谨、表达审慎的良好习惯。切不可在交谈时词不达意，信口开河，南辕北辙。

第二，应答自如。在此主要是要求外事人员在与外方人士交谈时，应当有来有往，有问必答。不仅如此，外事人员的应答还应力求委婉含蓄，出口成章，对答如流。

第三，少说多听。在此则主要是要求外事人员在与外方人士交谈时，一定要有所控制，勿忘"智者善听，愚者善说"之古训。宁肯多听，也不宜多说。切忌只说不听，甚至滔滔不绝，不给他人发言的机会。要避免言多语失、喧宾夺主，给外宾造成不够稳重、不够谦逊等不良印象。

6. 规范为人处世。一个人为人处世的基本表现，往往直接体现着其做人的基本原则。

所谓为人处世，在此是指人们为人处世的基本态度。其具体要求包括两方面：一是待人的态度；二是律己的态度。任何一位有教养的人士都懂得为人处世之道：待人宜宽，律己从严。

在对外交往中，对外事人员为人的基本规范是：宽厚、正直、谦恭。其重点规范的，则是外事人员对待外方人士的态度。

第一，外事人员应当为人宽厚。为人宽厚，是指待人宽容而厚道。所谓"君子尚宽""有容乃大"，对待别人，讲究胸怀宽大、有气量、态度诚恳，不能小肚鸡肠、心胸狭窄、一味苛求。

第二，外事人员应当为人正直。为人正直，是指一个人公正而坦率。处理问题时，应当一视同仁，不偏不倚；表明立场时，应当诚实直率，坦坦荡荡。

第三，外事人员应当为人谦恭。毛泽东同志说过：虚心使人进步，骄傲使人落后。为人谦恭，通常是指一个人在与任何人打交道时，都应当态度谦虚，处处不失敬人之意。在外事活动中，外事人员为人谦恭，一要坚持一如既往，二要力戒形式主义。

四、求同存异

在对外交往中,每一名外事人员都经常会面临一个非常实际的问题:同样一件事情,在不同国家、不同地区、不同民族,往往存在着各不相同的处理方式。面对同一难题,来自不同国家、不同地区、不同民族的人们,通常会给出其截然不同的答案。这是由于人们的思维方式与风俗习惯不同所使然。

例如,在朝鲜、韩国以及中国的部分地区,狗肉是进补与烹饪的上品。可是在西方各国,狗被普遍地视为"人类之友",绝对不得被人食用。在某些国家,食用狗肉甚至还会受到法律惩罚。

在中国的传统文化里,菊花一向被视为高洁脱俗之物,历来被文人墨客所赞颂。然而与欧美许多爱花的人士打交道时,却万万不得以之相赠。因为菊花在一些国家中是公认的"妖花",只能用于丧葬活动。

"666"这一数目,在中国的大陆及港、澳、台地区,经常被人们用来"讨口彩",百用不厌。但在某些基督教国家里,它却被看作是魔鬼撒旦的象征,在日常生活之中难以见到其踪影。

凡此种种,不胜枚举。

那么在外事活动中,外事人员面对这些不同国家、不同地区、不同民族的千差万别的风俗习惯,应当怎样保持清醒的头脑,科学、合理、妥善地予以处理呢?

正确的答案其实只有一个,就是必须坚持求同存异,遵守惯例。

其一,求同存异。习近平同志曾经强调:智者求同,愚者求异。存异者,就是要发现差别、注意差别、重视差别,对"中外有别"的观点不能一概予以否认。求同者,则是要求外事人员在对外交往中善于回避差异,善于寻求交往双方的共同点。总之,求同存异就是要求外事人员在外事活动中承认个性,坚持共性。

其二,遵守惯例。所谓惯例,在此是指有关国际交往的习惯性做法。要求外事人员遵守惯例,实际上就是要求其在国际交往中了解并认同有关的习惯性做法,而不应以我为尊,强人所难,另搞一套。

对外事人员而言,坚持求同存异,是做好其本职工作的基本要求。而坚持遵守惯例,则是其坚持求同存异的重要保障。

作为外事礼仪的基本守则之一,坚持求同存异,对外事人员提出了如下三项具体要求:承认差异,入乡随俗,区别对待。

(一)承认差异

孟子有言:物之不齐,物之情也。进行跨国交往时,外事人员必须正视我方与外方之间在风俗习惯方面的差异,真正地做到知同明异。在外事活动中,必须承认:"十里不同风,百里不同俗"绝非戏说之言,而是一种真真切切的客观现实。

要求外事人员承认有关跨国交往中的习俗差异,既要求其正视差异,更要求外事人员对这些差异保持清醒的认识并采取正确的对策。

1. 了解差异。在对外交往中,习俗差异实际上只是一种统称,它的内容非常丰富,不可一概而论。承认习俗差异,首先必须区分清楚承认的是哪一种习俗差异,并且了解得越清楚越好。

从理论上来讲,对习俗差异可根据其具体内容与适用范围的不同来加以区别。

就具体内容而言,习俗差异遍及人类物质生活与精神生活的方方面面。在衣、食、住、行、婚丧嫁娶、生产劳动、交往应酬、节庆假日等方面,世界各地的习俗是千差万别的。

就适用范围而言,习俗差异则存在着明显的空间性区别。国家与国家之间存在习俗差异,地区与地区之间存在习俗差异,民族与民族之间存在习俗差异,宗教与宗教之间存在习俗差异……对这些不同类型的习俗差异,既不能将它们混为一谈,也不能将其中某一类型的差异无限度地"扩大化"。

2. 重视差异。对于跨国交往中客观存在的种种习俗差异,每一名外事人员必须予以高度重视。

在对外交往中,中国历来强调我方人员必须尊重外方人士。就操作层面而言,我方人员尊重外方人士的最重要的一点,就是要对对方所独有的风俗习惯予以尊重。要做到这一点,首先要了解我方与对方在风俗习惯上所存在的主要差异。假如忽略了二者之间的差异,尊重外方的风俗习惯乃至尊重外方人士,就会成为一句空话。

要求我方人员在外事活动中重视我方与外方的习俗差异,包括下列三个要点:一是心中要想到这种差异;二是眼里要看到这种差异;三是工作中要注意到这种差异。只有这样,外事人员在实际工作中才能更好地做到"有所为""有所不为";才能真正地做到求同存异。

例如,注意到如上三点,在选择拟送给外方人士的礼品时,自然就会尊重对方的风俗习惯,规避对方的相关禁忌,进而具体地确定哪种礼品可送,哪种礼品不宜送。

再如,在宴请外方人士时,尊重外方人士习俗者必定不会"待人如己",以自己喜爱的菜肴待客,而会优先考虑对方在习俗上有何饮食禁忌,真正做到"目中有人"。

(二)入乡随俗

在对外交往中,"入国而问禁,入乡而问俗,入门而问讳",乃是外事人员人人须知的一项常识。作为一项对外事人员的基本要求,入乡随俗的基本含义是:出于对外方人士的尊重,在与对方直接打交道时,应优先尊重其独具的风俗习惯。当我方人士正式前往其他国家、地区进行工作、学习、访问、参观、旅行或进行其他公干时,更要注意了解和尊重当地所特有的风俗习惯。在外事活动中,如果做不到入乡随俗,或者对其缺乏应有的重视,实际上就是对外方人士尊重不够。

在外事工作中,要求外事人员入乡随俗,主要是提醒其关注如下三点:

1. 认真做好"入国问禁"。在外事活动中,坚持入乡随俗的最大益处,是易于借此促进中外双方的理解与沟通,恰如其分地向外方人士表达我方人员与人为善之意。

要坚持入乡随俗,最重要的前提条件是充分地掌握交往对象的相关习俗。如果不能"知己知彼",那么在实际操作中就很难保证做到入乡随俗。

在外事活动的具体实践中,鉴于交往双方相互了解程度的不同、沟通渠道的障碍、信息的准确性难以保证,以及在时间上存在一定的仓促性,我方人员一时之间,往往不可能对交往对象所特有的风俗习惯全盘掌握。这就要求,外事人员必须善于抓住主要矛盾,即做到"入国问禁",首先了解并认真地做到不冒犯外方人士在风俗习惯方面的特殊禁忌,不至于在异国他乡做客时"伤风败俗"。

2. **努力做到处处留意、认认真真、规规矩矩**。在对外交往特别是在出访别国之际,能否做到"入乡随俗",关系到是否尊重外方人士的问题,所以是极端重要的。

第一,要做到"入乡随俗",就必须在对外交往中处处留意。毕竟中外习俗大相径庭,稍不留神,就可能有违外方人士的独特习俗。

第二,要做到"入乡随俗",就必须有一个认认真真的态度。在外方人士面前对遵守其习俗不够认真,马马虎虎,敷衍了事,是很失礼的。

第三,要做到"入乡随俗",还必须规规矩矩地操作。一定要采用正规的操作方式,以求"名正言顺"。

3. **客观地掌握其适用范围**。讲究"入乡随俗",并非一概而论,而是存在一个具体的适用范围的问题。超出特定的适用范围去讲"入乡随俗",就有可能出现错误的做法。因此,外事人员在坚持"入乡随俗"的原则时,必须明确其具体适用范围。

第一,"入乡随俗"主要适用于我方人员"独在异乡为异客"之时。根据国际惯例,当我方人员身在异国他乡时,应讲究"客随主便",做到"入乡随俗"。而当我方人员身在自己国家,充当东道主之时,则应讲究"主随客便"。

第二,我方人员在有必要"入乡随俗"时,应以无损于我方的国格、人格为前提。在国际交往中,尊重从来都是相互的,在我方人员尊重外方人士的同时,必须不失自尊,外方人士亦须对我方人员表示应有的尊重。倘若外方的某些特有习俗不合时宜,如有辱我方的国格、人格,有悖社会公德,超出我方人员的能力范围,或有碍我方人员的生命安全,则我方人员就不能无原则、无条件地盲从。

(三) 区别对待

在对外交往中,风俗习惯与礼仪往往存在着不可分割的联系。所谓"礼出于俗""俗化为礼",这就是指二者之间的密切关系。

在实际工作中,礼仪也好,习俗也好,往往都有其特定的适用范围:有的礼仪与习俗为我国所特有;有的礼仪与习俗为某个外国所独具;有的礼仪与习俗则通行于国际社会。这样一来,在外事工作的具体实践中涉及礼仪与习俗时,就要求外事人员必须有所区别。任何礼仪与习俗,只有在其特定的适用范围之内才能发挥作用,一旦超出特定的适用范围,它不仅有可能立即失效,或许还会造成一些不必要的麻烦。

在外事活动中,外事人员到底应当遵守何种礼仪与习俗呢?从总体及原则上讲,共有下述三种可行方式。

1."以我为主"。所谓"以我为主",就是要求外事人员在对外交往中主要应当遵守我国的正式礼仪与特定习俗。在一切正规的官方活动中,特别是当我方充当东道主时,一般都需要这么做。

在对外交往中要求礼仪与习俗"以我为主",并非夜郎自大,盲目排外,而主要是为了体现我国的国家尊严,维护我国的国家主权。在国际交往中,作为一个泱泱大国,中国特有的礼仪与习俗理应得体地展现于世。

实际上,要求外事人员在对外交往中应用礼仪与习俗时"以我为主",并非中国一国,世界上绝大多数国家通常也都这么做。可以说,这种做法本身也是一种国际惯例。

2."兼顾他方"。要求外事人员应用礼仪与习俗时"以我为主",并非提倡绝对排他。在坚持"以我为主"的同时,外事人员亦须"兼顾他方"。

"兼顾他方"的主要含义是:我方人员在对外交往中应用礼仪与习俗时,一方面必须"以我为主",另一方面则须对特定的交往对象所在的国家、地区或民族的礼仪与习俗有所了解,并予以应有的尊重。对于对方主要的礼仪与习俗中的相关禁忌及其与我方主要的礼仪与习俗二者之间的差异,尤其要一清二楚,不得冒犯。显而易见,"兼顾他方"意在表示对对方的尊重,而绝非照抄照搬、全盘引进。

3."遵守惯例"。就本质而言,国际礼仪,乃国际社会人际交往的习惯法。在国际交往中,一些有关礼仪与习俗约定俗成的国际惯例,是外事人员必须恪守的。这里所说的"惯例",实际上就是"求同存异"之中的"同"。由此可见,"遵守惯例"是"求同存异"原则的必然要求。

在外事活动中,需要在礼仪与习俗方面遵守国际惯例的主要场合有两个:一是多国参与的多边性活动;二是两国参与的双边性活动有此必要之时。

应当承认,外事礼仪中的许多原则与操作技巧,通常都是来自此类国际惯例。

五、遵时守约

在我国古代,就有"君子一言,驷马难追"之说。孔子尝言:信则人任焉。时至今日,"言必信,行必果"依旧被中国人视为做人所应具备的美德之一。中国人的这一见解,在国际社会中可以找到许许多多的知音。因为在跨国交往中,"遵时守约"早已被视为现代人为人处世的基本守则之一。

"遵时守约"的主旨,是要求人们在人际交往中必须信守约定。它的基本含义是:在国际交往中,每一个人都必须义无反顾地遵守自己对他人所作出的各项正式承诺,以信为本。在与他人打交道时,说话务必要算数,许诺一定要兑现,约会时必须要如约而至。对一切与时间相关的正式约定,外事人员必须严格加以遵守。

人所共知,在各种人际交往特别是跨国家、跨地区、跨民族的国际交往中,取信于人早已被公认为是建立良好的人际关系的基本条件之一,同时也是生活于文明社会的现代人所应具备的一种优良品德。要求外事人员在对外交往中"遵时守约",实际上就是为了使之更好地取信于人。

在外事活动中,贯彻落实"遵时守约"守则的基本要求主要有以下两项:信守承诺;遵守时间。

（一）信守承诺

"遵时守约"守则的核心之点，在于信守承诺。所谓承诺，一般是指对别人许下的某种诺言，或者对别人的某一要求答应予以照办。信守承诺，简而言之，就是要求人们在人际交往中：说话一定要算数；诺言一定要兑现。

在对外交往中，外事人员倘若言而无信，不仅有可能失去所有的朋友，而且还有可能因此而使自己在工作上一事无成。

外事人员在实际工作中处理有关承诺的具体问题时，应当重视下列两个方面。

1. 重视承诺。 言而有信，乃做人之美德。在人际交往中，特别是在国际交往中，一个人是否信守自己的承诺，关系到其个人的信誉。一个人如果信守承诺，言而有信，就等于以实际行动证明自己言行一致，尊重交往对象，同时也是对自己的尊重。只有这样的人，才会在社会上有良好的口碑，才能真正地立足于社会，赢得人们的尊重。

与此相反，在人际交往特别是在国际交往中，如果视个人承诺为儿戏，出尔反尔，言而无信，有约不守，守约不严，或者有约不认，甚至随意撕毁自己的庄严承诺，不仅仅是失信于人，不尊重人际交往的有关规则，不尊重自己的交往对象，而且也是不讲礼仪规则、不重视个人信誉、不尊重自己的表现。外事人员对此要有清醒的认识。

每一名外事人员都必须充分认识到：在对外交往中能否做到言而有信、遵守约定，直接与自己是否重视个人承诺密切相关。而重视个人承诺与否，又直接涉及自己对于个人信誉的重视与否。

在现代社会里，尤其是在国际交往中，信誉无比重要。从某种意义上来讲，信誉就是生命；信誉就是形象；信誉就是良好的社会关系；信誉就是最佳的工作效率。对于一个人、一个组织、一个地方、一个民族乃至一个国家而言，都是如此。个人不讲信誉，在社会上就会难以立足；组织不讲信誉，在工作中就会难以有所进展；一个国家不讲信誉，在国际上就会失去尊严。

2. 慎于承诺。既然承诺在人际交往中尤其是在国际交往中事关个人乃至国家信誉,那么外事人员不论在实际工作中还是在日常生活中,都必须极其慎重地对待承诺问题。只有慎于承诺,才能确保承诺的兑现。

外事人员在对外交往中要想做到慎于承诺,应当对以下三个方面予以注意。

第一,三思而行。与外方人士打交道时,不论双方关系如何,外事人员在需要许诺于对方时,都要三思而行,慎之又慎。不论答应对方所提出的要求,还是自己主动向对方提出建议,或者是自己诚心诚意地许诺于对方,都一定要经过事先的深思熟虑,反复斟酌。

在有必要向外方人士做出承诺时,一定要有自知之明,务必要量力而行,一切从自己的实际能力以及客观可能性出发。切忌好大喜功、草率行事,致使承诺"满天飞"。须知如果滥用承诺,个人信誉便会贬值。

外事人员在向外方人士承诺具体事项时,一定要认真思考,瞻前顾后,字斟句酌,力图周全。既不能模棱两可,含糊不清,难以解释,又不能信口开河,大而无当,言过其实,使承诺难以实施。

第二,认真遵守。在人际交往中,往往许诺容易兑现难。所谓"言而无信",就是人们对不遵守自己承诺的人所进行的谴责。在外事活动中,对于我方对外方所作出的各项正式承诺,外事人员一定要身体力行,认真地、一丝不苟地予以遵守。

在对外交往中,我方一旦做出承诺,就必须予以兑现。只有这样,我方才能够以实际行动证明自己"言行一致",才会赢得对方的好感与信任,才有可能与对方"后会有期",常来常往。我方在对外交往中经常讲:"我们中国人说话历来都是算数的。"只有认真遵守有关承诺,才能令外方人士确信这一点。

为了兑现已有的承诺,外事人员还必须尽可能地避免对既往的正式承诺任意修正、变动,随心所欲地加以曲解,或者擅自予以否认、取消,或者在执行中"偷工减料"。

第三,说明原委。正所谓"世事难料",尽管我方在兑现承诺方面一向不遗余力,然而在某些极个别的情况下,我方一时难以兑现承诺的情况仍可能会出现。

此时,一定要采取必要的补救性措施,以求挽回我方的信誉。

万一由于难以抗拒的因素,致使我方单方面失约,或是部分承诺难以继续兑现,则我方一定要通过正式的渠道,尽早向相关的一方说明具体原委。除了要向对方做出如实的、合理的、可信的解释之外,还应当为此郑重其事地向对方道歉,主动承担按照惯例或约定应给予对方的物质赔偿,并且在力所能及的前提下,采取一切可行的补救性措施。

在万不得已造成失约时,绝对不允许外事人员一味推诿、避而不谈、得过且过,或者对失约之事加以否认,拒绝为此而向交往对象表达歉意等。

(二)遵守时间

遵守时间,是信守承诺的具体体现。一个不懂得遵守时间的人,在人际交往中是难以遵守其个人承诺的。

遵守时间作为外事礼仪的基本守则之一,主要是要求全体外事人员应具有严格的时间观念。在人际交往中,尤其是在国际交往中,对于一切与时间相关的约定,一定要一丝不苟,严格按照约定执行。

目前,遵守时间在国际社会里已成为衡量、评价一个人文明程度的重要标准之一。因此,外事人员对此绝对不可疏忽大意,不以为然。

具体而言,外事人员在对外交往中应当重点注意下列三个问题。

1. 有约在先。 人生一世如白驹过隙,极其短暂。美国政治家富兰克林曾极其精辟地提醒世人:你热爱生命吗?那么就别再浪费时间,因为时间是组成生命的材料。在现代社会里,"时间就是生命,时间就是机遇,时间就是金钱"早已成为世人所认可的时间观。因此,外事人员在与外方人士进行人际交往时,一定要珍惜彼此双方的时间,尤其是切切不可对对方的宝贵时间造成任何形式的浪费。

对外事人员而言,要做到珍惜外方人士的时间,不浪费对方的时间,最为切实可行的做法,就是要对彼此双方进行交往的具体时间有约在先。

有约在先不仅适用于正式交往,而且也适用于非正式交往。其基本要求,就是提倡人们在进行人际交往时,必须事先约定具体时间。在人际交往中,不论不邀而至，充当不速之客，还是任意顺访，率性而为，都是不尊重交往对象的表现。

要做到有约在先，关键是要提前约定交往的具体时间。这主要包括双方交往的具体起始时间与延续时间两个方面，而且约定要尽可能具体、详尽。约定越具体、越详尽越好。

在约定具体时间时，要考虑交往对象的习惯和方便与否。应尽量不要占用对方的休息时间或工作过于繁忙的时间。一般而言，凌晨、深夜、午休时间、就餐时间、私人活动时以及节假日，外方人士大都忌讳被外人打扰。总之，应当坚持两相情愿。

2. 如约而行。 要求外事人员遵守时间，既要求其在具体的交往时间上有约在先，更要求其根据既定的时间如约而行。如约而行，往往比有约在先更加重要。

所谓如约而行，在此特指外事人员按照与外方人士事先所约定的双方交往时间，准确地加以执行。

参加正式会议、会见或其他类型的社交聚会时，外事人员一定要养成正点抵达现场的良好习惯。在此类活动中，姗姗来迟或提前到场，都会显得不合时宜。前者会令其他人士久久等待，后者则会使主方人士措手不及。

其他不论有关工作还是有关生活的具体时间约定，例如，承诺给予对方答复的时间，约好双方一同出行的时间，许愿给对方写信、打电话、发邮件的时间等，外事人员同样需要言出必践。

对于双方有约在先的交往时间，我方人员轻易不要改动。万一因特殊原因，需要变更时间或取消约定，应尽快向交往对象进行通报，切忌让对方对此一无所知，空候良久。

3. 适可而止。 在对外交往中，外事人员还须谨记"适可而止"四个字。也就是说，在双方交往之时，不要拖延时间，而应适时结束。

对于一些事先约定了交往时间长短的活动，如限时发言、限时会晤、限时会议以及其他限时活动等，到场的外事人员一定要心中有数，绝不能超过规定的时间。即使交往对象届时"网开一面"，也绝对不要"纵容"自己。

对于一些并未事先约定交往时间长短的活动,如私人拜访、出席家宴、接打电话等,也要讲究宜短不宜长。宁肯"提前告退",也不应当无节制地拖延时间。

六、热情有度

在人际交往中,待人热情之人通常最受欢迎。法国哲学家伏尔泰认为:没有一点热情,必将一事无成。美国人威尔逊则说过:冷漠无情,就是最大的残忍。

在国际社会中,中国人一向以待人热情而著称。中国人认为:待人热情,不仅意味着自己对待交往对象具有诚意,而且还意味着自己对对方充满了友好、关怀与热诚。

参与外事活动时,外事人员亦须对外方人士热情相待,这与国内的人际交往并无多少差别。但是,外事人员对外方人士的热情相待,必须有一个"度"的限制,即一定要切记"热情有度"四个字。

作为外事礼仪的一项基本守则,所谓"热情有度",就是要求外事人员与外方人士进行接触时,既要注意为人热情,以示友善之意,更要充分把握好为人热情的具体分寸,否则就有可能事与愿违。这一"具体分寸",指的就是所谓"热情有度"之中的"度"。

如果要对"热情有度"做更准确的描述,就是要求外事人员在待人热情的同时,一定要铭记:自己的一切所作所为,均应以不影响对方、不妨碍对方、不给对方平添麻烦、不令对方感到不快或不便、不干涉对方的私人生活、不损害对方的个人尊严为限。

必须谨记:在对外交往中讲究尊重对方;而尊重对方的基本要求,就是要尊重对方的选择。与外方人士打交道时,外事人员若掌握不好这个限度,而对对方过"度"热情,就有可能使自己不适当地"越位",导致好心办坏事。

具体来讲,外事人员在对外交往中要真正做到"热情有度",关键是要掌握好下述四个方面的基本限度。

第一章 外事礼仪的基本守则

(一) 关心有度

人与人之间,自然要提倡互相关心、互相爱护、互相帮助。在社会生活中,人与人之间的关系往往是"一人为大家,大家为一人"。离开了互相关心、互相爱护、互相帮助,人人只求利己,不讲利人,人际关系就将变得冷漠无情。

在外事活动中,对待外方人士理应表示出必要的关心。但考虑到"热情有度"的因素,我方人员对外方人士所表示的关心没有必要"无微不至",而是应当有意识地加以一些限制。此即所谓"关心有度",它主要体现在以下三个方面:

1. 不影响对方的个人自由。 在一些国家,人们对个性独立十分推崇。在很多外国人眼里,没有任何东西可以与其个人自由相提并论。没有个性独立、没有个人自由,对他们而言,实际上就等于没有任何个人尊严。因此,我方人员对外方人士所表示的关心,在任何时候都应以不影响其个人自由为前提。

2. 不令对方感到不便。 对外方人士表示关心时,无论如何都不应使对方产生"多此一举"的感觉。因此,在对对方表示关心之前,我方人员务必要弄清楚"应当关心什么""不应当关心什么"。

就客观效果而论,我方人员对外方人士所表示的关心,理应在某些方面有利于对方,而不应令对方感觉不便,甚至在一定程度上为之平添了一些毫无必要的麻烦。

3. 不使对方勉为其难。 对别人所表示的关心,在任何情况下都应恰到好处,令对方愉快接受,甚至感到幸福。只有恰当地给予对方当时最为迫切需要的关心,才会有如此功效。对方所不需要的关心,往往再多也没有任何益处。外事人员一定要对此加以注意。万一发现自己给予对方的关心不受欢迎,务必要适可而止,千万不要"再接再厉",非要强加于对方。

(二) 批评有度

"批评与自我批评",一直为中国人民所推崇。但在对外交往中,我方人员对此则应另当别论,切莫滥用。

在国内,亲朋好友之间讲究以诚相见,推心置腹。对他人要开诚布公,直言不讳,大胆批评,不讲情面,勇做诤友,往往这样才算是"真君子",才"够朋友"。可是在对外交往中,此种做法往往是行不通的。

与外方人士打交道时,我方人员必须注意做到"批评有度"。即对对方何处可以批评、何处不可以批评,一定要做到心中有数。如果对外方人士的批评不加任何限制,甚至加以滥用,对双边关系是极其有害的。

具体来说,在对外交往中讲究"批评有度",关键是批评要讲究内容、讲究方式、讲究场合。

1. 讲究内容。一般而言,在大是大非的问题上,诸如关系到国格、人格、道德法律、人身安全、正常工作等问题时,我方人员对外方人士的错误与不足,完全有必要给予批评指正。在事关国家利益与国家安全的重大原则问题上,则更是有此必要。

而在涉及因民族风俗不同、文化背景不同、生活习惯不同、个人选择不同而导致的某些个人的不同做法时,我方人员则没有必要对外方人士的所作所为小题大做,上纲上线,动辄评判其是非曲直。

2. 讲究方式。如果我方人员对外方人士有进行批评的必要,仍须注意方式方法。对任何人而言,简单粗暴的批评都不受欢迎,批评也应当力求令人如沐春风,如饮朝露,欣然接受。

根据经验,对外方人士应当力戒"命令式""训斥式""讽刺式""侮辱式"的批评,同时也不应给人以居高临下之感。采用"平等式""讨论式""寓言式""设问式"进行批评,往往更易于为外方人士所接受。

3. 讲究场合。除非情况极为特殊,我方人员对外方人士所进行的批评通常不宜当众进行。当众对其进行批评,容易产生伤害对方自尊心的副作用。

倘若有可能,对外方人士的批评最好私下单独进行,不有意搞"公开化",不将对方的缺点与错误"公开示众"。

(三)距离有度

在一般情况下,中国人在进行交际应酬时,彼此之间对于空间距离并不十分介意。有些时候,关系越是密切的人,越是讲究"亲密无间"。除成年异性之外,人们大抵都是如此。

在国际交往中,外事人员却绝对不宜照此行事。一般而言,外国人对于人际交往中彼此距离非常重视。在他们看来,关系不同的人,有着各不相同的"交际圈"。也就是说,外国人普遍认为,人与人之间不同的空间距离,实际上与其彼此之间的心理距离不同直接相关。

因此,"距离有度"业已成为外事礼仪的基本守则之一。它的具体含义是:外事人员在正式场合与外方人士共处时,应视此时此刻彼此具体关系的不同,而与对方保持与双方关系相适应的适度的空间距离。若与外方人士相距过近,会令对方产生其私人空间被"侵犯"之感;若与外方人士相距过远,则又会令对方感到被有意冷落。

在对外交往的正式场合,外事人员与外方人士彼此之间的空间交往距离,大体上可以划分为下列四种:

1. 私人距离。所谓私人距离,是指交往双方彼此之间的空间距离在0.5米之内。一般而言,此种距离仅仅适用于家人、恋人和至交之间,或是对老、弱、病、残、孕进行必要的照顾之时。所以它又被人们称为"亲密距离"。

2. 交际距离。所谓交际距离,指的是交往双方彼此之间的空间距离保持在0.5～1.5米。这种距离,主要适用于一般性的各种人际交往。因此,它在许多时候又被称为"常规距离"。在绝大多数情况下,我方人员与外方人士打交道时,均应与对方保持此种距离。

3. 礼仪距离。所谓礼仪距离,指的是交往双方彼此之间的空间距离应当大于1.5米,小于3米。这一距离,主要适用于某些较为隆重的场合,如庆典、仪式、会见、会议等,意在向某些特定的交往对象表示特殊的敬意。正因为如此,这一距离又被称为"敬人距离"。

4. 公共距离。所谓公共距离,指的是大于3米以上的空间距离。该距离,主要适用于外事人员在公共场所中与素不相识的外方人士共处之时。按照外国人的习惯,在公共场所中,陌生人之间绝对不宜相距过近,否则就会令彼此双方感觉不快。此种距离,有时亦称做"有距离的距离"。

(四)交往有度

与外方人士相处之时,外事人员还必须坚持"交往有度"的守则。所谓"交往有度",具体指的是我方人员与任何外方人士进行接触时,不论双方之间的关系如何,均应与对方保持一定的距离。唯有这种距离保持得适当,我方人员与外方人士的关系才能够保持正常。

具体而言,"交往有度"的主要要求是:不妨碍对方的工作,不妨碍对方的生活,不妨碍对方的休息。

1. 不妨碍对方的工作。 与外方人士进行交往,一定要以不妨碍对方的工作为前提。此处所说的"不妨碍对方的工作",主要具有如下三重含义。

第一,不能影响外方人士正常地执行公务。否则,与对方的交往就会名副其实地变成对方的负担。

第二,不能给外方人士的工作增加麻烦。不给别人添麻烦,是做人的基本教养。即使与外方人士的交往无助于其具体工作,也不能给对方"帮倒忙"。

第三,不能妨碍外方人士工作的开展。在任何情况下,与外方人士的交往,都不应成为其工作的"绊脚石"。

2. 不妨碍对方的生活。 在国外,人们往往将工作与生活分得一清二楚。在工作时,讲究的是规章制度;而在生活里,强调的则是个性与自由。

与外方人士相处时,要尽量将工作与生活、公事与私事区分开来。在一般情况下,切忌在工作中处理私人生活问题。同样的道理,若非万不得已,也不宜让工作打扰了外方人士的私人生活。

3. 不妨碍对方的休息。 在实际生活中,每个人都需要休息,需要在仅仅属于自己的私人空间里松弛身心、调整状态。因此,即便是至交密友,也要尊重他人的休息权,尽量不要影响对方的休息,打扰对方的安宁。

与外方人士交往时,没有必要与对方形影不离,当对方需要休息,特别是表现出疲倦困乏时,一定要主动为其创造休息的条件。

七、不宜过谦

对在他人面前妄自尊大、自我张扬、不懂谦虚等表现,中国人历来颇为反感。中国人一向讲究含蓄、委婉、自我保护,强调的是"喜怒不形于色",主张的是自谦、自抑甚至自贬,反对的则是自我张扬、自我表现。在中国人的为人之道中,"满招损,谦受益"一直受到提倡。待人不够谦虚的人、喜欢自我表现的人,在人们眼里不是嚣张放肆,就是不会做人。

客观地讲,古今中外之人都是主张为人谦虚的。法国思想家卢梭曾说:最有学问和最有见识的人,总是很谦虚的。法国散文家蒙田认为:缄默和谦虚,是社交的美德。

然而,凡事过犹不及。有些中国人在强调为人谦虚之时,往往不幸地走到了另外一个极端:他们将谦虚片面地理解为自我否定,自我贬低。诚如歌德所言:妄自尊大和妄自菲薄都是严重的错误。如果在对外交往中过分谦虚,往往反倒可能产生一些负面的问题。

在绝大多数外国人看来,为人谦虚固然重要,但绝对不宜矫枉过正,不宜将其发展为自我否定、自我贬低。"过分的谦虚,是对于自然的一种忘恩负义,相反地,一种诚挚的自负却象征着一个美好伟大的心灵。"拉美特利的这种说法,被很多外国人所认同。

因此,在对外交往中需要进行自我评价时,外事人员既不要自吹自擂,自我标榜,骄傲自大,也没有必要妄自菲薄,自轻自贱,自我贬低,自我否定,过分地谦虚、客套,以至于给人以缺乏自信、虚情假意之感。如有必要,在坚持客观、公正、实事求是的前提下,外事人员要善于从正面对自己进行评价或肯定。用德国哲学家叔本华的话来说就是:伟大就是伟大,不凡就是不凡,实在无须谦逊。上述要求,就是外事礼仪的基本守则之一——不宜过谦。与外方人士进行交往时,外事人员务必要将此项守则牢牢记住。

坚持"不宜过谦"的守则,要重点做到善于肯定自我,并且要在展示实力、突出业绩、表达敬意等方面多下功夫。

(一) 肯定自我

坚持"不宜过谦"守则的主旨，就是要求外事人员在外方人士面前要善于进行自我肯定。也就是说，对自己的评价务必要客观、公正、实事求是，绝对不能对自己一概否定。在实事求是的前提下，要善于发现自己的长处，并且还要善于在外方人士面前将其恰到好处地表现出来。

从总体上来看，外事人员在对外交往中善于肯定自己，至少具有如下四点作用：

1. 充满自信。在人际交往中，一个人对自己有无自信，是非常重要的。只有自信的人，才会获得别人的信任；而缺乏自信的人，则往往难以获得别人的信任。一般而言，也只有充满自信的人，才敢于进行自我肯定。

2. 拥有实力。习近平同志说过：打铁还得自身硬。只有具备一定实力的人，才有进行自我肯定的资本。从某种意义上说，进行自我肯定，实际上就是公开承认自己具有一定的实力。肯定自我，就等于确认自身的实力。对现代人而言，在激烈的竞争中，自身拥有一定的实力，是应当为之自豪的，而没有必要自我否认。

3. 光明磊落。与外方人士相处，理当坦诚相见、光明磊落。需要自我评价时，只要不违反有关禁忌，即应直言不讳、实事求是。在外方人士看来，敢于正面肯定自己，意味着为人诚实无欺。反之，则会给人以虚伪、做作之感。

4. 体现自尊。从根本上看，肯定自我，是对个人自尊的必要维护。英国人歌尔斯密说过：人皆有错，过分谦虚即是一错。过分谦虚的最大过错，就是对个人自尊造成了伤害。其负面作用，在人际交往中，尤其在与外方人士交往中不可忽视。

(二) 展示实力

在外方人士面前，外事人员有必要将自身的实力尽可能地展示出来。不懂得这一点，自我肯定往往就会成为一句空话。

所谓实力，在此是指一个人所具有的自身素质、自我条件及其所拥有的实际能力。所谓展示实力,实际上就是要求外事人员在外方人士面前要善于肯定自己客观上具备的自身素质、自我条件以及实际能力。

在展示个人实力时,外事人员一方面要坚持"正面宣传",另一方面则要注意"言之有物"。一般而言,外事人员对自己所具备的下述"实力",在外方人士面前可以坦率地进行展示。

1. 自身相貌。每一个人的相貌都具有自身特征,都有与众不同的特点。从这一意义上来看,每个人的相貌都具有一种独一无二的美感。

2. 服饰品位。由于每个人的审美习惯不同,决定了其对于日常服饰的不同选择。其实,每个人所选择的自身服饰,都具有一定的相对合理性。因此,就一般意义而言,没有必要在外人面前否定自己的服饰品位。

3. 文化素养。一个人所具有的文化素养,有的来自其所受到的正规教育,有的则来自其个人的独特经历。在人际交往中,尽管提倡我方人员"学人之长,补己之短",但也没有必要全盘否定自身的文化素养。在外事活动中将中国传统文化或个人所受过的国内教育说得一无是处,则更是不应该的。

4. 生活情趣。热爱生活,是一种美德。对于自己的生活习惯、生活情趣、个人爱好等,只要其无害于人,就可以坚持下去,并且可以不断地充实、提高。其实,生活情趣并无高雅与庸俗之别,关键在于自己有没有生活情趣。

5. 社会地位。虽然人与人之间存在着性别、年龄、职业、民族、国籍以及实际工作职位的差异,但是大家的社会地位理当完全平等。在外方人士面前,外事人员务必要做到平等待人、平等待己、不卑不亢,既不能盛气凌人,也不应自惭形秽。

(三)突出业绩

与外方人士进行接触时,不论双方共事与否,外事人员均应对自己取得的有关业绩进行必要的肯定。因为按照大多数外方人士的理解,只有真正的成功人士,才不会否定自己在事业上所取得的成绩。在个人业绩上,完全应当一是一、二是二,有什么说什么。

外方人士在介绍自己的个人业绩时,一般非常注意两个具体方面:其一,他们十分讲究突出重点,扬长避短。其二,他们非常讲究"以例服人",即喜欢以大量的实例来具体说明问题。在需要介绍个人业绩时,我方外事人员不妨予以借鉴,并且应当注意突出以下三点。

1. 学习成绩。子曰:好学近乎知。人的一生,应当在学习上永不停步,正所谓"活到老,学到老"。对于学而不厌者,外方人士会十分钦佩。因此,在介绍个人的学习情况时,不妨直截了当地道明自己读过什么书,发表过什么论文,掌握了何种外语,以具体的"成果"说话。

2. 工作成绩。对于自己的专业技术水平、实际工作能力、爱岗敬业态度,以及因此而获得的荣誉嘉奖,要敢于在外方人士面前展示,并且引以为荣。这样才会使对方了解自己的实际能力,从而受到对方的尊敬。

3. 生活成绩。在国外,人们对自己的家庭生活都十分重视。在他人面前,外方人士不仅喜欢对自己的美满婚姻、妻贤子孝、全家幸福等生活情节津津乐道,而且也欢迎其交往对象这样做。他们认为,美满的家庭生活属于十分重要的个人成绩。

(四)表达敬意

"不宜过谦"的另外一项重要要求,就是外事人员应当敢于和善于表达对外方人士应有的敬意。

1. 没有必要隐瞒对外方人士的敬意。在对外交往中,对交往对象表达敬意,乃是一种国际惯例。因此,在对外交往中,外事人员不仅要注意对外方人士充满敬意,而且还要善于将自己的敬意表达出来。

2. 没有必要否认为外方人士做过的工作。做好本职工作,是外事人员的天职。但是,在对外交往中,一旦有必要介绍自己为外方人士所做过的具体工作时,外事人员则应当善于替自己"评功摆好",将自己付出的努力一一道来。若甘当"无名英雄",或是贬低、否认自己的本职工作,外方人士就很可能对自己所受重视的程度产生疑问。

3. 没有必要贬低给予外方人士的礼遇。在国际交往中,一方所给予另一方的礼遇,既事关对方的实际地位,也涉及双边关系的现状以及对对方的重视程度。所以在对外交往中,外事人员有必要向外方人士具体说明我方给予对方的礼遇,尤其是当这种礼遇较为特殊或属于"破格"之时。否则,对方就有可能因为不知情而出现误解。

八、尊重隐私

对中外习俗的差异有一定了解的人都知道:在对待个人隐私的具体问题上,中国人的传统做法与许多外方人士的习惯往往是大相径庭的。

按照一般中国人的思路,人与人相处,特别是亲朋好友之间,并不存在"不可告人"之事。一名正人君子,理当"明人不做暗事"。

而在世界上许多国家里,人们却对个人隐私问题非常重视。保护公民个人隐私,往往是法律所赋予公民的基本权利之一;不得打探个人隐私,被视作现代人文明的重要标志之一。

目前,尊重个人隐私已经逐渐成为一项国际交往的惯例。在对外交往中,外事人员应对其予以高度的重视。

所谓个人隐私,在一般意义上是指某一个人出于个人尊严或者其他方面的特殊考虑,不愿意对外公开、不希望外人了解而且也是与外人毫不相干的私人事宜或个人秘密。尊重个人隐私,在此主要是指外事人员在与外方人士进行各种接触时,一定要注意对对方的个人隐私权予以尊重,不得无故涉及对方的个人隐私问题。

在外事活动中贯彻尊重对方隐私的守则,主要是要求外事人员莫问隐私、保护隐私。

(一)莫问隐私

与外方人士进行交往应酬时,不允许外事人员任意打听对方的个人隐私。

按照常规,如下九个方面的私人问题,均被外方人士看作是"不可告人"的"绝对隐私"。在对外交往中,我方人员切切不可向对方主动打探。

1. 收入支出。在国外,个人的收入与支出问题是最不宜直接打探的个人隐私问题。人们的普遍看法是:每个人的实际收入与支出,通常都与其个人能力、社会地位存在着一定的因果关系。因此,个人收入与支出的多少,就如同人的脸面一般,十分忌讳别人的关注。不仅如此,除直接的收入与支出之外,那些可以间接反映出个人经济状况的私人问题,诸如银行存款、股票收益、纳税数额、消费偏好、私宅面积、私车型号、服饰品牌、度假地点、娱乐方式等,因与个人的收入与支出密切相关,所以也是不欢迎外人打探的。

2. 年纪大小。在许多国家与地区,人们都将本人的实际年龄视为自己的"核心机密"之一,绝对不会主动将其告之于人。究其原因,主要在于外国人普遍忌"老",他们的愿望是自己应当永远年轻。在他们眼里,"老"了就失去了机会,"老"了就会告别社会的舞台,而年轻则意味着自己充满了活力、机会与希望。特别需要指出的是,有两种外国人尤其忌讳被人问及年纪或被人尊为"长者":其一,是"白领丽人"。对她们来说,最好永远年轻,一旦上了年纪,就等于宣告自己"人老珠黄",并且应该"告老还乡"了。其二,是老年人,如果问其年纪,就意味着暗示他们"不行了",若称其为"长者",则如同讥讽他们"不自量力"一样。

3. 恋爱婚姻。一名有责任感的中国人,对其家人、亲友、同事的恋爱、婚姻、家庭问题,往往会时常牵挂在心。当中国人相聚之时,彼此了解一下对方"有没有对象""结婚与否""是否生儿育女""夫妻关系怎样""婆媳关系如何",这些都是司空见惯的。然而在国外,此类与恋爱、婚姻、家庭直接相关的问题,却是人们在交谈之中讳莫如深的。对此,外国人的见解是:"家家都有一本难念的经",随意向外人打探此类家庭问题,极有可能触动对方的伤心之处,伤害其自尊、自信之心,甚至令对方感到难堪。在有的国家,向异性打探这类问题,不仅会被对方视为无聊之至,而且还有可能会被对方控告为"性骚扰",甚至因此而吃上官司。

4. 健康状态。在国外,由于市场经济的影响,人们普遍将个人的健康状态看作是自己的重要"资本"。身体健康,意味着自己前程远大,建功立业的机会很多,并且可以在社会上赢得广泛的支持。如果身体状态欠佳,则意味着自己"日薄西山",前途渺茫,不仅失去了个人发展的许多机会,而且也难以在事业上取得各方的全力支持。正因为如此,当与外国人交谈时,不宜涉及其个人的身体状况,如健康与否、身高多少、体重几何等问题,更要"讳疾忌医",不可与之交流有关"求医问药"的心得体会。

5. 个人经历。"英雄莫问出处"一说,在国外普遍流行。具体而言,它是指与他人进行交往时忌讳打听其既往的个人经历。若是不跟对方"见外",一而再、再而三刨根问底,细查其"户口",往往会给人以居心叵测之感。一般而言,外事人员与外方人士进行交谈时,至少有下列五个最关键的个人经历问题不宜向对方打听:一是对方的籍贯;二是对方曾经求学的学校;三是对方具有何种最高学历;四是对方拥有何种学术学位、技术职称或行政职务;五是对方既往有何职业经历。

6. 政见信仰。国家之间的合作,讲究的是求同存异、合作共赢。必须客观地承认,各国的社会制度、司法体系、政治主张、意识形态均存在着明显的差异。因此各国的事情应由各国自己负责,各国人民都拥有自行选择本国发展道路的决定权。在对外交往之中,如欲真正求得交往的顺利、合作的成功、双方的友好,交往双方就必须不以社会制度画线,不强调司法体系、政治主张的不同,并应超越双方在意识形态方面所存在的差异,处处以大局为重、以友谊为重、以信任为重、以国家利益为重,求同存异、共同发展。有鉴于此,我方人员在与外方人士交谈时,通常不宜对对方的政治见解、宗教信仰表现出过多的兴趣,更不宜对其政治见解、宗教信仰等品头论足、横加非议,或是"唯我独尊",蛮横无理地将本人的立场、观点或一知半解强加于人。此外,在国外,对于与个人政治见解密切相关的从属于何种党派、教派或政治性团体的问题,通常也不宜向他人进行打探。

7. 生活习惯。中国人聊天时,个人的生活习惯常常成为其中心话题。然而在跨国交往中,外事人员却必须放弃这一话题。在外国人眼里,个人习惯与别人毫不相关,所以完全没有为外人所了解的必要。他们认为,倘若对他人的个人生活习惯过分地感兴趣,不是别有用心,就是看上人家了,因而都是很不正常的。

有关个人饮食、起居、运动、娱乐、阅读、交友等方面的生活习惯,都在其"秘不示人"之列。

8. 所忙何事。在我国,"忙什么呢""身体好吗""吃过饭没有",是人们相逢之时互致问候的"老三样"。不少的中国人,往往会询问自己的同胞:"最近在干什么""现在上哪里去""为什么好久都没有见到你"。可是,一般的外国人却绝对不乐于回答此类问题。他们的看法是:自己"所忙何事"仅与自己有关,与别人并无干系,所以"不足为外人所道"。有时,他们还担心此类问题一旦被人深究,还有可能会泄露个人的最新动向乃至行业秘密,使自己的工作与事业受损。因此,绝对不愿此类问题在外人面前"曝光"。

9. 家庭住址。中国人的社交习惯之一,是喜欢到亲朋好友家里去串门,并且乐于邀请对方上门做客。然而在国际社会里,通行的方式却恰好与此相反。绝大多数外国人都将私人居所看作是自己神圣不可侵犯的"个人领地",非常讨厌别人无端对其进行打扰。加之他们平时为事业而辛劳奔忙,平时居家度日时就十分忌讳被人破坏了自己的休息与宁静。在一般情况下,若非亲属、至交、知己,外国人都不可能会邀请外人到自己家中做客。必要时,他们宁肯花钱去饭店、餐馆请客吃饭。在人际交往中,大多数外国人不仅对自己的家庭住址绝对保密,而且还不会把自己的私宅电话号码轻易告之于人。碰到不识趣者对此贸然打听时,他们往往会"顾左右而言他",绝不正面作答。

如上九个在外事交往中不宜直接向外方人士打听的私人问题,通常被称为"个人隐私九不问"。将其铭记在心,在外事活动中一般就不容易在尊重隐私方面犯规。

(二)保护隐私

在参与外事活动时,外事人员除了要做到莫问他人隐私之外,还应当努力做到保护隐私。只有在这两个方面都做好了,才可以说是真正做到了尊重隐私。

所谓保护隐私,在此特指外事人员在对外交往中应尽力不传播、不泄露隐私问题。换言之,就是要主动采取必要的措施去维护个人隐私。

就具体内容而论,要做到保护隐私,需要兼顾保护自己的个人隐私、保护我方人员的隐私、保护外方人士的隐私与保护其他人士的隐私等四点。

1. 保护自己的个人隐私。在对外交往中,外事人员必须具有必要的自我保护意识,并在实际工作中采取相应的措施。保护自己本人的隐私,乃是外事人员自我保护的一个重要方面。

外事人员必须牢记,与外方人士进行交际应酬时,千万不要对自己的个人隐私问题直言不讳,甚至有意无意地"广而告之"。即便间接地这样做,也是不允许的。

如果在外事活动中,外事人员动不动就对别人大谈特谈自己的个人隐私,并不会被外人视为为人坦率,而是要么会被人看作没有教养,要么会被理解为别有用心、声东击西。

2. 保护我方人员的隐私。在保护自己的个人隐私的同时,外事人员还必须注意到保护我方其他人员的个人隐私问题。同时兼顾到这两方面,我方人员在外事活动中才不至于失去自尊。

保护我方其他人员个人隐私的具体措施,就是不允许向外方人士主动传播、主动泄露、主动扩散其个人隐私问题。与外方人士进行交谈时,一方面,我方不宜以此类问题作为交谈的主题;另一方面,当外方人士涉及此类问题时,我方则应予以回避。

3. 保护外方人士的隐私。由于种种原因,外事人员往往会对一些与之交往的外方人士的个人隐私问题有所了解,此乃外事人员的工作性质使然。可外事人员必须清楚:自己的这种"特权"绝对不可滥用。

不论我方所了解到的外方人士的个人隐私,还是外方人士主动告之于我方的其个人隐私;不论在公开场合还是在私下,外事人员都切切不可将其向外界披露。否则就会有悖于自己的职业道德,更会失去外方人士的信任,甚至惹出麻烦。

4. 保护其他人士的隐私。"其他人士",在这里是指在对外交往中除交往双方之外的第三方人士。在外事活动中,对其他人士的个人隐私,外事人员也有保护的义务。

对外事人员而言,若对其他人士的个人隐私"畅所欲言",甚至生编滥造、无中生有,或道听途说、以讹传讹,不仅有失身份,有损人格,而且还会给自己的交往对象以不佳的印象。

九、女士优先

新中国成立后,中国妇女的地位日益提高。"妇女解放""保护妇女的合法权益",成为社会各界的共识,而"男女平等"早已成为今日中国的一种现实。

然而在国际交往中,人们在与妇女打交道时,强调最多的却是"女士优先"。不仅如此,"女士优先"在人们的交往应酬中还逐渐演化为一系列具体的、具有可操作性的做法。在社会舆论的监督之下,男士们唯有奉行"女士优先",才会被人们看作是有教养的绅士;反之,在人们眼里则会成为莽夫粗汉。

作为外事礼仪的基本守则之一,"女士优先"的主旨,是指每一名成年男子,在外事活动中都有义务主动而自觉地以自己的实际行动去尊重妇女,关心妇女,照顾妇女,体谅妇女,保护妇女,并且想方设法、尽心尽力地为妇女排忧解难。倘若因为男士的不慎而使妇女陷于尴尬、困难的处境,则意味着男士的失职。

在外事活动中,外事人员有必要了解并遵守"女士优先"的守则。讲究"女士优先",并非说明妇女属于弱者,值得怜悯、同情;也不是为了讨好妇女,别有用心。从根本上来说,之所以提出"女士优先"的要求,是因为妇女乃是"人类的母亲"。在人际交往中给予妇女适当的、必要的优待,实际上就是要表达对"人类的母亲"所特有的感恩之意。

在外事活动的具体实践中,运用"女士优先"的守则,主要应当从适用范围与操作方式这两个方面加以注意。

(一)适用范围

在国际交往中,虽然"女士优先"守则早已是家喻户晓、人人皆知,但它仍然存在其特定的适用范围。只有在其适用范围之内,"女士优先"守则才会生效。一旦超出其特定范围,"女士优先"便不起任何作用。

外事人员在确定"女士优先"守则的适用范围时,关键是要掌握其地域差别、场合差别与个人差异。

1. 地域差别。在全球范围之内,"女士优先"守则的运用存在着明显的区域性差别。在世界上,虽说对于"女士优先"守则人人皆知,但并非各国都有此讲究。

就目前而言,"女士优先"主要通行于西方发达国家、中东欧地区、拉丁美洲地区以及非洲的部分地区。在这些国家、地区范围之内,一名对"女士优先"守则一无所知的成年男士,在其交际应酬之中必将四处碰壁。

可是,一旦到了另外一些国家里,讲究的却往往是"男尊女卑"。在绝大多数情况下,那里的人士对"女士优先"并不买账。

2. 场合差别。即使在讲究"女士优先"的国家,人们也并非不区分具体的场合,而时时处处都讲究"女士优先"。

根据惯例,只有在社交场合中讲究"女士优先",才最为得体。

在公务场合中,人们普遍强调的是"男女平等"。此时此地,性别差异并不为人们所看重,因此没有必要煞有介事地讲究"女士优先"。

在休闲场合中,"女士优先"讲究亦可,不讲究亦可,完全可以悉听尊便。

3. 个人差异。"女士优先"守则提醒每一名成年男士,在需要讲究"女士优先"之时,应对当时在场的所有妇女一视同仁:不仅对本国的妇女如此,对其他国家的妇女也应当如此;不仅对同一种族的妇女如此,对待其他种族的妇女也应当如此;不仅对熟悉的妇女如此,对待陌路相逢的妇女也应当如此;不仅对年轻貌美的妇女如此,对待上年纪的妇女也应当如此;不仅对有权有势的妇女如此,对待无权无势的妇女也应当如此;不仅对富有的妇女如此,对待一无所有的妇女也应当如此。

从原则上讲,"女士优先"的适用对象,应包括所有成年妇女在内。但在实践中,外事人员必须切记:即使在传统上讲究"女士优先"的国家里,仍有一些人并无此种讲究,甚至对此颇为反感。其中最具典型意义的,当推所谓"女权主义者"。她们提倡"女权",要求"男女绝对平等",认为"女士优先"是歧视妇女行为的一种表现。对"女权主义者"的要求,必要时也要予以尊重。

(二)操作方式

在外事活动中,"女士优先"是非常讲究操作方式的。离开了种种具体的操作方式,"女士优先"就会成为一句空话。在社交场合贯彻"女士优先"的守则时,需要兼顾下列四个方面。

1. 尊重妇女。在正式的社交场合里,男士必须对每一名成年妇女无一例外地给予应有的尊重。尊重妇女,乃是"女士优先"守则的第一要旨。

一般而言,尊重妇女,应通过男士下述具体行动得以体现:

发表讲话、演说时,若需要对当时在场的来宾加以称呼,应以"女士们,先生们",或"玛丽小姐,威廉先生"为顺序,将女士的称呼放在前面。

在聚会上同时与男女主人相遇,应当首先问候女主人,然后再问候男主人。

由室外进入室内后,应当主动问候先行抵达的女士。若此刻对方业已落座,则不必起身回礼。而当女士由室外进入室内后,在场的男士均应先行问候对方,已经就座的男士,此时必须起身相迎。

需要为初次谋面的男女双方进行相互介绍时,标准的方式是:首先介绍男方,然后再介绍女方,即让女士"优先了解情况",以便决定如何对待男方。

男女双方有必要握手为礼时,正规的做法是:女士首先伸出手来与男士相握,男士率先伸出手来则是失礼之举。此种做法,实际上是将是否握手的决定权交给女士来掌握。

在室外活动时,戴着帽子的男士在向妇女打招呼之前,一般应当首先向女方脱帽致意。

在正式宴会上,出于对妇女的尊重,通常不宜雇用女性充当侍者。而在家宴中,亦不得只由女主人忙前忙后。

在就餐时,女主人往往是"法定"的第一顺序。换而言之,其他任何人用餐时的一切举止,均应唯女主人马首是瞻,而不允许贸然行事,或者抢先品尝。按照惯例,在正式宴会上,女主人打开餐巾,等于宣布宴会开始;女主人拿起餐具,意味着可以开始用餐;女主人把餐巾放回餐桌之上,则表示宴会到此结束。

2. 照顾妇女。在必要时,男士应给予妇女以必要的照顾。照顾妇女,一要注意具体时机是否适当;二要讲究两相情愿。在任何时候,男士所给予妇女的照顾都不应当强加于人。

在正常情况下,男士对妇女的照顾,主要应当在下列方面表现出来:

在公共场合内稍事休息时,男士有义务为妇女寻找座位。当座位不够时,男士应当请女士首先就座。业已就座的男士若是发觉尚有妇女无处可坐,则不论双方相识与否,男士均应起身让座于对方。

外出之际,男士应当责无旁贷地负责搬运行李。有必要时,男士还应替同行的妇女携带大件或沉重的行李。发现在场的其他妇女携带较大、较重的物品时,在征得对方同意后,男士应挺身相助。

在行进之中,男士通常应当请与自己同行的妇女先行一步,以便由对方"选择前进的方向"。上下车辆或者上下飞机时,男士亦应如此,请同行的妇女先上、先下。

需要通过大门时,男士一般应当主动替与自己同行的妇女开门或关门。上下轿车时,为同车的妇女开关门也是男士义不容辞的责任。

3. 体谅妇女。在正式的社交场合中,任何一名具有良好教养的男士,都应当予以妇女必要的体谅。体谅妇女,在此特指男士应当善解人意,应当善于设身处地地替妇女着想,并且善于谅解妇女。

在运用外事礼仪的具体过程中,要求男士体谅妇女,主要是要求男士善于觉察妇女的难处,并且善于主动地在实际行动上为之排忧解难。其具体要求主要有:

当妇女在大庭广众之前面临某种困境时,诸如不了解某种商品的用法、不知道如何点菜、不通晓某种外语或方言时,男士应当"知难而上",主动为其解围,而不是落井下石,或是幸灾乐祸。

考虑到绝大多数妇女辨别方位的能力不及男士,所以在外出之际理当由男士充当向导。为妇女指点方向时,宜告知对方易于判断的"前后左右",而不是对方往往难于确定的"东西南北"。

男女并排就座时,若彼此之间不属于夫妻、情侣或亲属关系,一般不应当安排一名妇女在两位男士之间就座。

单行行进时,通常要求男士随行于妇女身后,主要原因之一,在于男士一般步幅比妇女大。令其充当"开路先锋",往往会使同行的妇女难以跟进。

在一些过于狭窄的路段与其他妇女"狭路相逢"时,不论是否熟悉对方,男士都应当礼让对方,请对方先行通过。

上楼梯时,男士一般应当请身穿裙服的妇女随行于其后。而在走下较为陡峭的台阶或楼梯时,男士亦应行进在前。前一种做法,是为了预防同行的妇女"走光";后一种做法,则是担心同行的妇女患有"恐高症"。

出席宴会、舞会、音乐会或观看演出、体育比赛时,如果没有领位员提供服务,男士一般应主动为同行的妇女带路或寻找座位。需要在衣帽厅存取衣帽时,男士还有义务为同行的妇女代为存、取衣帽,并在必要时协助妇女脱下或穿上外套。

在正式的社交舞会上,通常应当由男士邀请妇女。不过由于"女士优先",所以妇女拥有选择舞伴、谢绝男士邀请的权利。妇女在社交舞会上也可主动邀请男士,同样是因为"女士优先",所以男士不得拒绝对方的邀请。

4. 保护妇女。在必要时,男士应当挺身而出,主动保护妇女。保护妇女的本意,是男士应采取主动行动,不使自己身边的妇女受到伤害。

在社交活动中,保护妇女主要应当在如下几个具体方面得到体现:

与妇女交谈时,男士的谈吐应当高雅脱俗,并且应在具体内容上掌握好分寸。切切不可当着妇女的面,大讲特讲脏话、粗话、黑话,讲黄色笑话,猜色情哑谜,开低级下流、令人难以启齿或难听的玩笑。

惯于吸烟的男士,在妇女面前必须有所克制,无条件地实行"禁烟"。即使烟瘾发作,也不允许冒昧地询问在场的妇女:"我可以吸一支香烟吗?"

在室外同妇女一道并排行走时,男士应自觉地遵守"把墙让给妇女"的规则,即请妇女在人行道的内侧行走,而自己则主动走在人行道的外侧。采取这一做法,既是出自维护交通安全方面的考虑,也是为了防止妇女被疾驶而过的车辆所惊扰,或者是为了防止因车辆飞驰而过时可能溅起的污泥浊水弄脏妇女的衣裙。

当男女一起经过拥挤之处,或是通过存在着危险、障碍的路段时,男士应主动走在前面,以便为身后随行的妇女开道、探险。

邀请妇女与自己一起外出参加活动时,男士不仅需要提前前往妇女的居所迎接,而且还需要在活动结束后将其送回居所。

在社交场所,当妇女遭逢个别男士骚扰时,在场的每一名男士都有义务上前帮助妇女摆脱其困境。

当妇女因为种种原因需要救助,或是需要获得支持、关心、帮助、保护时,男士则应当鼎力相助,热情支持,为对方提供必要的保护。

第二章
外事人员的个人礼仪

习近平同志曾经要求：中国的外事外宣工作,应当发出中国好声音,讲好中国好故事。在涉外活动中,每一名称职的外事人员都必定会意识到：自己的所作所为,都会被外国人视为"中国人的所作所为"。既然在外国人眼里,每一名外事人员都代表着自己的国家、代表着自己的民族、代表着自己所在的地区、代表着自己所供职的单位,那么,外事人员对自己的行为就需要多加检点,并好自为之。

《道德经》上说："天下大事,必作于细"。常言道："外事无小事"。虽然有些细枝末节在普通人看来司空见惯、不足挂齿,但是一旦到了外事活动中就有可能被外方人士另眼相看,牵强附会,甚至酿成重大事端。有鉴于此,任何一名训练有素的外事人员在外事活动中都应重细节、讲究规矩,对个人的日常表现一丝不苟。

所谓外事人员的个人礼仪,是指对外事人员个人行为的具体规范,主要涉及外事人员穿着打扮、西装着装、仪容修饰、举止行为、语言沟通、姓名称呼、名片交换、问候行礼等方面。由于自身身份所致,在上述方面,外事人员并无多少"个性"可言,而是一定要严格恪守有关的外事礼仪规范。

一、穿着打扮

英国文豪莎士比亚曾言道：一个人平日的穿着打扮,就是其个人教养最为形象的写照。在国际社会,莎翁的此番高论,早已成为人们的普遍共识。

在任何情况下,外事人员对自身的穿着打扮都必须高度重视、认真对待、细致入微,并一丝不苟,这是外事人员赢得其交往对象好感与尊重的重要条件。也就是说,在外事活动中注意穿着打扮,实际上体现着外事人员的自尊自爱。

不仅如此,在国际社会里,人们往往将是否注重自身的穿着打扮,与是否尊重交往对象直接挂钩。人们普遍认为:一个人穿着得体、打扮到位,直接代表着他对自己的交往对象的好感与尊重。反之,则会被理解为对自己的交往对象漠视冷淡,或是对自己所从事的工作敷衍了事、漫不经心。

具体来讲,外事人员的穿着打扮涉及衣着、饰物、化妆、发型等方面。对于这一系列的具体问题,外事人员均应面面俱到、处处认真、知书达礼、遵守成规。

从宏观上来看,在遵守有关具体规定的同时,外事人员在穿着打扮方面还有一些具有普遍意义的基本规则需要遵守。

(一)符合身份

在现代社会里,每一个人都具有一种特定的身份,诸如长辈与晚辈、上级与下级、老师与学生、客人与主人、百姓与官员等。通常人们的身份是相对而言的,它往往会随着时间、背景、场合或具体关系的推移演变而有所变化。举例而言,一个人在下级面前是上级,可是到了上级面前则又成为下级;在自己的国家里,外事人员自然是主人,但一旦到了其他国家,外事人员显然又变成了名副其实的外宾。

除此之外,每一个人往往还会同时身兼数种角色:在父母面前是孩子,在孩子面前是长辈;在外人面前可能是一名异性,一位朋友,在家人面前则是一名丈夫或妻子,抑或是兄弟或姐妹……

正因为如此,在外事活动中,外事人员不仅要善于明确此时此刻自身的实际角色,为此而进行必要的心理调整或转换,而且还须令自己的穿着打扮符合自己特定的角色。

在一般情况下,外事人员在正式场合大抵会以宾主的身份、官方的身份或者服务的身份出现。尽管外事人员往往同时身兼三种身份,但这三种身份却有着各自不同的特点与要求。

1. 宾主的身份。宾主的身份,是外事人员所具有的第一重身份。就具体的外事工作而言,要么是外国人到中国来,外事人员以主人的身份对其予以接待;要么是中国人到外国去,外事人员充当外国人的客人。这两种身份,外事人员必居其一。不管是充当主人还是充当客人,外事人员的穿着打扮均有规可循。

充当主人时,外事人员的穿着打扮要以高雅大方为基本特色;同时,还应注意使自己的服饰较为正式,适当地突出自身的特征。前者是一种国际惯例,若不如此,便是对客人的轻视与失礼;后者则是为了体现自尊自爱。

充当客人时,外事人员的穿着打扮则须注意如下三点:第一,牢记入乡随俗,切勿使自己的穿着打扮触犯东道主一方的禁忌。第二,防止喧宾夺主,即不要有意无意地过分地突出自己。第三,尽量中规中矩,使自己的穿着打扮"照章办事"。

2. 官方的身份。官方的身份,是外事人员所具有的第二重身份。在外事活动中,外事人员无一例外地被视作国家的代表、民族的代表、地方的代表、单位的代表,也就是说,自然地具有官方的身份。这一身份,要求外事人员的穿着打扮既要庄重,又要保守。

第一,庄重。所谓庄重,主要是要求外事人员的穿着打扮切忌轻浮与随便。外事人员的穿着打扮若是过于轻浮,比如在工作中着装过于裸露、过于短小、过于紧身、过于透明,则往往会有损其所代表的国家、民族、地方或单位的形象;外事人员的穿着打扮若是过于随便,则极有可能给交往对象留下目中无人的不良印象。

第二,保守。所谓保守,则主要是要求外事人员的穿着打扮避免过度时尚或前卫。不论年龄大小,是男是女,外事人员的穿着打扮都必须有意识地与摩登、新潮、怪诞、另类保持一定的距离。不然的话,就会给人以不稳重、不成熟甚至不可信任之感。

3. 服务的身份。服务的身份,是外事人员所具有的第三重身份。不论资历如何、职务高低,外事人员所从事的具体工作都具有鲜明的服务性质。换而言之,外事人员是为国家服务、为人民服务、为社会主义现代化建设事业服务、为外事工作服务、为涉外交往对象服务、为世界各国人民服务的。俗话说"干什么就要像什么",因此外事人员的穿着打扮在任何情况下都不应与其服务于国、服务于人的身份相背离。具体而言,外事人员的穿着打扮应以朴素、简约为主要风格。

第一,朴素。所谓朴素,并非要求外事人员的穿着打扮土里土气、邋里邋遢,而是要求其不要与他人进行攀比,存心高人一等,非要比对方奢华、非要使用所谓"名牌"包装自己不可。

第二,简约。所谓简约,则主要是出自其工作性质的考虑,要求外事人员的穿着打扮简单而实用,力戒烦琐与浮躁。按照这一要求去做,不仅有利于外事人员"轻装上阵",做好具体工作,而且还有利于外事人员赢得各方人士的信任。

(二)区分场合

在日常生活中,普通中国人往往不重视依据自身所处具体场合的不同,来变更自己的穿着打扮。举例而言,什么时候需要更换自己的服装呢?一些老百姓的回答不是"衣服脏了",就是"天气变了",他们很少会想到着装应随场合的不同而加以变化。可是,在国际社会里这些却是人人本应知道的常识。

外事人员必须充分意识到:自己的穿着打扮,一定要与自己所处的具体场合相适应。在不同场合里,应依照惯例使自己的穿着打扮有所变化。外事人员的穿着打扮与其所处的具体场合不相适应,我行我素,或是以不变应万变都是不符合要求的。

在常规情况下,外事人员所遇到的具体场合有公务场合、社交场合与休闲场合。在这三类不同的场合中,外事人员的穿着打扮应有所区别。

1. 公务场合。所谓公务场合,通常是指人们在正常的上班时间内所置身的工作地点。在公务场合中,对于外事人员的穿着打扮的基本要求是:正统、端庄、保守。说到底,这些基本要求都是要确保外事人员"上班族要像上班族","外事人员要像外事人员",都是强调在工作的时候着装一定要中规中矩。

具体而言,在公务场合中,外事人员的着装宜为制服、西装、套裙,或者长袖衬衫配以长裤、长裙。而各式各样的时装、便装,尤其是标新立异的前卫服装或过于自由散漫的家居装、运动装、牛仔装等,则一律不适宜。此时此刻,外事人员宜穿制式皮鞋;拖鞋、凉鞋、布鞋、皮革鞋、运动鞋、毛毛鞋均非合宜之选。

在公务场合中,外事人员的饰物应当以少为佳。有些时候,甚至没有必要选用饰物。若是选用饰物过多,或是选用的饰物过于高档,都是不恰当的。

在公务场合中,女外事人员可根据国际惯例进行化妆,但须以自然为基本要求。此即所谓"化妆上岗,淡妆上岗"。总之,女外事人员的化妆一定要力戒浓妆艳抹,否则会显得不伦不类。

在公务场合中,对外事人员头发的修饰亦有一定限制。一般来讲,不提倡外事人员染彩色发,亦不允许外事人员选择怪异发型。除此两点要求之外,对外事人员头发的长度亦有约定俗成的讲究,在肯定男女有别的同时,要求头发不宜过长或过短。

2. 社交场合。所谓社交场合,大都是指人们在上班之余的时间里所置身的公共性交际地点。根据这一解释,聚会、宴会、拜会、舞会、音乐会等,都是典型的社交场合。按照外国人的普遍看法:社交活动意在结识新朋友,联络老朋友;社交的主旨是"信息的交流与传递";社交不仅直接有益于个人人际关系的拓展,而且还间接地有助于个人的工作。所以,外国人对社交场合倍加重视。

在社交场合中,对外事人员的穿着打扮的基本要求是:时尚、典雅、个性。即要求其服饰与时俱进、文明雅致、与众不同。

具体而言,在社交场合中,外事人员的着装以时装、礼服、民族服装以及个人制作的服装为主要选择。遇到要求身着礼服的场合,外事人员可以男穿深色中山装,女穿单色旗袍。以上两种中式"国服",业已成为世人所认可的中式礼服。通常认为,外事人员在社交场合不宜身着过于正式的制服或过于随意的便装。若非军界、警界同行之间的聚会,身着军服、警服则尤为不妥。

在社交场合中,外事人员可酌情佩戴一些饰物。用于社交场合佩戴的饰物,一般讲究档次高、款式新、做工精。过于低档、过于落伍或做工过于粗糙的饰物,外事人员最好不要佩戴。

在社交场合中,女外事人员通常需要化妆,而且其化妆的浓淡应与所处场合相协调。在社交场合,女性若不化妆,通常会被外国人视为失礼之至。

在社交场合中,外事人员对自己的头发应进行精心的修饰。只要与自己的实际身份相符,外事人员于头发的长短、染色与否以及选择何种发型,均可自行定夺。

3. 休闲场合。所谓休闲场合,一般指的是人们在闲暇时间内,一人独处,或者独自活动于公共场所。较为典型的休闲场合,主要有居家、健身、旅游、逛街等。在休闲场合中,对外事人员穿着打扮的基本要求是:舒适、自然、方便。之所以如此,是因为休闲场合被视为非正式场合,与公务场合、社交场合等正式场合自然有所区别。

在休闲场合中,外事人员的着装以家居装、运动装、牛仔装等为宜。选择T恤、短裤、旅游鞋也未尝不可。不过,在休闲场合中切莫选择制服、套装、套裙、时装、礼服等各式适用于正式场合的服装,否则就会显得煞有介事,与休闲场合不甚协调。

在休闲场合中,外事人员一般没有必要佩戴饰物。即便佩戴,也没有必要披金戴银,环佩叮当,招摇过市,令人为之侧目。

女外事人员在休闲场合中对于自己是否化妆的问题,完全可以自便。但在绝大多数的休闲场合中,化妆往往是没有必要的。

在休闲场合中,外事人员的头发只要干净整洁即可,而无其他任何的限制。

(三)遵守常规

众所周知,外事工作通常是最讲究规矩的。对于穿着打扮的一些基本常规,外事人员必须自觉而认真地遵守,以体现出外事人员自身的良好素质,令交往对象刮目相看。

具体而言,外事人员在穿着打扮方面所须遵守的常规,主要包括专业规范、内部规范与社会规范三项。外事人员对这三项规范必须兼顾,不得偏废。

1. 遵守专业规范。所谓专业规范,实际上指的是有关穿着打扮的技巧与方法。有道是"内行看门道,外行看热闹"。外事人员如果对穿着打扮的专业规范知之甚少甚至一无所知,其穿着打扮如何能够得体呢?

例如,男士穿西装套装时,理应遵守"三色原则"这一专业规范,即不得令自己全身上下的色彩多于三种颜色。忽略了此项专业规范,即使身上穿的西装套装再高档,也难以体现出自身的风采,甚至贻笑大方。

女士戴两件以上的饰物时,则必须遵守"质色相同原则",即务必要令自己所戴的各件饰物质地相同,色彩相同。若质地难以相同,也要确保其色彩相同。唯有如此,所佩戴的各件饰物才会彼此协调,相得益彰。如果它们质地不同,或者色彩相去甚远,反差过大,则会显得十分粗俗低档。再如,女士在非正式场合穿露趾凉鞋时,通常不宜穿袜子;而在正式场合,穿露趾凉鞋亦为不妥。

2. 遵守内部规范。所谓内部规范,在此是指外事人员所在单位内部的、有关穿着打扮的具体规范,尤其是有关的明文规定。需要指出的是,外事人员对此必须无条件地加以遵守。这样做,实际上可以反映出外事人员良好的业务素质,同时,也会使人感觉到外事人员所属的单位管理有方,令行禁止。

具体来看,有关外事人员穿着打扮的内部规范主要分为以下两类:

第一,对外事人员穿着打扮的基本要求,即具体要求其"应当如何去做"。比方说,许多外事单位均要求其全体员工在工作中必须选择正装。还有一些部门对外事人员的着装做出了更为具体的规定:男性应穿深色西装套装,女性应穿素色西式套裙等。

第二,对外事人员穿着打扮的主要禁令,即明确规定其"不可以怎样做"。例如,国内许多单位均禁止参与外事活动的男士蓄留长发。其具体要求是:男士应当前发不覆额、侧发不掩耳、后发不及领。此外有的单位还规定:若无特殊的宗教信仰或民族习惯,则参与外事活动的男士不宜蓄须。

3. 遵守社会规范。所谓社会规范,这里指的是社会上对外事人员穿着打扮约定俗成的看法或惯例。在任何时候,外事人员都是社会的一员,都难以脱离社会独往独来。因此,外事人员应对有关穿着打扮的社会规范予以高度重视。

有关外事人员穿着打扮的社会规范,通常可具体划分为如下两类:

第一,国内社会规范。国内社会规范,主要适用范围为本国国内。例如,在中国,社会上对外事人员的穿着打扮都要求其朴实无华、典雅含蓄。

第二,国际社会规范。国际社会规范,顾名思义,自然以国际社会为其适用范围。例如,在出席宴会或观看正式演出时,国际社会通行的做法,是要求出席者身着正规的礼服。在我国,以前并无此种做法。

对上述两类社会规范,外事人员均应严格遵守。当前者与后者偶尔发生矛盾抵触时,外事人员通常应当优先考虑后者,因为后者乃属国际惯例。

二、西装着装

所谓西装,又称西服、洋服。它起源于欧洲,是目前世界上最流行的一种服装,也是男性外事人员在正式场合着装的优先选择。西装的造型,通常典雅高贵。它拥有开放适度的领部、宽阔舒展的肩部和略为收缩的腰部,穿在男士的身上,会令其显得矫健英武、风度翩翩、魅力十足。

但是,在日常生活中,人们要想使自己所穿的西装真正令人赏心悦目,就必须在西装的选择、穿法、搭配等三个方面严格遵守相关的礼仪规范,否则就可能弄巧成拙。

(一)西装的选择

外事人员要想使西装替自己增色,首先就要精心选择,并要将选择的具体重点放在西装的做工上。

一般来说,要挑选一套地道的适合在正式场合穿的西装,根据常规,大抵需要关注其面料、色彩、图案、款式、造型、尺寸、做工等七个方面的细节。

1. 面料。鉴于西装在人际交往中经常扮演正装或礼服的角色,故其面料的选择理当力求高档。通常,毛料应为首选面料。具体来说,纯毛、纯羊绒的面料以及毛绒混纺的高比例含毛的混纺毛涤面料等均可用来制作西装。而不透气、不散热、易磨损、易生静电、发光发亮的各类化纤面料，则尽量不要用来制作西装，否则只会降低档次。以皮、棉、丝、麻制成的西装均不被视作正装。

目前，以高档毛料来制作西装是最佳的，它们大都具有轻、薄、软、挺等四个基本特点。一是轻，具体指的是西装不笨重，穿在身上轻如丝绸。二是薄，具体指的是西装面料较薄，而不过度厚实。三是软，具体指的是西装穿起来柔软舒适，既合身，又不致给人以束缚之感。四是挺，具体指的是西装外表挺阔雅观，不起皱、不松垮、不起泡。

2. 色彩。在交际应酬中，男性外事人员通常只会在较正式的场合才穿西装。在有些时候，西装甚至起着制服的作用。因此，西装的色彩应尽量给人以庄重、沉稳的感觉。

男性外事人员在正式场合所穿着的西装最好是上身与下身同色，并且宜以藏蓝色为首选。在世界各国，藏蓝色的西装套装都是男士所必备的。除此之外，还可以选择灰色或棕色的西装。黑色的西装也可以考虑，不过它更适合庄严而肃穆的仪式或庆典。

依照外事礼仪的规范，男性外事人员在正式场合不宜穿过于鲜艳或发光发亮的西装。朦胧色、过渡色以及色彩过浅的西装也不宜选择。总的来说，越是正式场合，越讲究穿单色、深色的西装。

3. 图案。外事人员所推崇的是成熟、稳重、含蓄的形象，所以其西装一般以无图案为佳。不要选择绘有花、鸟、鱼、虫、人等图案的西装，更不要自行在西装上绘制或者刺绣图案、标志、字母、商标、符号等。

通常，上乘西装的特征之一便是没有任何图案。唯一的例外，是允许选以竖条纹面料缝制的西装。而在竖条纹的西装里，则通常又以条纹细密者为佳，以条纹粗阔者为劣。

用格子呢缝制的西装一般被认为难登大雅之堂，只有在那些非正式的场合里，男性才有机会穿。

4. 款式。与其他任何服装一样，西装也有自己不同的款式。区分西装的具体款式，主要有下述两种方法。

第一，根据西装的件数区分。根据此项标准，西装可分为单件与套装两类。其一，单件西装。根据惯例，单件西装指的是一件与裤子不配套的西装上衣。它仅适用于各种非正式场合。其二，套装西装。所谓套装西装，指的是上衣与裤子成套，其面料、色彩、款式一致，设计风格上相互呼应的多件西装。它适用于各种正式场合。通常又有两件套与三件套之分。两件套西装，包括一衣一裤。三件套西装，则包括一衣、一裤与一件背心。依照传统看法，三件套西装比起两件套西装显得更加正规。

第二，根据上衣的纽扣区分。根据这一标准，西装上衣有单排扣与双排扣之别。一般的看法是，单排扣式的西装比较传统，而双排扣式的西装则较为时尚。具体来说，单排扣西装上衣与双排扣西装上衣的纽扣数目有所不同，因而使其呈现出不同的风格。

其一，单排扣式的西装上衣。常见的有一粒纽扣、两粒纽扣、三粒纽扣等三种。一粒纽扣和三粒纽扣两种款式比较时髦，而两粒纽扣的款式则比较正统。

其二，双排扣式的西装上衣。以两粒纽扣、四粒纽扣和六粒纽扣三种较为常见。其中两粒纽扣、六粒纽扣属于流行款式，四粒纽扣的款式则具有传统的风格。

5. 造型。西装的造型，又称西装的版型，它指的是西装具体的外观形状。当前，世界上的西装主要有欧式、英式、美式、日式等四种主要造型。它们各具特点，分别适合于不同体型的人。

第一，欧式西装。欧式西装流行于欧洲大陆，以法国、意大利、西班牙等国的西装为其代表。它属于最早的西装造型。其主要特征是上衣呈倒梯形，多为双排扣式，而且纽扣的位置较低。衣领较宽，强调肩部与后摆，不甚重视腰部。垫肩与袖笼较高，腰身中等，后摆无开衩。

第二，英式西装。英式西装主要流行于英国。它由欧式西装演化而来，主要特征是不刻意强调肩宽，而是讲究穿在身上后的贴身与自然。它多是单排扣式，衣领大都是"V"字型，并且较窄。垫肩较薄，腰部略收，后摆两侧开衩。

第三，美式西装。美式西装源自美国，近年来在欧美各国颇为流行。它也是由欧式西装变化而来的。其主要特征是外观上方方正正,宽宽松松,较欧式西装稍短,多为单排扣式,领型为宽度适中的"V"型。肩部不加衬垫,因而被称作"肩部自然式"西装。腰部宽大舒适,后摆中间开衩。

第四,日式西装。日式西装,显然是日本人对欧式西装所做的改良版。它比较适合于亚洲人。其主要特征是上衣在外观上呈现为"H"形,即不过分强调肩部与腰部。它多为单排扣式,衣领较短、较窄。垫肩不高,不过度收腰,后摆也不开衩。

上述四种造型的西装,各有各的优点。一般而言,欧式西装洒脱大气;英式西装剪裁得体;美式西装宽松飘逸;日式西装则贴身凝重。在具体选择时,人们可以听其自便,不过一般来说,欧式西装要求穿着者高大魁梧,美式西装穿起来稍显散漫与休闲。比较来说,英式西装与日式西装通常更适合于中国人穿着。

6. 尺寸。 任何西装都应合身,肥瘦要适度。一位男性外事人员在正式场合所穿的西装,其尺寸过大、过小,或者过肥、过瘦,都不合适。

具体而言,要想替自己选择一身在尺寸上符合标准的西装,总体上有如下三点要求:

第一,尺寸标准。众所周知,西装的衣长、裤长、袖长、胸围、腰围和臀围,在尺寸上都有一定之规,并且彼此之间呈比例。唯有对此有所了解,才能在挑选西装时轻车熟路。

第二,量体裁衣。市场上目前销售的西装多为批量化生产的。它根据国家的有关标准,被划分为一定的型号,尺寸也十分标准。但是,由于每个人的身材各不相同,穿在身上并不一定人人合适。所以,有条件者最好是"寻访名师"为自己量身缝制西装。

第三,进行试穿。不论购买成衣还是量体裁衣,之前都应当试穿。如果发现有尺寸方面的问题,要么予以修改,要么进行调换,切勿马虎大意。

7. 做工。 一套西装的价格,主要取决于它的做工。西装做工的精良与否,直接影响它的质量。在选择一套西装时,对其做工的好坏,万万不可轻视。

检查一套西装的做工,通常主要应当注意下列两个方面的问题。

第一,总体的观感。一套西装做工是否精良,往往从其外观上一看,便可以产生总体观感。真正做工精良的西装,理当给人以下述观感:其一,立体感强,让人感到柔软而舒展。其二,造型线条流畅,并且具有一定的张力。其三,悬垂性好,前身后背平整挺括,没有多余的褶皱。

第二,具体的细节。在检查一套西装的做工质量时,通常还应当从下列八个具体细节着手:一要看其领面是否平整;二要看其驳头是否对称;三要看其衣袋是否服帖;四要看其肩袖是否接好;五要看其裤管是否均衡;六要看其衬里是否外露;七要看其纽扣是否缝牢;八要看其针脚是否均匀。

在挑选西装时,除了要考虑上述八个方面的基本问题之外,男性外事人员还有必要了解:西装有正装与休闲装之别。

一般来讲,正装西装适用于正式场合,其面料多为毛料,色彩多为深色,款式讲究庄重保守,并且基本上都是套装。休闲西装则恰好相反。休闲西装主要适用于非正式场合,其面料可以有棉、麻、丝、皮、化纤等各种选择;其色彩多为艳色、亮色和浅色;其款式则讲究宽松舒适与标新立异。通常,休闲西装多为单件的上衣。

(二)正规的穿法

穿着西装时,必须对其具体的、规范的穿着方法加以重视,并且认真遵守。在人际交往中,身着西装而不遵守其规范性穿法,甚至"为所欲为",是有违礼仪的无知表现。

按照礼仪上的基本要求,在正式场合里,身着西装应讲究具体规范。在如下七个方面,尤须符合标准。

1. 拆除商标。从商场里所购买的西装成衣,在其上衣左袖的袖口处,通常都会缝有一块醒目的"临时性"商标。有时,在那里还会缝有一块纯羊毛标志。它们的作用,主要是为了告知消费者其品牌与质地,此外再无其他任何意义。

因此,在购买西装之后,正式穿着之前,切勿忘记将它们拆除。这是穿着西装成衣的一种惯例,它等于是在对外界宣告该套西装已被正式启用。如果一套西装穿过许久之后,其衣袖上的商标或者纯羊毛标志仍旧原封不动,则必定会见笑于人。

2. 熨烫平整。 要想使穿在自己身上的西装看上去美观大方,首要之点是令其保持平整挺括、线条笔直、舒展自然、干净爽洁。在任何情况下,都不应当使自己作为正装的西装皱巴巴、脏兮兮的。否则不但会让西装本身美感顿失,还会有损于着装者的自我形象。

要想确保正装西装的平整挺括、干净整洁,着装者平时应注意将其洗好、熨好、挂好。

第一,定期干洗。西装,尤其是纯毛西装,一般忌讳水洗,而只宜干洗。在正常情况下,常穿的西装至少应当每月送洗衣店干洗一次。

第二,经常熨烫。每次穿着西装之前,通常应当认真熨烫一次。熨烫西装是令其保持平整挺括的一种主要手段。

第三,正确悬挂。不穿西装时,最好将其用专用的衣架悬挂在衣柜或西装袋内。把西装随手乱放、折叠起来,或者挂在椅背上,都是不正确的做法。

3. 系好纽扣。 穿西装时,其上衣、背心与裤子的纽扣,都有一定的具体系法。在正规场合,对其务必予以重视。

第一,上衣的纽扣。西装上衣纽扣的系法讲究最多。一般来说,站立时,特别是在大庭广众之前起身而立,务必要将西装上衣的纽扣系上,以示郑重其事。而在就座后,则通常要将其解开,以防止上衣扭曲走样。唯独在内穿羊毛衫或西装背心时,才允许站立时不系上衣的纽扣。

通常,单排扣式西装上衣与双排扣式西装上衣的纽扣各自有着不同的系法:

系单排两粒扣式西装上衣的纽扣时,讲究"扣上不扣下",即只应系上面那粒纽扣。系单排三粒扣式西装上衣的纽扣时,正确的做法有二:一是只系中间那粒纽扣;二是只系上面那两粒纽扣。

穿双排扣式西装上衣时,则必须将其可以系上的纽扣一律系上。

第二,背心的纽扣。穿西装背心时,不论以之与西装相配套,还是单独穿着,都必须认真系上纽扣,而不可随意敞开衣襟。在正常情况下,西装背心只宜同单排扣式西装上衣相搭配。其纽扣的具体数目有多有少,但基本上亦可分为单排扣式与双排扣式两种。根据西装的着装惯例,前者最下面的那粒纽扣应当不系,而后者的纽扣则无一例外地都要系上。

第三,裤子的纽扣。目前,在西裤的裤门上"把关"的,有的是纽扣,有的则是拉锁。通常认为,前者比较正统,而后者则更加方便。不论自己穿的是纽扣式还是拉锁式的西裤,都一定要认真将其系好或者拉好。参加重要活动时,还必须随时对其悄然检查,以防自己出丑。西裤上的挂钩,亦应同时挂好。

4. 不卷不挽。穿西装时,务必要认认真真地将其穿在身上,并且还要悉心呵护,令其维持原状。在公共场合里,千万不要当众随心所欲地脱下自己的西装上衣,更不能将它当作披风一样地披在肩上,或者随随便便地拎在手里。

特别应当强调的是,当自己身着西装,在正式场合里抛头露面时,无论如何都不可以把西装上衣的衣袖挽起来。否则,极易给人以粗俗之感。此外,在类似的场合中,随意卷起西裤裤管,同样也是不符合礼仪规范的做法。总之,穿西装的时候,对其衣袖与裤管不卷不挽,是每一位着装者皆须认真做到的。

5. 别装东西。为了确保自己所穿的西装不走样,口袋里应尽量别装东西。上衣、背心与裤子均应如此。在可能的情况下,应将自己随身携带的物品尽量放在公文包内。不要将西装的口袋当成一只"百宝箱",用乱七八糟的东西把它塞满。

具体来说,西装上不同的口袋有着其不同的功能。西装上衣外侧的左胸袋,除了可以放装饰性手帕之外,不准再放其他任何物品,尤其是不能插钢笔、挂眼镜。外侧下方的两只口袋,原则上不宜放任何东西。因此,对其甚至不必开袋。内侧的两只胸袋,则可以分别用来放钢笔、钱包或名片夹,但不宜放入过大、过重、过厚的东西。

西装背心上的口袋,一般只具有装饰性功能。除了可在其中放置怀表外,最好别再放别的任何东西。

西裤的左右两侧的口袋,只宜放置纸巾、钥匙包以及碎银包。其后侧的两只口袋,则往往不适合放置任何东西。

6. 巧配内衣。西装的标准穿法是以衬衫与之搭配,以 T 恤与西装配套的方法是不符合规范的。在穿西装时,衬衫内最好不要再穿其他的内衣。如果因为特殊情况而需要那么做,则应注意以下四点:

第一,数量上的限制。穿在衬衣内的内衣,必须以一件为限。若一下穿上多件,则必然会导致穿在外边的衬衫甚至西装上衣变形、走样。

第二,质地上的限制。内衣以精纺的纯棉或纯羊毛面料为佳,这样才会真正使自己享受"贴身的关怀"。尽量不要选择化纤面料,也不要选择面料过厚者。前者会令人感到不适,后者则会使人显得臃肿不堪。

第三,色彩上的限制。内衣在色彩上应与衬衫相仿,至少也不应比衬衫的颜色深,以防二者反差过大。若是在浅色或者透明的衬衫里穿上深色、艳色的内衣,令二者对比鲜明,则必定会令人笑话。

第四,款式上的限制。在任何情况下,内衣均不得长于外穿的衬衫,因为内衣外现是一种失礼行为。内穿的内衣最好是领型为"V"领或"U"领,以免其衣领变成外露于衬衫衣领的"花絮"。内衣的袖口也不宜外露。

7. 慎穿毛衫。要想把一套西装穿得有"型"、有"味",一个重要的技巧,就是除衬衫与西装背心外,在西装上衣内不要再添加其他任何衣物。在寒冷难忍时,只宜暂作变通,在西装上衣之内临时穿上一件薄型"V"领的羊毛衫或者羊绒衫。那样既不会显得花哨,也不会妨碍打领带。

(三) 具体的搭配

在穿着西装时,必须重视同时穿着的其他衣物的选择与搭配。衬衫、领带与鞋袜的选择搭配更要注意。

1. 衬衫。与西装所配套的衬衫,应被称为正装衬衫。正装衬衫在与西装进行组合配套时,其具体的选择与穿着方法都有许多讲究。

第一,理性的选择。具体选择与西装相配套的正装衬衫时,主要应当注意其面料、色彩、图案、款式等几方面的问题。

其一,面料。从面料上讲,正装衬衫应为精纺的纯棉、纯毛制品。以棉、毛为主要成分的混纺衬衫,亦可酌情选用。但不要选择以条绒布、水洗布、牛仔布、化纤布制作的衬衫。因为它们要么过于厚实,要么易于起皱,要么起毛起球。以真丝、纯麻缝制的衬衫也不宜考虑。

其二,色彩。从色彩上讲,正装衬衫应为单一的色彩。在非常庄重的场合,白色衬衫可谓男性外事人员的唯一选择。除此之外,在一般活动里,蓝色、灰色、紫色、绿色、黄色、橙色、银色等有失庄重的艳色、亮色衬衫,则通常是绝对不可取的。

其三,图案。从图案上讲,正装衬衫大体上以无任何图案为佳。印花衬衫、格子衬衫,以及带有人物、动物、植物、文字、符号、建筑等图案的衬衫,均非正装衬衫。唯一的例外是,较细的竖条衬衫在正式活动中可以穿着。但是,禁止以之搭配竖条纹的西装与竖条纹的领带。

其四,款式。从款式上讲,正装衬衫的衣领与衣袖均有讲究。从衣领上讲,正装衬衫的领型多为方领、圆领、短领与长领。在对其选择时,须兼顾本人的脸型、脖长以及所打的领带结的大小。扣领衬衫,仅适用于一般性场合。而立领、翼领、无领与异色领的衬衫,是不宜与正装西装进行搭配的。从衣袖上讲,只有长袖衬衫才是正装衬衫,而短袖衬衫则一般具有休闲装的性质。此外,长袖衬衫的袖口又有单层与双层之别。前者较为常见,后者则称为法国式衬衫,要求佩戴装饰性袖扣。

第二,穿着的方法。穿着正装衬衫,尤其在以之与正装西装配套穿着时,有下述五点必须注意:

其一,切勿外穿。在房间内进行活动时,允许男性外事人员暂时脱下西装上衣而直接穿着长袖衬衫,并且打领带。但是,最好不要以这副打扮外出办事,特别是不要以如此穿着去参加正式活动。

其二,大小合身。与休闲衬衫相反,正装衬衫既不宜过于短小紧身,使人拘束,又不宜过于宽肥长大、松松垮垮。选择正装衬衫时,务必令其大小合身。特别应当注意衣领与胸围要松紧适度,衣袖与下摆不宜过长或者过短。

其三,系好衣扣。在正规场合里,所穿正装衬衫的全部纽扣都必须认真系好。不论衣扣、领扣还是袖扣，概莫能外。只有在不打领带时，才可以解开衬衫的领口。

其四，注意袖长。与正装西装配套时，一定要注意正装衬衫的袖长。最美观而标准的做法是，令衬衫的袖口在西装上衣的袖口之外露出1厘米~2厘米，既不应该使之永远不见天日，也不应当使之外露过长，甚至被一卷再卷，翻卷到西装上衣的袖口之上。

其五，束起下摆。穿长袖衬衫时，不论是否穿外衣，均应将其下摆认真地束入裤腰之内，并且整理好。不要让它在与裤腰交界之处上下错位、左右扭曲，更不要让它露在裤腰外。

2.领带。穿西装时，领带是最重要的饰物，有人甚至称之为"西装的灵魂"。在一般场合中，打不打领带关系不大；女性尤其不必打领带。但一旦打了领带，就不能不认认真真地遵守与其有关的礼仪规范。

第一，选择的方法。选择领带时，在其面料、色彩、图案、款式、搭配、质量等六个方面，通常都颇有讲究。

其一，面料。最好的领带应以真丝或者羊毛制成。售价低廉的涤丝领带有时亦可选择。除此之外，用棉、麻、绒、皮、革、塑料、珍珠等物制作的领带，均不适宜在正式活动中佩戴。

其二，色彩。领带在色彩上有单色与多色之分。在正式活动中，切勿佩戴三种以上色彩的领带或者色彩过于鲜艳醒目的领带。一般来说，蓝色、灰色、棕色、紫红色等单色领带，或者是以其为基本色的双色领带，才是理想的选择。在庄重的场合，领带与西装同为一色最佳。在社交或休闲时，领带亦可与衬衫同为一色。在吉庆的场合，领带则应当选择紫红色。

其三，图案。适用于正式场合佩戴的领带，主要应为单色无图案的，或者是以圆点、方格等规则的几何图形及其相互组合为主要图案的领带。以人物、动物、植物、景观、徽记、文字、符号或者电脑绘图为主要图案的领带，则仅仅适用于社交或休闲场合。

其四，款式。在领带的款式上，有四点应予注意。首先，领带有尖头与平头之分。前者较为正规，后者则显得时髦。其次，领带亦有宽窄之别。除了要考虑流行之外，最好是使之与本人的胸围及上衣的衣领协调。再次，各种简易式的领带，如"一拉得""一挂得"等领带，除穿制服外，一般不宜在正式场合佩戴。最后，领结是领带的一个特殊品种，它应当与礼服、衣领衬衫相配套，并主要适用于社交活动之中。

其五，搭配。有时，领带与装饰性手帕被组合在一起成套销售，并搭配使用。与领带搭配使用的装饰性手帕，最好与领带面料、色彩、图案等大体上相近。二者同时亮相，亦多见于社交活动之中。

其六，质量。一条好的领带，必须质地优良。其主要特征是外形平整美观、悬垂挺括、线条流畅；衬里为毛料，整体上稍显厚重；无线头、无跳丝、无疵点。平时宁肯不打领带，也不要打以次充好的领带。

第二，佩戴的方法。一条打得漂亮的领带，在穿西装者的身上将发挥画龙点睛的作用。而要打好领带，就必须采用得当的方法。

其一，区分场合。打领带有其适用的特定场合。由于打领带便意味着郑重其事，所以在上班、办公、讲学、开会、走访等执行公务的场合以打领带为好。在出席宴会、舞会、音乐会时，为了表示尊重主人，亦可打领带。而在参加休闲活动时，通常不必打领带。

其二，搭配服装。打领带，必须选择与之配套的服装。一般来说，穿西装套装是非打领带不可的。穿单件西装上衣时，领带则可打可不打。在非正式活动中单穿西装上衣时，可以不打领带。不穿西装的时候，例如穿风衣、大衣、夹克、猎装、毛衣以及短袖衬衫时，则通常没有必要打领带。

其三，性别有别。严格地讲，领带属于男士专用的饰物。因此，在正式活动中，它仅仅适合于男士佩戴。因为男女有别，所以女士在正规场合里一般都不宜打领带。若个别女士将其视为普通的饰物而在社交、休闲里加以使用，则该当别论。

其四，讲究位置。打好后的领带，应被置于适当之处。穿西装上衣与衬衫时，应将其置于二者之间，并令其自然下垂。临时加穿羊毛衫、羊绒衫或者西装背心时,应将领带置于羊毛衫、羊绒衫、西装背心与衬衫之间。在穿两件羊毛衫、羊绒衫时,千万不能把领带塞进二者中间。

其五,打好领结。领带打得漂亮与否,关键在于领带结打得如何。打领带结的基本要求,是要令其端正挺括,并且外观上呈倒三角形。领带结的具体大小,则最好同衬衫衣领的大小成正比。除可以在领带结之下压出一处小窝或者一道小沟外,切勿使之不端正、松松垮垮。在正式场合露面时,务必要收好领带结,千万不要任其与衬衫的衣领拉开距离。

其六,控制长度。领带打好之后,必须长度适当。最规范的长度是领带打好之后,末端正好抵达皮带扣的上端。超过了这一长度,搞不好就会使领带暴露于上衣衣襟之外。而达不到这一长度,又很可能会经常不受上衣衣襟的约束。

其七,善用配饰。按惯例,打领带时大可不用其他任何配饰。除了某些特殊需要外,打领带时一般不必使用领带夹。即使使用领带夹,也不应使其处于他人的视野之内,而应当被西装上衣的衣襟挡住。假如愿意,可在打领带时使用领带针或者领带棒。前者应插在领带偏上方的正中央,后者则只宜用于衬衫衣领之上。应当注意的是,打领带时所使用的配饰,应以一件为限,千万不要多用、滥用。

3. 鞋子。有道是"脚上没鞋矮半截",外事人员在穿西装时如果不重视鞋子的选择与穿着,难免会使自己"足下无光"。

第一,选择的方法。在选择与西装相配套的鞋子时,不仅要合乎要求,而且还要讲究舒适。在这几个方面,平时均须加以注意:

其一,质地。正所谓"西装革履",与西装配套的鞋子,只能是制式的皮鞋,而非布鞋、草鞋、毡鞋、胶鞋、拖鞋、凉鞋、运动鞋或皮靴。与西装配套的皮鞋,应为真皮制品而非仿皮。一般来说,牛皮鞋最佳,羊皮鞋、猪皮鞋则不甚合适。至于用鳄鱼皮、鸵鸟皮、蟒蛇皮所制作的皮鞋,既价格昂贵,又给人以炫耀感,通常也不宜考虑。而磨砂皮鞋、翻毛皮鞋皆为休闲皮鞋,也不适合于用来搭配正装西装。

其二,色彩。根据常规,与西装相配套的皮鞋,应为单色、深色。浅色皮鞋、艳色皮鞋与多色皮鞋,例如,白色、米色、金色、银色、红色皮鞋和香槟皮鞋、拼色皮鞋等,都不适合同西装搭配。通常认为,最适合与西装配套的皮鞋,仅有黑色一种。

其三,图案。男性外事人员在正式场合所穿的皮鞋,最好是没有任何醒目的图案。就连装饰与点缀,也是越少越好。打孔皮鞋、绣花皮鞋、拼图皮鞋以及带有文字或者金属扣链的皮鞋,均不适当。

其四,款式。与西装相配套的鞋子,在款式上理当庄重而正统。按照这一要求,黑色的、三接头式的系带皮鞋是最佳之选。各类无带皮鞋、船型皮鞋、盖式皮鞋、拉锁皮鞋等,都不符合这一要求。穿正装西装时,不宜穿旅游鞋、凉鞋或者拖鞋。穿厚底皮鞋、高跟皮鞋、坡跟皮鞋、高帮皮鞋或者皮靴,也会显得不伦不类。

其五,尺码。用于搭配西装的皮鞋尺码一定要合适。皮鞋的尺码如果小了,肯定会夹脚、磨脚;尺码大了,又会不跟脚。

第二,穿着的要求。穿皮鞋时,有以下五个方面的基本要求:

其一,鞋身勿残。不论鞋面、鞋帮还是鞋底,均应无残破、无磨损、无掉漆、无褪色,否则即应更换。

其二,鞋面勿尘。皮鞋一定要天天打油上光,反复擦拭。倘若任其"蒙尘"良久,再名牌的皮鞋也不会好看。

其三,鞋底勿垢。每日擦皮鞋时,都要同时打扫一下鞋底,认真去除泥垢。雨雪天拜访他人时,进门前务必检查一下自己的鞋子是否"拖泥带水"。

其四,鞋内勿味。一般来讲,皮鞋一定要勤换、勤晾,并进行必要的保养。做不到此点,就会气味熏人。

其五,鞋垫勿露。如果使用鞋垫,务必使其大小与皮鞋相适宜,切勿让其暴露在皮鞋的鞋帮之外。

4. 袜子。 袜子被称为人们的"腿部时装"。在正式场合,人们是不宜赤足而不穿袜子的。穿正装西装时,对于袜子的具体规定更为详尽。

第一,选择的方法。与正装西装、皮鞋所配套使用的袜子,在其质地、色彩、图案、尺码等方面,均有明确的要求。

其一,质地。与西装、皮鞋配套的袜子,在质地上最好是纯棉、纯毛制品。高质量的以棉、毛为主要成分的混纺袜子,也可以选用。但吸湿、透气性能较差的尼龙袜、涤丝袜,则最好不要选用。

其二,色彩。与西装、皮鞋配套的袜子,宜为单色、深色,最好是黑色。它不应当浅于皮鞋的颜色,因此白色袜子通常是忌穿的。发光、发亮的袜子,以及过分"扎眼"的彩袜和其他浅色袜子,都不宜穿着。

其三,图案。在正式场合所穿的袜子上,允许出现以几何形状为主的、风格庄重的图案。穿没有任何图案的袜子,则更为合适。在任何情况下,男性外事人员都不宜穿花袜子。

其四,尺码。在正式场合所穿的袜子,大小一定要合脚。过小、过短的袜子,不应选用。前者不但易破,而且易脱落,后者则时常会使自己的踝部暴露出来。一般来说,袜子的长度不宜低于自己的踝骨。

第二,穿着的要求。对男性外事人员来说,袜子的穿着要求主要有下述四条:

其一,干净。袜子需要每天一换,洗涤干净。不然其异味既会令自己难堪,也会令别人难受。

其二,完整。平时所穿的袜子,一定要无破洞、无跳丝。如发现袜子破损,必须及时加以更换。

其三,成双。穿在脚上的袜子,必须成双成对。不要随意对其进行任意的组合,从而使之显得不美观、不协调。

其四,到位。穿袜子时,一定要穿好它。不要乱穿它;不要把它穿得松松垮垮,甚至使其左右两只袜子看上去高低不一。

三、仪容修饰

仪容,通常是指人的外观、外貌,其中的重点是指人的容貌。在人际交往中,每个人的仪容都会引起交往对象的特别关注,并将影响到对方对自己的整体评价。在个人的仪表问题之中,仪容是重点之中的重点。

外事礼仪对个人仪容的基本要求,是仪容美。它的具体含义,主要有以下三层:

一是要求仪容的自然美。它是指仪容的先天条件好,天生丽质。尽管以貌取人不合情理,但先天美好的仪容相貌,无疑会令人赏心悦目、感觉愉快。

二是要求仪容的修饰美。它是指依照规范与个人条件,对仪容进行必要的修饰,扬其长、避其短,构建、塑造出美好的个人形象,在人际交往中尽量使自己显得有备而来。

三是要求仪容的内在美。它是指通过努力学习,不断提高个人的文化、艺术素养和思想、道德水准,培养出自己高雅的气质与美好的心灵,使自己秀外慧中、表里如一。

真正意义上的仪容美,应当是上述三个方面的高度统一,忽略其中任何一个方面,都会使仪容美失之偏颇。

在此三者中,仪容的内在美是最高的境界,仪容的自然美是人们的普遍心愿,仪容的修饰美则是仪容礼仪关注的重点。

要做到仪容修饰美,自然要注意修饰仪容。修饰仪容的基本规则是:美观、整洁、卫生、得体。

进行个人仪容修饰时,应当引起重视的通常有头发、面容、手臂、腿部、化妆五个具体方面。

(一) 头发

按照一般习惯,当人们观察、打量其他人时,往往是从头部开始的。而头发生长于头顶,位于人体的"制高点",所以更容易先入为主,引起重视。有鉴于此,修饰仪容通常必须从"头"做起。

修饰头发,外事人员重点应注意的问题有四个方面。

1. 勤于梳洗。头发是人们脸面之中的脸面,所以应当自觉地做好日常护理。不论有无交际应酬活动,平日都要对自己的头发勤于梳洗,不要临阵磨枪,更不能忽略此点,疏于对头发的"管理"。

对头发勤于梳洗,作用有三:一是有助于保养头发;二是有助于消除异味;三是有助于清除异物。若对头发懒于梳洗,使得自己蓬头垢面,满头汗味、油味,头皮屑随处可见,甚至生出寄生物来,则是很败坏个人形象的。

通常理发,男士应为半月左右一次,女士可根据个人情况而定,但最长不应长于一个月。洗发,应当三天左右进行一次,若能天天都洗自然更好。至于梳理头发,更应当时时不忘、见机行事。总之,头发一定要洗净、理好、梳齐。

如有重要的交际应酬,应于事前再认真进行一次洗发、理发、梳发,不必拘泥于以上时限。但务必记住,此类活动应在"幕后"操作,切不可当众"演出"。

2. 长短适中。虽说头发的长短应当尊重其个人喜好,不可强求一致,但从社交礼仪和审美的角度看,它仍受到若干因素的制约,不可一味地只讲自由与弘扬个性而不讲规范。头发长度的制约因素有四方面。

第一,性别因素。男女有别,在头发的具体长度上往往有所体现。一般认为,女士可以留短发,但却很少剃光头;男士头发可以稍长,但不宜长发披肩、梳辫挽髻。现代人在头发长度上可以中性化一点,但不应超过限制,切勿令自己显得不男不女。

第二,身高因素。头发的长度,在一定程度上与个人身高有关。以女士留长发为例,头发的长度应与身高成正比,一个矮个的女士若长发过腰,会使自己显得个头更矮。

第三,年龄因素。人有长幼之分,头发的长度亦受此影响。例如,一头飘逸的披肩秀发,在少女头上相得益彰,犹如青春的护照;而它出现在一位年逾七十的老奶奶头上,则会令人讶然。

第四,职业因素。职业对头发的长度影响很大。例如,野战军战士为了负伤后抢救方便,通常剃光头,而外事人员则不宜如此。外事人员的头发长度,大都有明确限制:女士头发不宜长过肩部,必要时应以盘发、束发作为变通;男士不宜留鬓角、发帘,最好不要长于7厘米,大致上做到,前发不触及额头,侧发不触及耳朵,后发不触及衬衫领口。不论男女,通常都不适合剃光头。

3. 发型得体。发型,即头发的整体造型。在理发与修饰头发时,对此都不容回避。选择发型,除适当兼顾个人偏好外,最重要的是考虑个人条件与所处场合。

第一,个人条件。个人条件,包括发质、脸型、身高、胖瘦、年纪、着装、配饰、性格等,都影响到发型的选择,对此切不可掉以轻心、不闻不问。在上述个人条件里,脸型对发型的选择影响最大。选择发型时,一定要遵守应己原则,使二者相互适应。例如,国字脸的男士最好别理板寸,否则看上去好像一张扑克牌。Q发型主要适合鹅蛋脸的女士,它下端向外翻翘,可展示此种脸型之美,倒三角脸型的女士则不宜用此发型。

第二,所处场合。在社会生活中,人们的职业不同、身份不同、工作环境不同,发型自然也应有所不同。总而言之,在工作场合抛头露面的人,发型应当传统、庄重、保守一些。在社交场合频频亮相的人,发型应当个性、时尚、艺术一些。至于前卫、怪异的发型,则只有时尚圈里的从业人员才是与之适宜的。

4. 美化自然。人们在修饰头发时,往往会有意识地运用某些技术手段对其进行美化,这就是所谓美发。美发不仅要美观大方,而且还要自然,不宜雕琢痕迹过重,或是不合时宜。

在通常情况下,美发有下述四种具体形式。

第一,烫发。烫发即运用物理手段或化学手段,将头发做成适当形状的方法。决定烫发之前,首先需要了解一下本人的发质、年龄、职业是否合适。

第二,染发。发色不理想,或是头发变白,可使用染发剂令其变色。对中国人而言,将头发染黑不必非议,而若想将其染成其他色彩,甚至染成多色彩发,则须三思而后行。在十分正规的场合,它往往是行不通的。

第三,做发。做发即运用发油、发露、发乳、发胶、摩丝等美发用品,将头发塑造成一定形状,或对其进行护理。做发的要求与烫发的要求大体相似。

第四,假发。头发有先天缺陷或后天缺陷者,均可选戴假发。选择假发,一是要使用方便;二是要天衣无缝。总之,不可过于做作、麻烦,或过分俗气。

（二）面容

仪容,在很大程度上指的就是人的面容。由此可见,面容修饰在仪容修饰之中举足轻重。

修饰面容,首先要做到面必洁。即要勤于洗脸,使之干净清爽,无汗渍、无油污、无泪痕、无其他任何不洁之物。洗脸,每天仅在早上起床后洗一次远远不够,午休后、用餐后、出汗后、劳动后、外出后,都需要即刻洗脸。

修饰面容,具体到各个不同的部位,还有一些不尽相同的规定,需要具体问题具体分析。

1. 眼睛。眼睛,是人际交往中被他人注视最多的地方,自然便是修饰面容时首要之处。

第一,保洁。所谓保洁,主要是指眼部分泌物的及时清除问题。对于这一点,应铭记于心,并随时注意。此外,若眼睛患有传染病,应自觉回避社交活动,免得让他人提心吊胆——近之难过,避之不恭。

第二,修眉。若感到自己的眉形刻板或不雅观,可对其进行必要的修饰。但是,不提倡进行"一成不变"的文眉,更不允许剃去所有眉毛。此外,还须注意:文面、文身一般也在禁止之列。出入于正规场合较多者,意欲在身上进行文身时,亦应三思。

第三,眼镜。若有必要,可佩戴眼镜。戴眼镜不仅要美观、舒适、方便、安全,而且还应随时对其进行揩拭或清洗。在社交场合与工作场合,外事人员按惯例不应戴太阳镜,免得让人"不识庐山真面目",或是给人以拒人千里之外之感。

2. 耳朵。耳朵虽位于面部两侧,但仍在他人视线之内。

第一,卫生。在洗澡、洗头、洗脸时,不要忘记清洗一下耳朵。必要时,还须清除耳孔之中不洁的分泌物,但切忌在他人面前进行。

第二,耳毛。有些人,特别是一些上了年纪的人,耳毛长得较快,甚至还会长出耳孔之外。在必要之时,应对其进行修剪,切勿任其自由发展。

3. 鼻子。鼻子涉及个人形象,有关鼻子的问题主要有下述两点。

第一,清洁。平时,应注意保持鼻腔清洁,不要让异物堵塞鼻孔,或是让鼻涕到处流淌。不要随处吸鼻子、摸鼻涕、"乱甩"鼻涕,不要在人前人后时时挖鼻孔、掏鼻垢。

第二,鼻毛。参加社交应酬之前勿忘检查一下鼻毛是否长出鼻孔之外。一旦出现这种情况,应及时对其进行修剪,不要置之不理,或是当众下手去拔。

4. 嘴巴。嘴巴既是发声之所,也是进食之处,理所当然应当对其多做修饰,并细心照顾。

第一,护理。牙齿洁白,口腔无味,是嘴巴护理的基本要求。要符合此项要求:一要每天定时在每一次饭后刷牙,以去除异物、异味;二要经常采用漱口水、牙线、洗牙等方式方法保护牙齿;三要在重要应酬之前忌用烟、酒、葱、蒜、韭菜、芥末、腐乳之类气味刺鼻的东西,免得让交往对象受罪。

第二,异响。根据礼仪规范:人体之内发出的所有声音,诸如咳嗽、哈欠、喷嚏、吐痰、清嗓、吸鼻、打嗝、放屁的声响,都是不雅之声,统称为异响,在正式场合应当禁止其出现,只有谈笑之声可以例外。需要指出的是,禁止异响重在自律,而不必强求于人。在大庭广众之前,若他人不慎制造了异响,最明智的做法是置若罔闻。若本人不慎弄出了异响,最好及时承认,并向身边之人道歉,不要显得若无其事,让他人相互猜疑、人人自危。

第三,胡须。唇间长有胡须,是每一名成年男子的基本生理特点。男士若无特殊的宗教信仰和民族习惯,最好不要蓄须,应及时地剃去胡须。在社交场合,即使胡子茬为他人所见,也是失礼的。青年男子尤其不要蓄须,否则既稀疏难看,又显得邋里邋遢。若女士因内分泌失调而长出类似胡须的汗毛,则应及时治疗,并予以清除,否则也是很不雅观的。

5. 脖颈。脖颈与头部相连,属于面容的自然延伸部分。修饰脖颈,一是要防止其皮肤过早老化,与面容产生较大反差;二是要使之经常保持清洁卫生,不要只顾脸面,不顾其他。脸上干干净净,脖子上尤其是脖后、耳后藏污纳垢,肮脏不堪,与脸部泾渭分明,反差过大,是很不合适的。

(三) 手臂

在正常情况下，手臂是人际交往之中人的身体上使用最勤、动作最多的一个部分，而且其动作还往往被附加了多种多样的含义，因此，手臂往往被人们视为社交之中每个人都有的"第二枚名片"。从某种程度上讲，它甚至比人们常规使用的印在纸片上的那枚名片更受重视。

修饰手臂的问题，可以具体分为手掌、肩臂与汗毛三个方面来进行规范。

1. 手掌。手掌，是手臂的重要部位，也是形成各种各样手语的关键部分。它的修饰重点有下述四个具体方面。

第一，洗涤。在日常生活中，手是接触其他人、其他物体最多的地方，出于清洁、卫生、健康的角度考虑，应当勤于洗涤。用餐前、"方便"后、接触过肮脏物体后、遭受到"污染"时洗手，更是作为一个文明人的题中应有之义，否则，就会使自己与"不卫生"画等号。

第二，指甲。手上的指甲应定期修剪，大体上每周修剪一次。不要长时间不剪手指甲，使其看上去脏兮兮、黑乎乎。也不要无故蓄留长指甲，它不仅毫无实用价值，而且不美观、不卫生、不方便。修剪手指甲，应令其不超过手指指尖为宜，反之即可视为过长。指甲外形不美时，亦可进行修饰。

第三，死皮。因皮肤的新陈代谢，手指甲周围会产生死皮。若发现死皮，应立即将其修剪掉。但不宜当众操作，更不应用手去撕，或用牙去咬。

第四，伤残。对于手部要悉心照料，不要让它常带着伤残。若皮肤粗糙、红肿、皲裂，应及时对其进行护理、治疗。若长癣、生疮、发炎、破损、变形，则不仅要治疗，还应避免使之接触他人。否则不论直接的还是间接的接触，都会令他人不快，甚至产生反感。

2. 肩臂。外事礼仪规定：在非常正式的政务、商务、学术、外交和服务活动中，人们的手臂，尤其是肩部，不应当裸露。也就是说，在这些场合不宜穿着半袖装或无袖装。在其他一切非正式场合，则无此限制。

修饰肩臂，最重要的就是此项规定。着装时肩臂的露与不露，应依照具体所处场合而定。

3.汗毛。因个人生理条件不同,个别人手臂上的汗毛往往生长得过浓、过重或过长。这件事一般无关大局,没有必要非去进行"干涉"。不过,若是情况反常,特别有碍观瞻的话,最好还是采用适当的方法进行脱毛。

还要强调,在他人面前,尤其是在外人或异性面前,腋毛是不应为对方所见的。它属于"绝对隐私",不甚雅观,被人见到是很失礼的。根据现代人着装的具体情况,女士特别需要注意这一点。在正式场合,一定要牢记,不要穿着会令腋毛外现的服装。在非正式场合,若打算穿着暴露腋窝的服装,则务必先行脱去或剃去腋毛。

(四)腿部

中国人打量别人的习惯性做法是:远看头,近看脚,不远不近看中腰。腿部在近距离之内常为他人所注视,因而在修饰仪容时自然不能对其予以偏废。

修饰腿部,应当注意的问题同样有三个,即脚部、腿部和汗毛。

1.脚部。修饰脚部时,必须对以下三点予以关注。

第一,裸露。严格地说,在正式场合是不允许光着脚穿鞋子的。那样做既不美观,又有可能被人误会。在欧美国家,光脚穿鞋往往被视为炫耀"性感"的做法。一些有可能使脚部过于暴露的鞋子,如拖鞋、凉鞋、镂空鞋、无跟鞋,因此都不得登上大雅之堂。总之,易于磨损、不甚雅观的脚趾、脚跟,切勿随意裸露在外。

第二,清洁。在正常情况下,应注意保持脚部的卫生。鞋子要勤于护理保养,脚至少要每天洗上一次,袜子更应每日一换,防止其臭气熏人。不要穿残破、有异味的袜子,如有可能应在办公桌或随身所带的公文包里装上备用的袜子,以备不时之需。

在非正式场合光脚穿鞋子时,务必确保脚部干净、清洁。

不要在他人面前脱下鞋子或趿拉着鞋子,更不要脱下袜子抠脚。此类不良习惯均令人作呕,非常有损个人形象。

第三，趾甲。脚趾的趾甲要勤于修剪，至少要做到每周修剪一次。不应任其藏污纳垢，或是长于脚趾的趾尖。趾部通常不应露出鞋外，所以不要随便穿露趾凉鞋活动于正式场合。

2. 腿部。在正式场合，不允许男士着装暴露腿部，即不允许其穿短裤。女士可以穿长裤、裙子，但在十分正式的场合里也不得穿短裤，或是暴露大部分大腿的超短裙。越是正式的场合，女士的裙子应当越长。在庄严、肃穆的场合，女士的裙长应在膝部以下。

女士在正式场合穿裙子时，不允许光着大腿不穿袜子，尤其不允许其光着的大腿暴露于裙子之外。在非正式的场合，特别是在休闲活动中则无此规定。

3. 汗毛。男士成年以后，腿部汗毛大都过重，所以在正式场合不允许其穿短裤，或是卷起裤管。设想一个人若是堂而皇之地露出一截"飞毛腿"，何其不雅！

女士一般无此问题，若因内分泌失调而腿部汗毛变得浓黑茂密，则最好脱去或剃除。再者，可以选着深色丝袜对其加以遮掩。不要光着大腿，也不要穿浅色薄型的透明丝袜。

（五）化妆

化妆，是修饰仪容的一种高级方法，它是指采用化妆品按一定技法对自己进行修饰、装扮，以使自己容貌变得更加靓丽。

依照常规，与人交往之前，外事人员进行适当的化妆是非常必要的。这既是自尊的表示，也意味着对交往对象的重视。

在一般情况下，女士对化妆更加重视。其实，它不只是女士的专利，男士往往也有必要进行适当的化妆。

在正式场合，化妆需要兼顾两个方面：其一，要掌握原则；其二，要回避禁忌。

1. 化妆的原则。进行化妆前，一定要树立正确的意识。这种有关化妆的正确意识，就是所谓化妆的原则。关于社交场合化妆的原则，一共有以下四项。

第一，美化。化妆，意在使人变得更加美丽，因此在化妆时要兼顾适度矫正、修饰得法、避短藏拙等要求。在化妆时，不要自行其是、任意发挥、寻求新奇，不要有意无意将自己老化、丑化、怪异化。

第二,自然。通常,化妆既要求美化、生动、具有生命力,更要求真实、自然、天衣无缝。一般而言,人们日常进行化妆的最高境界是"妆成有却无",即没有任何明显的人工美化的痕迹,好似天然如此美丽。

第三,得法。化妆虽讲究个性化,但有一些基本的知识必须通过学习来掌握,难以无师自通。化妆须懂得化妆之道,例如,工作时化妆宜淡,社交时化妆可以稍浓,香水不宜涂在衣服上和容易出汗的地方,唇彩与甲彩最好为同一颜色,等等。

第四,协调。高水平的化妆,强调的是其整体效果和谐悦目,此即所谓协调。所以在化妆时,应努力使妆面协调、全身协调、场合协调、身份协调,以体现出自己慧眼独具、品位不俗。

2. 化妆的禁忌。化妆时,通常应注意以下六项具体的禁忌。

第一,勿在外人眼前化妆。化妆应在无人之处,或是在专用的化妆间进行。在外人眼前化妆,甚至当众化妆,有卖弄、表演或吸引异性之嫌,搞不好还会让人觉得化妆者身份可疑。

第二,勿在异性面前化妆。聪明的人绝不会在异性面前化妆。对关系密切者而言,那样做会使其发现自己本来的面目;对关系普通者而言,那样做则有"以色事人"、充当花瓶之嫌。无论如何,都会使自己的形象失色。

第三,勿使化妆妨碍他人。有人将自己的妆化得过浓、过重,甚至香气四溢、令人窒息。此种"过量"的化妆,实际上就是对他人的妨碍。

第四,勿使妆面出现残缺。若妆面出现残缺,应及时避人补妆。若听任不理,往往会让别人觉得自己低俗、懒惰。

第五,勿借用他人化妆品。众所周知,借用他人的化妆品非常不卫生,应予以避免。

第六,勿评论他人的化妆。化妆纯系个人之事,所以对他人的化妆不应自以为是地加以评论或非议。

四、举止行为

在人际交往中,人们的举止行为往往备受其交往对象的关注。举止行为,亦称举止动作,简称举止或动作,它一般是指在外观上可被觉察到的人体的具体姿态、动作或者活动。在实际生活里,不论是工作还是生活,一个人总有其一系列的举止行为呈现于他人的面前。

根据当代传播学理论,人们的举止行为,事实上可被视为一种表里如一的无声语言。它对于了解一个人的内心世界,把握其真实品行,较之于口头语言通常更具有准确性与可靠性。

举止行为,在人际交往中不但可以传递一定的信息,而且也有助于交往双方的双向沟通,这在外事活动中表现得尤为明显。具体而言,举止行为在外事活动中所发挥的沟通作用表现为如下四个方面:

第一,表达作用。有时,直言不讳会使交往双方十分尴尬。而以举止行为表达口头难以表述的信息,既可传递该信息,又可令双方免于受窘。

第二,辅助作用。进行口头陈述时,倘若采用与此相称的、一定的举止行为,可对口头陈述起到一定的辅助、强化的作用。如果真正做到了这种"言行一致",往往会令口头陈述效果更佳。

第三,替代作用。在交际应酬中,经常会出现"此时无声胜有声"的情景。当人们感到难以言说之际,以举止行为代替语言,亦可与他人直接进行沟通或交流。

第四,调节作用。人们在交际中,有时必须对他人的言谈话语、举止行为做出反应,或积极呼应,或热情配合,或不置可否,或漠然视之,或暗示对方适可而止。以举止行为传递种种暗示,可起到调节双边关系的作用。

在外事活动中,每一名外事人员都应对个人的举止行为有所规范。具体而言,就是要求外事人员必须自觉地做到举止文明、举止优雅、举止敬人、举止有度。

(一) 举止文明

作为一名现代人,尤其是代表国家、代表民族、代表单位的外事人员,举止文明是对其举止行为最基本的要求。

举止文明,对外事人员而言,就是要求其举止行为不仅要显示出自己的良好教养,而且还应当显示出自己的稳重与成熟。

具体而言,外事人员的举止行为理应显示出其个人所具有的良好教养。在任何情况下,一位有教养的人都会对自己的举止行为多加检点,并对有关的具体细节倍加重视。因为"内在美"有赖于"外在美"的表现,一个人的教养和基本素质往往体现于其举止行为的具体细节之中。

对外事人员来说,要通过自己的举止行为展示个人所具备的良好教养,关键是在外事活动中不得采用某些在国际社会中被公认为缺乏教养的举止行为。

例如,在外人面前修饰个人仪表,就被公认为是一种令人作呕的表现。要是在外人面前肆无忌惮、不厌其烦地挖鼻孔、掏耳朵、剔牙齿、抠眼屎、擤鼻涕、清嗓子、吐浓痰、刮胡子、修指甲、抓痒痒或者搓泥巴,焉有文明可言?!

再如,在外人面前当众整理个人服饰,在外事场合亦被认为是缺少调教的举动。所以在外事活动中,不允许外事人员在大庭广众之前拉领带、解扣子、卷袖子、提裤子、脱鞋子、拽袜子,更不允许当众整理自己的内衣。

除了要杜绝上述缺乏教养的行为外,外事人员的举止行为还应当展示出其个人的稳重与成熟。这不仅可以说明其阅历丰富,见过世面,而且还可以说明其教养甚佳,处事有方。因此,外事人员在外方人士面前理应使自己的举止行为显得稳健沉着,不愠不火,有条不紊,泰然自若。

要使自己的举止行为显得稳重成熟,外事人员就要使自己的举止四平八稳,力戒毛手毛脚。例如,与别人交谈时,切莫手舞足蹈,或者对对方指手画脚。在公共场所行进或就座时,须力求悄然无声,而不宜响声大作、制造噪音。在他人的办公室或居所停留期间,未经主人允许,千万不要为满足个人的好奇心而任意翻动他人物品。

要使自己的举止行为显得稳重成熟,外事人员还要使自己的举止不急不躁,切忌风风火火。比如,在室外走动时,一般应保持正常速度,不宜快步疾走,或者狂奔而去。前去拜访他人时,应首先敲门或按响门铃,获得许可后方可入内。切不可直截了当地推门而入,也不可用拳擂门,用脚踢门。与他人通电话时,一般应由地位较高者首先终止通话。在对方终止通话前抢先挂上电话,是十分失礼的。

(二)举止优雅

作为一种较高层次的要求,外事人员的举止行为应力求优雅。既要令其高雅脱俗,又要使之给人以美的感受。

一般来讲,举止优雅,就是要求一个人的举止行为美观、大方、自然,能够给人以赏心悦目之感。在外事活动中,外事人员应力争使自己的举止行为达到这个要求。

1. 举止美观。举止美观,换言之就是一个人的举止动作漂亮好看,能够令他人赏心悦目,能够给人以美感。要做到举止美观,就要对自己的动作有所要求、有所约束,就要认真学习,反复训练,并遵守有关规则。

就操作技巧而论,举止文明与举止美观具有一定的因果关系。一种不文明的举止绝对不会美观,一种美观的举止则绝对是文明的。但是,二者并不处在同一层次上。客观地说,举止美观是比举止文明更高层次的要求。

例如,就座于他人对面时,一位有教养的女士自然知道不宜将自己的双腿叉开。穿裙子时,此点尤为重要。实际上,它仅仅是举止文明层面上的要求。如欲达到举止美观,通常还有一些更高层面的要求。如采用"双脚前后式""双腿交错式""双腿斜放式""双腿叠放式",方可使女性的坐姿与雅致挂钩。

2. 举止大方。所谓举止大方,就是要求外事人员的举止行为要显得洒脱、大气,不卑不亢。换而言之,就是要求外事人员在外事场合不得扭捏作态、拘束怯场,以免给交往对象以缺乏自信、不够开放、眼界不高、怯于交际的感觉。

举例而言,当直接面对外方人士时,不论对方是熟人还是生人,是同性还是异性,都要敢于正视对方,以示对对方的重视。当对方向我方人士打招呼或介绍其见解时,尤须如此。否则就会给人以过于害羞、小家子气的感觉,有时甚至会给人以目中无人或心怀鬼胎之感。

3. 举止自然。在要求外事人员举止美观、大方的同时,应防止矫枉过正。倘若外事人员的举止行为给人以勉强、局促、呆板、虚假、做作之感,便谈不上举止行为的美观、大方乃至优雅了。

举止自然,关键是要求外事人员在追求举止行为美观大方的同时,应力求"顺理成章""水到渠成"。常言道:过犹不及。具体来讲,有以下三点必须注意。

第一,防止过分程式化。优雅的举止,当然有一定的规则可循。但是讲求有关规则时,须强调表里如一,防止只讲究外表,不重视内涵的倾向,致使举止行为勉强、做作,敷衍了事。

第二,防止过分脸谱化。对同一种举止动作,在不同场合之中、不同对象面前,往往会有一些不同的具体要求。不应过于墨守成规,以不变应万变。

第三,防止过分戏剧化。任何一种举止行为,都会被赋予一定的思想感情。不过人们日常的举止行为,往往"平平淡淡才是真",所以没有必要使自己平时的举止行为过于戏剧化,以至于显得矫揉造作、虚张声势、华而不实。

(三) 举止敬人

一个人的举止行为,通常都会自觉或不自觉地展现出其对待他人的基本态度与看法。因此,在外事活动中,我方人员对这个问题决不能忽略。

在一般情况下,外事人员应诚心诚意地通过自己的举止行为向外方人士表达敬重之意,此即所谓举止敬人。具体而言,举止敬人的基本要求有两方面。

第一,以举止来表达对对方的重视。在任何时候,都不允许因自己的举止给人以忽视对方、目中无人之感。

例如,当外事人员身为东道主时,应为身为客人的外方人士引导带路,并且在通过房门时为之开门或者关门。与外方人士交谈时,外事人员切不可东张西望,玩弄手指,或者抱臂端肩,如此种种表现,均会在无形之中使对方产生被冷落、被忽视之感。斜视对方或盯视对方,也是极为不妥的。

第二,以个人举止来表达对对方的敬意。在任何情况下,外事人员的举止行为都不能傲慢无礼,以至失礼于人。

例如,就座于大庭广众之前时,外事人员切莫当众高翘"二郎腿",尤其不可以自己的脚尖指向外方人士,或者脚尖在对方眼前晃动不止。

在公众场合礼敬他人的最佳坐姿,应当是规规矩矩的正襟危坐。至少在就座之时,使自己侧身与对方相向,并且切莫使自己的上身仰身斜靠在椅背上,双腿放肆地向前方直伸过去,或者将自己的脑袋反反复复地晃动不止。

(四)举止有度

一名久经历练、训练有素的外事人员,必定会使自己在正式场合的一切举止行为表现得适时、适事、适宜、适度,也就是说要使之合乎常规,符合身份,适应对象,并且配合场合,这便是所谓举止有度。举止有度之中的"度",实际上就是有关外事人员举止行为的基本规矩。适应这个"度",即可称为举止得体;达不到或者超越了这个"度",则为举止犯规。

在实际工作之中,外事人员在其举止行为方面所应恪守的这个"度",主要体现于下列两个方面。

1. 普遍性的"度"。普遍性的"度",又叫共性的"度"。它是指在国际社会中通行的那些有关人们举止行为的普遍性规则。在外事活动中,外事人员对其不仅要了解得一清二楚,而且还必须认认真真地遵守。

例如,虽说在站立或就座时男女老幼有所不同,但世界各国均要求成年人在正式场合里要"站有站相,坐有坐相"。不仅如此,在许多国家里,有关"站相"或"坐相"的规范往往颇为一致。

再如,在现代文明社会里,"蹲"的姿势仅仅在其作为临时姿势或用于非正式场合时,才会得到认可。在正式场合,或者在众目睽睽之下长时间地采用"蹲"姿,则必定会令人侧目。

又如，通过他人居所的门槛时，尤其是通过宗教场所的门槛时，人们普遍认可的正确方式，应当是一跨而过。倘若驻足其上，或者有意对其践踏，在世界上的绝大多数地方恐怕都不会被人接受。

2. 特殊性的"度"。特殊性的"度"亦称为个性的"度"。它所指的是仅仅在个别国家、地区或民族方才适用的有关人们举止行为的特殊性规则。因其适用地域或国家较为狭窄，在国际社会中未必畅行无阻。不过考虑到"入乡随俗"与"客随主便"的需要，外事人员仍须对其有所了解，以便在必要之时予以遵守。

外事人员遵守特殊性的"度"的前提，一是应无损于我方人员的国格人格；二是应保证我方人员的生命安全；三是应绝对有此必要；四是应具备可操作性。

例如，世界各国的见面礼节往往大相径庭。除了握手在绝大多数国家里普遍适用之外，许多国家所独有的见面礼节，在别的国家里便难以被接受。中国人传统的"拱手礼"难以走出自己的国门，而西方国家的"吻手礼"在中国也鲜有采用。至于仅仅适用于某些民族的"吐舌礼"，即与来宾相见时，主人用力吐出自己的舌头，以示"心如舌红，待人以诚"，则更是为绝大多数世人闻所未闻，难以理解。

五、语言沟通

马克思曾经指出：外语是人生斗争的一种工具。外事工作者恐怕对此体会最深——在外事活动中，语言是最主要的沟通工具。不熟悉语言，或者不善于运用语言，都不是一名称职的外事工作者。

在外事活动中，运用任何一种具体语言，不论中文还是外语，其目的都在于交往双方的沟通。即以言表意，阐述己见，彼此交流，增进了解，加强信任。没有语言交流，交往双方往往便难以沟通。

在绝大多数情况之下，外事人员与外方人员的语言沟通以口头交谈为主要形式。中外双方的口头交谈不论正式与否，外事人员均不可不负责地信口开河。对一些基本的礼仪规范，外事人员丝毫不能马虎。

从外事礼仪的角度而言,外事人员与外方人员所进行的交谈,主要涉及交谈的内容与交谈的方式两大方面。在外事活动中,前者规定了外事人员应当"说什么",后者则规定了外事人员应当"如何说"。

(一)交谈的内容

进行交谈,最重要的当然是交谈内容的选择。有道是"言为心声",既然一个人谈话的具体内容可以反映出其教养、情趣、品位、阅历,那么外事人员在与外方人士进行较为正式的交谈时,就有必要对谈话的具体内容再三斟酌,多加检点。

在外事活动中,外事人员在确定交谈的具体内容时,应确定交谈时可以涉及哪些内容,不能涉及哪些内容。确定了上述这两个要点,外事人员在与外方人士进行交谈时便有章可循了。

1. 不宜涉及的内容。与外方人士进行交谈时,外事人员应有意识地回避不宜涉及的某些具体内容。也就是说,在具体选择交谈内容时,外事人员应首先考虑不要犯忌。

外事人员与外方人士进行交谈时,不宜涉及的具体内容主要有以下七个。

第一,不宜泄露国家机密与行业秘密。在外事活动中,每一名外事人员都有维护国家安全与国家利益的义务。在任何情况下,外事人员对于自己所掌握的国家机密与行业秘密都必须守口如瓶,不得进行泄露。否则不仅属于严重的失职行为,而且也是一种犯罪。对于这一大是大非的问题,外事人员时刻都要保持清醒的认识。

第二,不宜对自己的国家、民族或政府横加非议。在世界各国,其外事人员都在某种程度上代表着自己所属的国家、民族或政府。客观地讲,外事人员与自己所属的国家、民族或政府存在着一种"一荣俱荣,一损俱损"的关系。倘若在外人面前贬低自己的国家、民族或政府,实际上无异于贬低自己。因此,外事人员与外方人士进行交谈时,不仅不能对自己的国家、民族或政府加以非议,而且对维护自己国家、民族或政府的声誉负有义不容辞的责任。

第三,不宜对交谈对象的内部事务随意加以干涉。在国际交往中,我国政府一贯坚持相互尊重、互不干涉内部事务的原则。外事人员与外方人士进行交谈时,一定要认真贯彻这个原则。一般而言,与外方人士进行交谈时,没有必要随意对其内部事务予以评论。即使有此必要,亦应谨慎、客观、全面,切勿随心所欲地对对方的内部事务说三道四、指手画脚。对交谈对方的内部事务随意加以干涉,实际上就意味着对对方的不尊重。

第四,不宜对自己的领导、同事、同行或同胞说三道四。在外事人员自己的队伍里,自然是倡导"批评与自我批评"的。然而为了维护自己队伍安定团结的大好局面,在与外方人士交谈时,随随便便地在对自己的领导、同事、同行或同胞加以非议,则是十分不明智的。古人云:"来说是非者,必是是非人"。那样做的直接结果,是会给交谈对象留下心术不正、搬弄是非的印象。在国外,人们对此尤其深恶痛绝。外国人普遍认为:只有品德不良、不务正业、内心阴暗之人,才习惯于在背后议论他人。

第五,不宜涉及格调不高的话题。在国际社会里,凶杀、惨案、灾祸、死亡、色情、男女关系以及小道消息等话题,均被视为庸俗、低级、格调不高的话题。主动涉及此类话题者,不是被视为心理不健康,就是被看作缺乏教养。所以在交谈中,人们不仅自己主动对这些话题加以回避,而且也绝对不在他人涉及这些话题时随声附和。

第六,不宜讨论交谈对象本人的弱点、短处或其他不足之处。"打人不打脸,揭人不揭短",是中国人为人处世的基本原则之一。在外事活动中,忌谈交谈对象自身的弱点、短处或其他不足之处,则是对对方的一种特殊形式的尊重。若是对此表现出一定程度的偏好,甚至肆无忌惮,除了败坏交谈对象的兴致,使其产生反感之外,并无任何益处。

第七,不宜触及有关交谈对象个人隐私的任何话题。对于这一问题,已有专题阐述,在此不再另行讨论。

与外方人士进行交谈时,上述七个不宜涉及的话题,可被统称为"外事活动七不谈"。

2. 可主动涉及的内容。 除了以上的"七不谈"以外,在外事活动中,有一些常

规内容可为交谈所涉及。一般而言,外事人员在交谈中可主动涉及的内容主要有如下六项:

第一,交谈双方所正式拟议的内容。在外事活动中,交谈显然具有一定的目的性。在正式场合,外事人员有责任使交谈"言归正传",使谈话的具体内容围绕着交谈双方拟议的问题进行。在非正式场合,外事人员的交谈尽管可以略为"务虚",但也应直接或间接地"有的放矢",而绝对不应不着边际。

第二,有助于交往对象进一步了解我方实际情况的内容。由于国与国之间存在着一定的差异,所以在外事活动中,中外双方往往需要进一步相互了解。有接触才有交流,有交流才有了解,有了解才有信任。为了便于交往对象进一步了解我方的实际情况,外事人员在交谈中应主动介绍有关我方的实际情况。在介绍时,一是要注意客观性;二是要考虑时效性;三是要体现公正性。

第三,对交谈对象所属的国家、民族、单位以及对其本人表达敬意的内容。人与人打交道时,在任何情况下都应将互相尊重置于首位。在外事活动中,对交谈对象所属国家、民族、单位、先贤乃至其本人的光荣历史、优良传统、突出成就、杰出贡献表达直接的敬意,或者由衷地加以称道,既体现了我方虚怀若谷、海纳百川的广阔胸襟,又是对交往对象尊重、了解与认同的一种表现。这一做法,绝非阿谀奉承、讨好对方。

第四,交谈对象本人确有所长的内容。"闻道有先后,术业有专攻",每个人都有自己的一技之长。在外事活动中,直接向交谈对象讨教对方所擅长之处,不仅可以找到与其交谈的兴奋点,而且还可以使我方人员表达出自己虚心好学的精神,并通过交谈有所收获。不过,"尺有所短,寸有所长",向外方人士讨教时,一定要以对方所长之处为准。以对方的薄弱之处作为讨教的话题,肯定是不适合的。

第五,举世公认的格调高雅的内容。由于交谈的具体内容反映着交谈者的思想品德与精神境界,所以,外事人员在交谈中应尽量以哲学、历史、地理、文学、音乐、绘画、书法、建筑或时事等为内容。上述内容,在国际社会均被公认为格调高雅的话题。选择这些话题,才与外事人员的身份相称。只是在具体选择这些话题时,必须量力而行,知之为知之,不知为不知,切莫班门弄斧,弄巧成拙。

第六，令人欢迎的轻松愉快的内容。在交谈中，尤其是在非正式交谈中，外事人员应力戒深奥枯燥、故弄玄虚的话题。有些时候，主动谈论一些令人感到轻松、愉快的内容，诸如体育比赛、电影电视、娱乐休闲、风景名胜、烹饪小吃、名人逸事或者时尚之事，不仅可以令交谈者感到轻松，而且往往还可以令众人开心一笑，活跃现场的气氛。

（二）交谈的方式

与他人交谈，既要注意其具体内容，又要注意其表达方式。这是因为具体内容的表述有赖于一定的方式。正因为如此，在外事活动中，外事人员对于交谈的具体方式尤须高度重视。在一定的情况下，尤其是在初次交往时，交谈的具体方式往往与交谈者的态度直接相关。

进而言之，外事人员主要应在语言、语态、语气、语音、语速以及具体陈述形式等方面加以注意。

1. 重视语言。作为一名外事工作者，在外事活动中具体应当选用哪一种语言作为自己的交流工具，向来大有讲究。对于在什么情况下需要讲中文，在什么情况下需要讲外语，外事人员绝对不能自行其是。

一般来讲，在选择自己的语言工具时，外事人员有如下四项规则可循：

第一，在官方活动中应使用中文。出于维护国家尊严的考虑，除翻译之外，外事人员均应使用本国法定的官方语言。中文，既是我国法定的语言文字，也是联合国所通用的语言文字之一。我国外事人员作为国家、政府、单位的代表，自然应当在外事活动中使用中文，然后在必要之时，借助于译员进行翻译。

第二，在一般活动中可使用外语。在一般性非官方活动中，如观光、游览、购物等，精通外语的外事人员均可直接使用外语，以便于与外方人士进行沟通。有时，外事人员并非一定要精通交往对象国的语言。但若能临时学上几句，并使用于非正式场合，也能收到密切双方关系的效果。

第三，在国际场合中宜使用规定的语言。在参加国际组织、国际会议等多边外交活动时，外事人员通常应当使用该场合所法定或约定俗成的规定语言。这一类规定语言,有时是一种,有时则是几种。在国际场合中使用规定语言,是不容争议的国际惯例。例如,除中文外,联合国所规定的语言还有英文、法文、俄文、西班牙文、阿拉伯文。

第四,在工作岗位上须精通一门或几门外语。精通外语,是外事人员的基本功之一。作为基本要求,外事人员一定要精通一门外语,在此基础上,力求多掌握几门外语。

2. 重视语态。与外方人士进行交谈时,外事人员务必要重视自己的语态。所谓语态,在此是指人们交谈时的具体神态,即此时此刻具体的神情与态度。对外事人员与外方人士交谈时具体神态的基本要求是亲切友善、不卑不亢。

充当"说"者时,切忌指手画脚,咄咄逼人。最佳的语态应当是平等待人,和缓亲善,热情友好,谦恭有礼,自然而然。

充当"听"者时,最忌三心二意、用心不专。最佳的语态应当是积极合作,认真聆听,努力呼应,有来有往,专心致志。要善于与交谈对象进行交流,学会在交谈时目视对方,以动作配合对方。

3. 重视语气。在谈话进行的整个过程中,谈话双方往往都会十分在意对方的语气。越是重要的活动,这一点便会表现得越是突出。所谓语气,一般都是指人们讲话时的口气。与外方人士交谈时,外事人员必须以平等而礼貌的语气对待对方。倘若语气稍许不平等、不礼貌,就可能有碍于双方的进一步交谈。

第一,必须给人以平等之感。平等待人,是人际交往的基本规则。所谓平等,在此是要求外事人员的交谈既不能居高临下,目中无人,故作姿态,随意教训、呵斥甚至侮辱交谈对象,又不能奴颜婢膝,阿谀奉承,溜须拍马,随声附和,一味迁就,不讲原则,人云亦云。

第二,必须给人以有礼貌之感。换而言之,就是要求其在谈话时要始终尊敬对方,重视对方。为此,不仅必须使用常规的礼貌用语,而且在自己的语气上亦须知礼、讲礼,处处守礼。

4. 重视语音。在外事活动中,语音往往也是外事人员交谈时的敏感问题之一。这一问题,具体又可细分为两个不同的侧面。

第一,发音的纯正。外事人员所关注的语音,首先应是其所运用的语言发音是否纯正的问题。这一点,通常与其受教育的程度有关,而且会直接影响其业务能力。使用任何一种语言,不论是中文还是外语,均应力求发音纯正,不带乡音、土语,以免妨碍表达,令人产生误会。

第二,音量的大小。外事人员所关注的语音,还应包括其运用语言时音量大小的问题。在国际社会里,人们对此细节极其重视。一般认为,在谈话时细声细语,调低音量,是现代人文明程度的一种基本体现,在公共场合尤须如此。反之,在交谈中粗声大嗓,高声叫喊,则是一个人缺乏教养的表现。

5. 重视语速。 在交谈时,语速的问题不能不予以考虑。因在外事场合经常需要使用外语,外事人员对此尤其应当给予充分的注意。

在正常情况下,语速乃指讲话时速度的快慢。在外事活动中,外事人员应使自己的语速适中,不快不慢。做到这一点,不仅有助于译员的翻译工作,有利于交谈对象听清自己所言之事,使对方真正理解自己,而且还可以借此向对方显示自己健康而平和的心态。具体而言,有以下两点注意事项:

第一,语速正常。所谓语速正常,即要求语速不快不慢,以人们所习惯的语速为准。要力戒语速过快、过慢或忽快忽慢。语速过快,令人反应不过来;语速过慢,令人提不起精神;语速忽快忽慢,则令人难以适应。

第二,语速均匀。保持正常语速,并非要求语速永远四平八稳、毫无变化。在一定情况下,语速可以小有改变、舒张有度。只是在总体上,应保持其均匀,即要求匀速,否则易于给人以表演、夸张、做作之感。

6. 重视陈述形式。 与外方人士交谈时,外事人员还应重视具体的陈述形式。尤应重视下述三点:

第一,双向交流。在交谈中,要以双方共同感兴趣的话题为中心,并利用双方均能接受的方式进行。若发现话不投机,需及时调整话题,切莫一如既往,我行我素,这是双向交流的要旨。

第二,委婉表述。外事人员在陈述己见时,应力求和缓、中听,不仅要善解人意,而且要留有余地。即使是提出建议或忠告,亦可采用设问句,而不宜采用祈使句。在任何时候,都不要强人所难,勉强对方。

第三,礼让对方。与外方人士交谈时,不应以我为中心,忽略对对方的尊重。在正常情况下,在谈话中不要随便否定对方、质疑对方,不要动辄插嘴、抬杠,不要一人独霸"讲坛",或一言不发、有意冷场。

六、姓名称呼

每个人都有自己的姓名,每个人都有自己的称呼习惯。在对外交往中,要求外事人员尊重交往对象,就必须要求其对交往对象的姓名称呼予以高度重视,并认真加以对待。

从总体上讲,在对外交往中对待外方人士的姓名称呼有三点注意事项:第一,要符合常规。第二,要照顾习惯。第三,要"入乡随俗"。

从具体方面讲,则要求外事人员一是要记住交往对象的姓名;二是要善于采用对方的尊称。做到了这两点,就不会在姓名称呼的问题上失敬于对方,反而会有利于缩短交往双方的心理距离,赢得对方的好感。

从操作上来讲,外事人员在具体涉及外方人士的姓名与称呼时,关键是要注意姓名有别、称呼有别这两个问题。

(一)姓名有别

在世界各国,人们一般都有本人专用的姓名,用以在称呼上区别于人。所谓姓名,通常是一个人的姓氏与名字的合称。姓氏者,家庭之称谓也;名字者,则是对本人的称呼。在人际交往中,人们在称呼他人时,有时是称其姓,有时是呼其名,有时则是连姓带名一起称呼。

在外事活动中,外事人员在需要称呼或使用外方人士的姓名时,要注意四个问题,即记住对方、不出差错、不宜滥用以及使用差异。

1. 记住对方。 人类世界是由一个个独特的个体所组成的,在人际交往中,每一个人都希望被自己的交往对象所重视。

在外事活动中,尤其是在初次交往中,外事人员对外方人士表示重视的最为行之有效的做法,就是要"记住对方",以示自己对对方的重视。

显而易见,所谓"记住对方",首先就是要牢记对方的姓名。一旦获知外方人士的姓名,尤其是在亲自询问过对方姓名、听过对方自我介绍或者刚刚与对方互换名片之后,一定要记住对方的姓名。否则,会给对方以"不被重视"的感觉。

2. 不出差错。在对外交往中,外事人员在涉及外方人士的姓名时,不论口头称呼还是笔头书写,都不应当出现任何差错,否则将严重挫伤对方的自尊心。下述三点,尤须外事人员谨记。

第一,不要读错外方人士的姓名。不论什么原因,将外方人士的姓名读错,都是一种不可饶恕的严重错误。有些时候,它甚至有可能引起对方的误解。

第二,不要写错外方人士的姓名。需要书写外方人士的姓名时,一定要慎之又慎。不仅在书写过程中应当一丝不苟,而且在书写完毕之后还必须再三予以核对。

第三,不要忘记外方人士的姓名。即使自己工作再忙,交往对象再多,也应采取各种办法记住外方人士的姓名,而不应当将外方人士的姓名张冠李戴。既不可记错外方人士的姓名,更不能将其忘记。

3. 不宜滥用。重视外方人士的姓名,在对外交往中就意味着对对方的尊重。因此,在日常工作与生活中,外事人员切忌滥用外方人士的姓名。具体而言,有下述三点尤其应当重视。

第一,不要戏言外方人士的姓名。在有必要使用外方人士的姓名时,一定要正经、认真、严肃。不要对其乱念、乱写、乱划,尤其是不要任意对其加以取笑或曲解。侮辱外方人士的姓名,则更为不当。

第二,不要借用外方人士的姓名。在日常工作与生活中,外事人员不得随便借用自己所熟悉的外方人士的姓名。

第三,不要将外方人士的姓名用于商业用途。按照国际惯例,未经本人许可,在任何情况下,都不得将他人姓名用于商业用途。在对外交往中,在涉及外方人士姓名时,特别要注意这一点。

4.使用差异。如同各国习俗各异一样,在不同的国家里,人们姓名的排列方式和称呼方式往往也各不一样。所以外事人员在有必要使用外方人士的姓名时,一定要对其差异有所了解。具体而言,有以下两方面须引起注意:

第一,外方人士姓名的排列方式与我国有所不同。在我国,一个人的姓名通常都是姓氏居前,名字居后。而在国际上,只有日本、韩国、朝鲜、越南、匈牙利等少数几个国家的人的姓名排列方式,与中国人的姓名排列方式基本相同。

在英美等国,人们的姓名一般都是名字居前,姓氏居后。有时在二者之间,还存在一个教名。法国人、德国人、意大利人姓名的排列方式,与英美国家的人略同。在亚洲,泰国人的姓名排列方式,也是名前姓后。

在俄罗斯,人们的姓名均由三个部分组成。其正常排列顺序为:名字居前,父名居中,姓氏位于最后。

在西班牙与广大使用西班牙语的拉丁美洲国家里,人们的姓名也分为三个部分。但是其正常顺序则为名字在前,父姓居中,母姓在后。

在葡萄牙和使用葡萄牙语的巴西,人们的姓名亦由本名、父姓与母姓三部分组成。其正常排列顺序是:名字居前,母姓居中,父姓居后。

而在缅甸,人们却只有名字,并无姓氏。

第二,外方人士姓名的称呼方式也存在不同。在称呼外方人士时,外事人员有必要区分清楚:何时应当称其姓氏,何时应当呼其名字,何时应当采用其全称。采用不同的称呼方式,不仅意味着双方具体关系有别,而且也表现出对对方尊重的程度有所不同。

对于英、美、加、澳、新、法、德、意等国人士而言,在十分正式的场合,应称其全称,在一般情况下,可仅称其姓氏。只有在关系极其亲密的人士之间,才会直呼名字。

称呼俄罗斯人,除了在正式场合宜称呼其全称外,在一般情况下可称其姓,亦可呼其名。将其本名与父名连用时,表示比较客气;在向长者表示尊敬时,则只称其父名。

在称呼使用西语、葡语诸国人士的姓名时,正式场合宜用其全称,而在一般情况下,则可只使用其简称,即其父姓,或是其本名加上父姓。

称呼日本人、韩国人、朝鲜人时,一般应当称呼其全称。在一般情况下,对日本人亦可直称其姓氏。而在韩国与朝鲜,直呼一个人的名字则被视为是失礼之举。

在越南与泰国,在一般场合中称呼一个人时,通常可只称其名,而不道其姓。而在称呼越南人的名字时,一般情况下均可只称其中最末的一个字。

鉴于缅甸人有名无姓,故在称呼对方时,可在其名字之前冠以某种尊称。如意为"先生"的"吴",意为"主人"的"德钦",意为"兄长"的"哥",意为"弟弟"的"貌",意为"女士"的"杜",意为"姐妹"的"玛",意为"军官"的"波",意为"老师"的"塞耶"等。

(二)称呼有别

在外事活动中,我方人员对外方人士所使用的称呼,往往备受对方重视。因为选择一种称呼,不仅反映着自身的教养和对对方尊重的程度,而且还体现着双方关系发展到了何种程度。

在称呼对方人士时,外事人员应当注意照顾习惯、区分对象、防止犯忌、有主有次等四个方面的具体事项。

1. 照顾习惯。外事人员在称呼外方人士之前,应当对对方有关的习惯做法了解清楚,并且予以遵守。一般来讲,在称呼外方人士时,必须使用尊称。而对外方人士而言,对其最为"悦耳动听"的尊称,主要包括如下四种:

第一,称其行政职务。在正式场合里,尤其是在具体工作之中,以交往对象的行政职务相称,以示敬意有加、身份有别,这是对外交往中最常见、最正规的一种称呼方式。

第二,称其技术职称。目前的社会,正处于知识经济的时代,有文化、有知识、有技术的人士受到普遍的尊敬。在对外交往中,对对方人员中具有专业技术职称者,尤其是具有中级、高级专业技术职称者,不妨直接以其技术职称相称。

第三,称其学术学位。与前一种情景相类似,在对外交往中,特别是在实际工作中或学术活动中,以交往对象的学术学位相称,既可增强现场的学术气氛,又可增加被称呼者的权威感。

第四，称其行业称呼。在对外交往中，当外事人员仅仅了解外方人士所从事的具体行业，而不清楚对方的行政职务、技术职称或学术学位时，以对方的具体行业称呼相称，也是一种不失礼的方式。例如，在我国内地，可以称教员为"老师"，称医生为"大夫"，称警察为"警官"等。

需要指出的是，在以上述尊称称呼外方人士时，可以其中一种尊称加上对方的全称或者其姓氏来称呼外方人士。在有些情况下，除行业称呼外，其他三种尊称之中的任何两种都可以组合在一起使用。

2. 区分对象。当面对不同行业、不同职务、不同身份乃至不同性别的外方人士时，外事人员还须根据具体交往对象的不同，而在称呼上有所区分。具体而言，主要有下列几点需要特别重视：

对于成年人，可将男士称为"先生"，将妇女称为"小姐""夫人""女士"，这是在国际社会里适用面最为广泛的一种"泛尊称"。在具体称呼妇女时需要注意：对已婚者应称"夫人"，对未婚者或不了解其婚否者可称"小姐"。对不了解其婚否者，亦可称之为"女士"。

在政务活动中，除可使用"泛尊称"外，还有以下两种称呼方式：一是称呼对方的行政职务；二是称对方为"阁下"。按照常规，"阁下"主要用以称呼地位较高者。但在美国、德国、墨西哥等国，则并无使用该称呼的习惯。

在商务活动中，世界各国都最欢迎使用"泛尊称"，而对称呼行政职务不大欢迎。在学术性活动中，情况也大抵如此。

在服务场所中，对于各种服务人员与服务对象，通常都可以使用"泛尊称"。

在军事交往中，对于外方的军界人士，最佳的称呼是称其军衔。对其行政职务，一般不必称呼。

在一般场合中，对于教授、研究员、工程师、律师、法官、医生、博士等职称、职务或学位拥有者，均可直接以之相称，对方通常都会感觉十分"顺耳"。

在与社会主义国家的人士或兄弟党的人士交往中，通常可以称对方为"同志"。除此之外，"同志"这一称呼切勿在对外交往中滥用。

在与君主制国家的王公贵族交往中,在称呼对方时一定要采用对方的惯例。通常对国王、王后,应当称"陛下",对王子、公主、亲王及其配偶,应当称"殿下"。对于拥有封号、爵位者,则应以其具体封号、爵位相称,如"爵士""勋爵""公爵""侯爵""伯爵""子爵""男爵"等。称呼对方封号或爵位时,一定要力求完整无缺。

3. 防止犯忌。在与外方人士交往时,千万注意不要因称呼而冒犯对方的禁忌。一般而言,下列称呼都是不能采用的:

第一,错误称呼。在称呼外方人士时,假如出现差错,显然是失礼之极的。

第二,缺少称呼。需要称呼外方人士时,如果根本不用任何称呼,或者代之以"喂""嘿""下一个""那边的"以及具体代码,都是极不礼貌的。

第三,距离不当的称呼。在对外交往中,若是与仅有一面之缘者称兄道弟,或者称其为"同学""战友""朋友""老板"等,都是与对方距离不当的表现。

第四,绰号性称呼。在外事活动中,对关系一般者,切勿擅自为对方起绰号,也不应以道听途说而来的绰号去称呼对方。至于一些对对方具有讽刺侮辱性质的绰号,更是严禁使用。

第五,庸俗低级的称呼。某些市井流行的称呼,因其庸俗低级,格调不高,甚至带有显著的黑社会风格,在对外交往中亦应禁用。

第六,易于误会的称呼。一些国内常用的称呼,一旦到了境外便会变味。例如:"同志"可能被理解为"同性恋者","爱人"可能被理解为"婚外恋者","小鬼"可能被理解为"妖魔鬼怪"等。对此类称呼,在对外交往中一般也不宜采用。

4. 有主有次。在实际工作中,外事人员往往需要在同一时间之内对多名外方人士同时加以称呼。在此种情况下,既要注意在称呼对方时面面俱到,更要注意在称呼对方时有主有次。

所谓有主有次,通常指的是在需要同时称呼多名外方人士时,一定要首先分清主次,然后再由主至次,依次而行。在实际操作中,其标准做法有下列四种:

第一,由尊而卑。它的具体含义是:称呼多名人士时,应当自其地位较高者开始,自高而低,依顺序进行。

第二,由疏而亲。它的具体含义是:若被称呼的多名人士与自己存在亲疏之别,为避嫌疑,一般应当首先称呼其中与自己关系生疏者,然后再称呼其中与自己关系亲近者。

第三,由近而远。有时不便细分多名被称呼者的尊卑、亲疏,那么则不妨以对方距离自己的远近来进行,即先称呼距离自己最近者,然后依次称呼距离自己较远者。

第四,统一称呼。在一些特殊情况下,对多名被称呼者不必一一称呼,或者不便一一称呼时,则可采用统一称呼对方的方式作为变通。例如,以"诸位""大家""各位来宾""女士们、先生们"等方式直接称呼对方。

七、名片交换

名片,是当代社会私人交往和公务交往中一种最为经济实用的介绍性媒介。由于它印制规范、文字简洁、使用方便、便于携带、易于保存,而且不讲尊卑、不分职业、不论男女老幼皆可使用,因此它用途广泛,颇受社会各界的欢迎。

作为一种自我的"介绍信"和社交的"联谊卡",名片在人际交往中可用以证明身份,广结良缘,联络老朋友,结交新朋友。有道是:没有名片的人,往往是没有社交活动的人。不会使用名片的人,通常是不懂交际规则的人。鉴于它的这种重要功能,有必要对它加以郑重对待。要把它提高到本人的脸面、个人的形象乃至单位形象的直接化身这一高度,来加以充分的重视。

在人际交往中,如欲正确使用名片,有必要对名片的制作、名片的分类、名片的用途、名片的交换以及名片的存放五个方面的具体问题有所了解,并尽可能地做到合乎礼仪规范。

(一)名片的制作

目前,在国内印制名片,一般均可委托名片制作商承办,所以并不费力。然而为了使自己的名片规范实用,还是应当精心选择、耐心斟酌,以求使名片体现本人的风格,不可一味地任由名片制作商决定,致使自己的名片被粗制滥造。

当前国内最通用的名片规格为9cm×5.5cm,即长9厘米、宽5.5厘米。这是制作名片时应当首选的规格。此外,名片还有两种常见的规格:10cm×6cm和8cm×4.5cm。前者多为境外人士所使用,后者往往为女士所专用。

如无特殊需要,不应将名片制作过大,甚至有意搞成折叠式,免得给人以标新立异、虚张声势之感。印制名片的材质,最好选用纸张,并以耐折、耐磨、美观、大方的白卡纸或再生纸、合成纸、布纹纸、麻点纸、香片纸等为佳。至于高贵典雅、纸质挺括的刚古纸、皮纹纸,则可量力而行,酌情选用。必要时,还可为之覆膜。

在一般情况下,没有必要选用布料、塑料、皮革、光纤、钢材、木材、黄金、白金、白银等其他材质印制名片。它们或价格昂贵,亦不甚实用。

1. 色彩。印制名片的纸张,宜选庄重朴素的白色、米色、淡蓝色、淡黄色、淡灰色,并且以一枚名片只使用一种颜色为好。

最好不要印制杂色名片,免得令人眼花缭乱。也不要用黑色、红色、粉色、紫色、绿色印制名片,它们均会给人以不庄重的感觉。

2. 图案。在名片上允许出现的图案,除纸张自身的纹路外,还有企业标志、企业蓝图、企业方位、企业主导产品简介等,但以少为佳。

不提倡在名片上印人像、漫画、花卉、宠物,这些东西并无实用价值,往往会给人以华而不实的印象。

3. 文字。在国内所使用的名片,宜用汉语简体字,不要故弄玄虚地使用繁体汉字。在国内少数民族聚居区、外资企业以及境外使用的名片,可酌情使用规范的少数民族文字或外文。

最佳的做法是:应在一枚名片的两面,分别以简体汉字和另外一种少数民族文字或外文印制相同的内容。切勿在一枚名片上采用两种以上的文字,也不要将两种文字交错印在同一面。

4. 字体。不论使用何种文字印制名片,均以采用标准、清晰、易识的印刷体为好。尽量不要采用行书、草书、篆书或花体字印制名片,更不必亲自手写。务必记住:只有他人看清楚、看懂了,并且重视自己的名片,它才会真正发挥作用。

5. 印法。制作名片,最好不要手书自制,也不要以复印、油印、影印的方法制作名片,它们均不够正规。

名片一般打印或铅印即可,若是胶印,则显得档次更高一些。但是,后者价格会高出许多。

6. 版式。印制名片,通常有两种版式可以选择:第一,横式,其行序由上而下,字序由左而右(见图2-1);第二,竖式,其行序由右而左,字序由上而下(见图2-2)。一般认为,中文名片以采用横式为佳,因为它易辨识、易收藏,竖式名片虽然风格古朴,却不具备这些优点。若以两种文字印制同一枚名片,则应避免其一面横式、一面竖式。

```
┌─────────────────────────────────────┐
│  仁达商贸公司                        │
│                                      │
│                                      │
│            岑   西 总经理            │
│                                      │
│                                      │
│         地址:北京市中关村大街59号    │
│         电话:(8610)6251303          │
│         邮编: 1 0 0 8 7 2            │
└─────────────────────────────────────┘
```

图2-1 横式名片

(二)名片的分类

因其具体内容、用途各有不同,日常生活中所用的名片可分为应酬式名片、社交式名片、公务式名片、单位式名片四类,前三种一般又统称为个人名片。

在正式的场合,讲究面对不同的交往对象时使用不同的名片。希望给人以不同的印象,亦应使用不同的名片。因此,一个人同时制作并携带多种名片不足为怪。不分对象、不讲目的地滥用同一种名片,则往往是失当的。

1. 应酬式名片。应酬式名片,亦称本名式名片。顾名思义,其内容通常只有个人姓名一项(见图2-3),最多还会加上本人的籍贯与字号(见图2-4)。

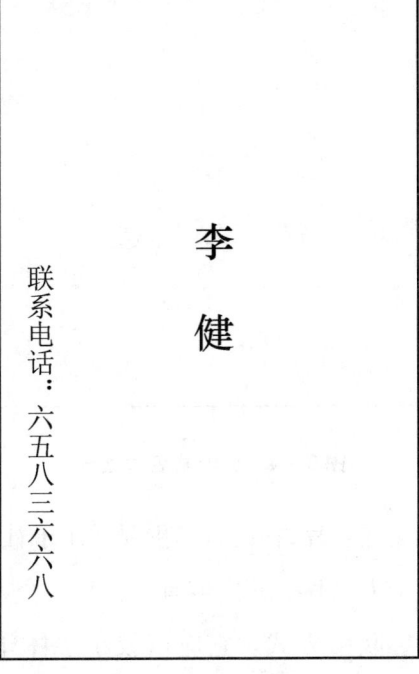

图2-2 竖式名片

图2-3 应酬式名片之一

应酬式名片,主要适合于在社交场合应付泛泛之交、拜会他人时说明身份、馈赠时替代礼单,以及用作便条或短信。

```
┌─────────────────────────────────────┐
│  山东蓬莱                            │
│                                     │
│                                     │
│         楚  翘  字逸清               │
│                                     │
│                                     │
└─────────────────────────────────────┘
```

图2-4　应酬式名片之一

2.社交式名片。社交式名片,在此特指主要适用于社交场合,用以进行自我介绍与保持联络之用的个人名片。其内容有二:第一,个人姓名。它应以大号字体印于名片中央。第二,联络方式。它应以较小字体印于名片右下方(见图2-5)。

```
┌─────────────────────────────────────┐
│                                     │
│                                     │
│              战   歌                │
│                                     │
│                                     │
│                                     │
│         家庭住址:北京市花园路116号    │
│         邮政编码: 1 0 0 0 8 3        │
└─────────────────────────────────────┘
```

图2-5　社交式名片

社交式名片上的联络方式一项,主要应包括家庭住址、邮政编码等内容,必要时还可加印住宅电话号码。它一般不会印办公地址,以示"公私分明"。若不喜欢打扰,还可只印住宅电话号码,而不印家庭住址与邮政编码。

3. 公务式名片。公务式名片,通常指的是在政务、商务、学术、服务等正式的业务交往中所使用的个人名片。它是目前最为常见的一种个人名片。

一枚标准的公务式名片,应由归属单位、本人称呼、联络方式三项具体内容构成(见图2-6)。

```
┌─────────────────────────────────────┐
│ NM南马股份有限公司                    │
│                                     │
│                                     │
│           叶  子 总经理              │
│                                     │
│                                     │
│         单位地址:上海市仁爱路1618号  │
│         办公电话:(86 21)8631287    │
│         邮政编码: 2 0 0 3 6 8       │
└─────────────────────────────────────┘
```

图2-6　公务式名片

第一,归属单位。此项内容一般由企业标志、供职单位、所在部门三个部分组成,但可酌情加减。供职单位与所在部门均不宜多于两个,免得给人以用心不专的印象,必要时可多印几种名片。此外,供职单位与所在部门均应采用全称。

第二,本人称呼。本人称呼由本人姓名、所任职务以及学术头衔三个部分组成。后两项可有可无,但不宜过多。在本人姓名之后加注"先生""小姐""夫人",则是完全没有必要的。

第三,联络方式。本项内容通常应由单位地址、办公电话、邮政编码三个部分组成。因其不可或缺,故又称"联络方式三要素"。在此,通常不宜提供家庭住址与住宅电话。至于手机号码、传真号码与电子信箱地址等是否需要列出,应根据自己的实际情况而定。

在公务式名片上,本人称呼通常应以大号字体印在名片正中央,归属单位与联络方式则应分别以小号字体印在名片的左上角与右下角。

如有必要,可在名片的另一面印上本单位的经营范围或所在方位图(见图

2-7),而不必非印外文不可。

```
本公司经营范围

图书    磁带

期刊    录像

软件    影碟
```

图 2-7 公务式名片的背面

4. 单位式名片。单位式名片,因其多为公司企业所用,故又称企业名片。它主要用于单位对外宣传、推广活动。它的内容主要包括以下两项:第一,单位的全称及其标志。第二,单位的联络方式。按常规,后者通常由单位地址、邮政编码、单位电话总机号码或公关部电话号码构成(见图2-8)。

```
FA

        泛亚实业公司


        单位地址:海南三亚市环岛路1号
        电话总机:(86 899)333111
        邮政编码: 5 7 2 1 1 6
```

图 2-8 单位式名片

(三) 名片的用途

对现代人而言,名片绝非是一种自欺欺人、招摇撞骗的幌子,而是一种真正物有所值的实用型交际工具。在人际交往中,名片的用途共有如下几种。

1. 自我介绍。初次会见他人,以名片做辅助性自我介绍效果最好。它不但可以说明自己的身份、强化效果,使对方难以忘怀,而且还可以节省时间,避免啰里啰唆、含糊不清。

2. 结交朋友。没有必要每逢遇见陌生人便上前递送自己的名片。换言之,主动把名片递给别人,便意味着对对方的友好、信任和希望深交之意。也就是说,巧用名片可以为结交朋友"铺路架桥"。

3. 维持联系。名片犹如"袖珍通讯录",利用它所提供的资料,即可与名片的提供者保持联系。正因为有了名片上所提供的各种联络方式,人们的"常来常往"才变得更加现实和便利。

4. 业务介绍。公务式名片上列有归属单位等项内容,因此利用名片亦可为本人及所在单位进行业务宣传、扩大交际面,或争取潜在的合作伙伴。

5. 业务变更。利用名片,可以及时地向老朋友通报本人的最新情况。晋升职务、乔迁新居、变换单位、电话改号之后,均可以采用变更的新名片向老朋友打招呼,以使彼此联系畅通无阻,对方对自己的有关情况了解得更为及时、更加充分。

6. 拜会他人。初次前往他人居所或工作单位进行拜访时,可将本人名片交由对方的门卫、秘书或家人,转交给被拜访者,以便对方确认"来者何人",并决定见与不见。此种做法比较正规,可避免冒昧造访。

7. 简短留言。拜访他人不遇,或者需要请人转达某件事情时,可在名片上写下几行字,或一字不写,然后将它留下或托人转交。这样做,会使对方"如闻其声,如见其人",不至于误事。

8. 用作短信。在名片的左下角,以铅笔写下几行字或短语,寄交或转交他人,如同一封长信一样正式。若内容较多,也可写在名片背面。在国外,流行以法文缩略语写在名片左下角以示慰问、鼓励、感谢、祝贺他人的做法（见图2－9）。

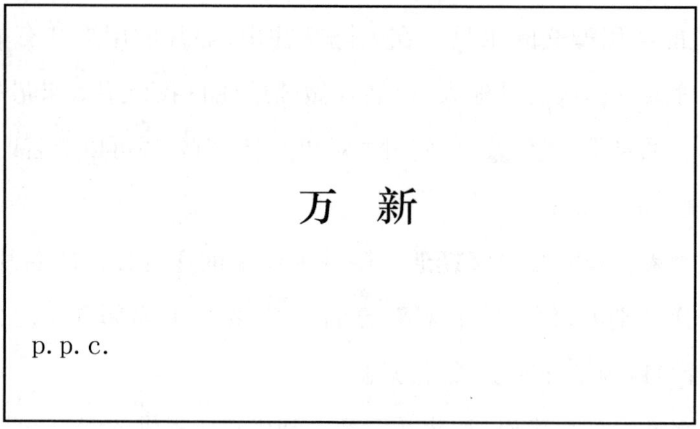

万　新

p. p. c.

图2－9　名片信件一则

n. b. 意即"提请注意"。

p. f. 意即"祝贺"。

p. r. 意即"感谢"。

p. c. 意即"谨唁"。

p. p. 意即"介绍"。

p. p. c. 意即"辞行"。

p. f. n. a. 意即"贺年"。

9. 作为礼单。向他人赠送礼品时，可将本人名片放入其中，或将其装入一个不封口的信封中，再将该信封固定于礼品外包装的上方。后者是说明"此乃何人所赠"的标准做法。

10. 替人介绍。介绍某人去见另外一人时，可用回形针将本人名片（居上）与被介绍人名片（居下）固定在一起，必要时还可在本人名片左下角写上意即"介绍"的法文短语缩写"p. p."，然后将其装入信封，再交予被介绍人。这是一封非常正规的介绍信，通常会受到高度重视。

（四）名片的交换

欲使名片在人际交往中正常地发挥作用，还必须在交换名片时表现得法。交换名片时，需要主要注意四个问题。

1. 交换名片的时机。 遇到以下几种情况，需要将自己的名片主动地递交他人，或与对方交换名片。

第一，希望认识对方。

第二，表示自己重视对方。

第三，被介绍给对方。

第四，对方提议交换名片。

第五，对方向自己索要名片。

第六，初次登门拜访对方。

第七，通报对方自己的变更情况。

第八，打算获得对方的名片。

遇到以下几种情况，则不必把自己的名片递给对方，也不必与对方交换名片。

第一，对方是陌生人。

第二，不想认识对方。

第三，不愿与对方深交。

第四，对方对结识自己并无兴趣。

第五，不希望与对方见面，或常来常往。

第六，双方之间地位、身份、年龄差别很大。

2. 交换名片的方法。 交换名片时，必须重视其具体的方式、方法。

第一，递上自己的名片。递名片给他人时，应郑重其事。最好是起身站立，走上前去，使用双手或者右手，将名片正面面对对方，然后交予对方。切勿以左手递交名片，不要将名片背面面对对方或是颠倒着面对对方，不要将名片举得高于胸部，不要以手指夹着名片给人。若对方是外宾，则一定要将名片上印有对方所认得的文字的那一面面对对方。

将名片递给他人时,口头应首先有所表示。可以说"请多指教""多多关照""今后保持联系""我们认识一下吧",或是先做一下自我介绍。

与多人交换名片,应讲究先后次序,或由近而远,或由尊而卑,一定要依次进行。切勿挑三拣四,采用"跳跃式"。当然,也没有必要滥发自己的名片。双方交换名片时,最正规的做法,是位卑者首先把自己的名片递给位尊者,但在一般情况下,也不必过分拘泥于这一规则。

第二,接受他人的名片。当他人表示要递名片给自己或交换名片时,应立即停止手中所做的一切事情,起身站立,面含微笑,目视对方。接受他人的名片时,宜双手捧接,或用右手接过来,切勿单用左手去接。

此时此刻,最重要的规则是:"接过名片,首先要看",这一点至为重要。具体而言,就是接过名片后,当即要用半分钟左右的时间,从头至尾将其认真默读一遍。若有疑问,则可当场向对方请教。此举意在表示重视对方。若接过他人名片后看也不看,或手头把玩,或弃之桌上,或装入衣袋,或交予他人,均为失礼。

接受他人名片时,应口头道谢,或重复对方所使用的谦辞敬语,如"请您多关照""请您多指教",切不可一言不发。与此同时,必须将自己的名片回敬对方,以示有来有往。

若需要当场将自己的名片递过去,最好在收好对方名片后再做。不要左右开弓,一来一往地同时进行。

3. 索取他人的名片。如果没有必要,最好不要强索他人的名片。若索取他人名片,不宜直言相告,而应采用以下几种方法之一。

第一,向对方口头上提议交换名片。

第二,主动递上本人名片。此所谓"将欲取之,必先予之"。

第三,询问对方:"今后如何向您请教?"此法适用于向尊长索取名片。

第四,询问对方:"以后怎样与您联系?"此法适用于向平辈或晚辈索要名片。

4. 婉拒他人索取名片。当他人索取自己名片而自己不想给对方时,通常不宜直截了当,而应以委婉的方法表达此意。可以说"对不起,我忘了带名片",或者"抱歉,我的名片用完了"。但若手中正拿着自己的名片,又被对方看见了,那样讲显然不合适。

若自己没有名片而又不想明说时,也可以用上述方法委婉地表述。

如果自己的名片真的没有带或是用完了,自然也可以这么说,但不要忘了加上一句"改日一定补上",并且一定要言出必行、付诸行动。否则会被对方理解为自己没有名片,或成心不想给对方名片。

(五)名片的存放

要使名片的交换合乎规范,并且使其在人际交往中充分发挥作用,还应注意如下三个问题。

1. 名片的放置。在参加交际应酬之前,要像准备修饰、化妆一样,提前准备好名片,并进行必要的检查。

随身所带的名片,最好放在专用的名片包、名片夹里,此外也可以放在上衣口袋之内。不要把它放在裤袋、裙兜、提包、钱夹里,那样做既不正式,又显得杂乱无章。在自己的公文包以及办公桌抽屉里,也应常备名片,以便随时使用。

在交际场合,如感到要用名片,则应事先将其预备好,不要在使用时再去乱翻乱找。

接过他人的名片看过之后,应将其精心放入自己的名片包、名片夹或上衣口袋内,切勿放在其他地方。

2. 名片的收藏。参加过交际应酬以后,应立即对所收到的他人名片加以整理收藏,以便今后利用方便。不要将它随意夹在书刊、材料里,压在玻璃板下,或是扔在抽屉里面。

存放名片的方法大体上有四种,通常它们还可以交叉使用。

第一,按姓名的外文字母,或汉语拼音字母顺序分类。

第二,按姓名的汉字笔画的多少分类。

第三,按专业或部门分类。

第四,按国别或地区分类。

3.名片的利用。随着人际交往的不断深入,还可在自己所收藏的他人名片上随手记下可供本人参考的资料,使其充当社交的记事簿。一般而言,在自己所收藏的他人名片上可记的有利于人际交往的资料有如下几类。

第一,收到名片时的具体情况。它包括收到名片的地点、时间,以及是否与对方亲自交换,等等。在国外有一种做法,即把名片的右上角向下折,然后再使其恢复原状,此法表示该名片是对方亲自与自己交换的。

第二,交换名片者个人的资料。它通常包括对方的性别、年龄、籍贯、学历、专长、爱好、主要社会关系等。这些信息既可备忘,也可充做资料。

第三,交换名片者在交换名片后变化的情况。它通常包括对方的单位、部门的变化,职业的变动调任,职务、学衔的升降,联络方式的改变,等等。

八、问候行礼

在世界各国,人与人相见时总免不了相互致意。越是正规的场合,人们对致意越是予以高度的重视。在对外交往中,外事人员对有关致意的礼仪必须认真了解,认真遵守。

所谓致意,在礼仪上一般指的是采取某些特定的形式,在与他人见面时专门用以向对方表达自己的敬重、关怀、友善之意。在常规的交往应酬中,致意的最为常见的形式主要有问候礼与见面礼。

在外事活动中,问候礼与见面礼得以普遍运用,所以对其具体运用形式外事人员必须予以关注。

(一)互致问候

在各国、各地区、各民族,问候礼都普遍运用。所谓问候礼,通常简称为问候、问好、问安或者打招呼。具体而言,它是指在与他人相见时,以专用的语言或动作向他人询安问好。它是向对方表示善意的一种常规的致意形式。

外事人员在对外交往中需要问候外方人士时,对以下三个问题应当注意:

1. 规范内容。在不同的国家,人们问候他人的具体内容往往各有不同,但均充满了对问候对象的善意。

例如,在中国,人们最常见的问候是:"吃过饭没有""忙什么呢""去哪里呢"。在美国,人们的问候往往是最为简洁的:"嗨"。而在西亚的一些以畜牧业为主的国家里,人们却惯以"牲口好吗"作为问候之语。

在对外交往中,问候外方人士的常规内容一是直接向对方问好,如"你好";二是采用时效性问候,即在向对方问好的同时加上具体的时间限制,如"早上好""下午好""晚上好"。除此之外,不宜再以其他内容向外方人士进行问候。

2. 重视态度。当外事人员向外方人士进行问候时,必须注意"表里如一",即讲究其具体态度。从总体上讲,问候外方人士时的态度应当热情、友好、大方。具体而言,须对以下几点加以注意:

第一,应当"眼到"。问候他人时,一定要正视对方的双眼,以示自己全神贯注、一心不二。不允许目视他方,或是不正视对方。

第二,应当"口到"。问候他人时,声音一定要清晰、响亮、爽朗,切莫声音含糊不清,好似被迫而为。

第三,应当"意到"。在问候他人时,不允许面无表情,更不可以充满敌意。只有面露真诚的微笑,才会使自己的问候显得真心实意。

3. 讲究顺序。在比较正式的场合,人们彼此之间的问候应当是有来有往。双方在彼此问候时,其具体顺序的先后颇有讲究。

根据惯例,交往双方在彼此问候时,礼仪上的讲究是"位低者先行",即通常应当由双方之中地位较低的一方首先问候地位较高的一方。具体而言,主人应当首先问候客人,职务低者应当首先问候职务高者,晚辈应当首先问候长辈,男士应当首先问候女士。

在对外交往中,若我方人员需要同时问候多名外方人士时,按照惯例可以"由尊而卑"或"由近而远"依次进行。

若外方人士首先向我方人员进行问候,我方人员应当立即予以回应。

（二）互相行礼

在对外交往中,外事人员具体应当选择何种见面礼节,通常是十分讲究的。见面礼节,简称见面礼,一般是指人们用于见面之际向交往对象致意的礼节。就适用范围而言,有的见面礼适用面较广,而有的见面礼则仅仅适用于本国、本地区、本民族。

在外事活动中,外事人员可以沿用自己惯用的见面礼,也可以比照交往方的特殊礼节来行见面礼。对于在日常交往中常见的握手礼、拥抱礼、亲吻礼、吻手礼、合十礼、鞠躬礼、脱帽礼等,外事人员有必要深入了解。

1. 握手礼。握手礼,通常是指交往双方以握手的形式互相致意。它既为中国人所惯用,又普遍适用于国际交往之中。唯有一些较为保守的东方国家,才禁止异性之间行握手礼。

学习正规的握手礼时,有以下三点事项值得注意。

第一,讲究方式。在行握手礼时,双方均应起立,并迎向对方,只有女士才可以在社交场合握手时坐而不起。在伸手与他人相握时,应手掌垂直于地面,以右手与对方右手相握。应注意握住对方手掌的全部,稍许用力,上下晃动一两下,并且停留两三秒钟。在此过程中,还需要目视对方双眼,并且面带微笑。

第二,遵守顺序。握手时,在顺序上讲究"尊者居前",即由双方之中地位为尊者先行伸手。女士与男士握手时,应由女士首先伸手;长辈与晚辈握手时,应由长辈首先伸手;职务高者与职务低者握手时,应由职务高者首先伸手。唯有宾主握手时较为特殊:客人抵达时,应由主人首先伸手,以示欢迎;客人告辞时,应由客人首先伸手,以示请主人就此留步。当一人与多人同时握手时,则可"由尊而卑"或"由近而远",依次而行。

第三,回避禁忌。在对外交往中,握手礼有下列五点禁忌。其一,不宜用左手与他人相握;其二,不宜用双手与异性相握;其三,不宜与多人交叉握手;其四,不宜戴着墨镜与人握手;其五,不宜戴着手套与人握手。

2. 拥抱礼。所谓拥抱礼,一般指的是交往双方互相以自己的双手揽住对方的上身，借以向对方致意。在中国，人们对此不甚习惯，而在国际社会中，它却得到广泛的运用。

对于拥抱礼，外事人员主要应掌握下述四点：

第一，具体做法。拥抱礼最为常见的做法是：两人走近之后，正面站立。先各自抬起右臂，把右手搭在对方左肩之后，随后左臂下垂，以左手扶在对方的腰部右后侧。开始时，首先向对方左侧拥抱，接下来向对方右侧拥抱，最后再向对方的左侧拥抱。

第二，具体区域。一般来讲，拥抱礼在西方国家广为流行。在中东欧、阿拉伯各国、大洋洲各国、非洲与拉丁美洲的许多国家里，拥抱礼也颇为常见。但是在东亚、东南亚国家里，人们对此却不以为然。

第三，具体场合。在庆典、仪式、迎送等较为隆重的场合，拥抱礼最为多见，在政务活动中尤为如此。在私人性质的社交、休闲场合，拥抱礼则可用可不用。在某些特殊的场合，诸如谈判、检阅、授勋等，人们则大都不使用拥抱礼。

第四，具体人员。在欧洲、美洲、澳洲诸国，男女老幼之间均可采用拥抱礼。而在亚洲、非洲的绝大多数国家里，尤其是在阿拉伯国家，拥抱礼仅适用于同性之人；与异性在大庭广众之前进行拥抱，则是绝对禁止的。

3. 亲吻礼。在一些流行拥抱礼的国家里，亲吻礼也普遍流行，并且往往与拥抱礼同时采用。所谓亲吻礼，在此特指以亲吻交往对象面部某些特定部位的方式，来向对方致意的礼节。

当人们有必要向他人行亲吻礼时，有如下三点必须特别注意：

第一，点到为止。在亲吻别人时，不论与对方关系如何，不论双方是否同性，都不宜表现得过于热烈、过于投入。一般以唇部象征性地接触对方一下即可。

第二，区分部位。根据惯例，在行亲吻礼时，关系不同之人，亲吻对方的部位通常是大有差别的。长辈亲吻晚辈，应亲吻其额头；晚辈亲吻长辈，应亲吻其下颌或者面颊；同辈人或同事之间，同性应轻贴对方的面颊，异性方可亲吻对方的面颊。在正常情况下，接吻，即互相亲吻对方的嘴唇，仅仅局限于夫妻或者恋人之间，因此不宜滥用，尤其不宜在大庭广众之前进行"公演"。

第三，国情差异。在西方国家里，亲吻礼既适用于同性之间，也适用于异性之间。而在伊斯兰国家里，则仅限于同性之间使用，异性之间绝对不得使用。

4. 吻手礼。在欧洲与拉丁美洲，异性在社交场合见面时，往往会采用吻手礼。所谓吻手礼，实际上是亲吻礼的一种特殊形式，它是以一个人亲吻另外一个人的手部，来向对方表示致意的礼节。在亚洲国家里，吻手礼与亲吻礼一样，都不甚流行。

在对外交往中有可能接触吻手礼时，必须对其下述三点特征有所了解：

第一，单向性。一般的见面礼，如握手礼、拥抱礼、亲吻礼等，往往都具有双向性，即有来有往，彼此相互施礼。但是吻手礼却较为特别，它通常是单向施礼的，其施礼对象不必以相同形式向施礼者还礼。

第二，对象性。吻手礼大都是男士向女士施礼。接受吻手礼的女士，往往都是已婚者。按惯例，一般不应当向未婚妇女施吻手礼。

第三，限定性。在正规场合施吻手礼时，通常有两个特殊的限制。第一，行礼的地点应当是在室内。在街道上行此礼，是不合时宜的。第二，吻手的部位应当是女士的手指或手背。被吻的手，大都是右手。当男士吻女士的手时，必须是轻轻的、具有象征性的接触，而不是"大张旗鼓"。

5. 合十礼。在一些亚洲国家里，合十礼十分流行。所谓合十礼，亦称合掌礼，是以双手手掌十指相合的形式，来向其交往对象致意的礼节。

严格地讲，合十礼其实是一种佛教的专用礼节。因此，它在东南亚、南亚等一些普遍信奉佛教的国家里十分流行。在欧洲、美洲与非洲，合十礼则并不多见。

向他人施合十礼时，有以下三点必须为施礼者所重视。

第一，神态庄严。在向他人行合十礼时，允许施礼者面含微笑，亦可同时口颂祝词或问候对方。但是，最佳的神态却是神态庄严而凝重。此刻嬉皮笑脸，挤眉弄眼，探头探脑，手舞足蹈，或者随口胡诌，都是绝对不许可的。

第二，郑重其事。作为一种宗教礼节，合十礼在其施行之时要求郑重其事。它的标准做法是：双掌十指相合于胸部正前方，五指并拢，指尖向上，手掌上端大体与鼻尖持平，手掌在整体上向外侧倾斜，双腿直立，上身微欠，低头。行礼之时,身体一般应立正不动。不过,在缓步行进时,亦可施行此礼。

第三,敬意有别。根据传统做法,在向别人行合十礼时,自己合十的双手举得越高,则越能体现出对对方的尊重。然而在一般情况下,在正式场合向别人行合十礼时,原则上不应使之高过自己的额头,唯有礼佛之时,才将合十的双手举得较高。

6. 鞠躬礼。与外方人士打交道时,鞠躬礼是外事人员不可不知的常用见面礼节之一。所谓鞠躬礼,一般是指向他人躬身以示敬重或感谢之意。它因此也被称为躬身礼。

外事人员在采用鞠躬礼时,主要应当注意如下四点:

第一,内外有别。自古以来,中国就有鞠躬礼存在。但是在中国,鞠躬礼多用于需要表达敬谢之意或道歉之意的场合。而在国外,它却主要用于见面或告别之际。

第二,对象特定。在国外,鞠躬礼主要通行于与我国相邻的日本、韩国、朝鲜诸国。在欧美各国以及非洲国家里,它并不流行。

第三,中规中矩。向他人行鞠躬礼时,应当首先立正脱帽,双目正视施礼对象,然后面向对方,上身弯腰前倾。在此过程中,通常男士应将双手贴放于身体两侧的裤线之处,女士的双手则应在下垂之后搭放于腹前。

第四,区别对待。施鞠躬礼时,外国人一般只会欠身一次,但对其具体幅度却十分在意。在正规场合,欠身的幅度越大,越表示自己对交往对象礼敬有加,不过欠身的最大幅度不宜超过90度。

7. 脱帽礼。在国际交往中,每逢正式场合以及一些社交场合,人们往往会向自己的交往对象行脱帽礼。在东西方国家里,它都较为流行。

所谓脱帽礼,是指以摘下本人所戴帽子的方式,来向交往对象致意。行脱帽礼时,一般有以下三点注意事项:

第一,方法有异。行脱帽礼时,戴制服帽者,通常应双手摘下帽子,然后以右手执之,端在身前。戴便帽者,既可以右手完全摘下帽子,又可以右手微微一抬帽檐代之。不过越是正规之时,越是要求完全彻底地摘下帽子。

第二,男女有别。本着"女士优先"的精神,一般准许女士在社交场合内不必摘下帽子,而男士则不享有此项特殊待遇。

第三,用途广泛。一般而言,脱帽礼除适用于见面时之外,还适合于其他场合。比如路遇熟人,进入他人居所或办公室,步入娱乐场所,升挂国旗、演奏国歌时等,都可以施脱帽礼。

第三章
外事接待的常规礼仪

在当今世界,各国人士之间你来我往、犹如邻居之间的互访,被人们视为极为普通的事情。尽管如此,各国对于外国宾客的来访及其接待工作仍然十分重视。

在中国古代,接待来宾是一件十分重要的事情。人们不仅口头上常说"有朋自远方来,不亦乐乎",而且还将自己对来宾的尊重、友好、关怀与照顾之意,有条不紊地落实在具体接待工作的实际行动之中。

接待,有时亦称待客或者招待。它是指主人对来宾表示欢迎,并给予相应照顾的一系列的做法。在外事工作中,特别是在正式的对外交往中,接待工作是十分重要的。正如法国人施瓦兰早就讲过的那样:"待来者如宾,使宾至如归,这是我们的责任。"我方具体的接待工作做得如何,与留给接待对象的第一印象显然是直接相关的。

在外事活动中,要想真正做好接待工作,要想使我方在接待工作中对来宾所表达的种种善意真正为对方所接受,只有一个好的办法可行,那就是一切接待工作都必须遵照常规的接待礼仪来进行操作。

所谓接待礼仪,在对外交往中,指的是外事人员在具体的接待工作中应当遵守的礼仪规范。接待礼仪的基本特征,就是要求从事具体接待工作的外事人员,首先必须树立起良好的礼宾意识。

礼宾的含义，简单地讲，就是规定全体有关人员在从事接待工作的整个过程之中，应自觉而主动地、自始至终地对自己的接待对象以礼相待。就这一意义而言，在外事活动中，接待工作亦可称之为礼宾工作。因为在任何情况下，接待工作假若离开了对来宾以礼相待这一条，就不可能取得顺利的进展。而就其实质而言，礼宾其实就是主人待客以尊重、友好、关怀、照顾，并使对方所感知、所接受的一种必不可少的实际行动。

不可否认，不论接待内宾还是接待外宾，其具体接待环节包罗万象，种种细枝末节往往数不胜数。在接待远道而来的外方人士时，尤其是在接待初次来访的外宾时，这一点表现得尤为明显。外事人员要高度重视接待工作，并且想方设法地恪尽职守，努力做好外宾的接待工作。一方面，外事人员要正确地树立主人翁意识，力求使本职工作"主随客便"；另一方面，外事人员则要在接待工作的具体环节中，事无巨细地恪守接待礼仪。

一、礼宾规格

在外事接待中，礼宾规格通常都被专业人士视作头等大事。确定接待工作的具体环节与具体程序时，首先必须确定礼宾规格。没有礼宾规格为先导，接待中的一系列工作将难以开展。

礼宾规格，在此是指礼宾工作具体过程中的各种规矩。规格，是指与某一事物相关的规定或者标准。由此可知，所谓礼宾规格，具体是指外事人员在对外交往中礼待外方人士的一系列的具体规定，亦即在外事接待的具体过程中所必须遵守的、已被先期正式规定的具体要求或具体标准。

在各式各样的外事接待工作中，没有事先确定礼宾规格，或者不遵守业已确定的礼宾规格，往往就会出现这样或那样的差错。因此，从事具体接待工作的外事人员在任何情况下都不应当忽略礼宾规格的重要性。

对于礼宾规格，外事人员主要应当对掌握原则、熟悉特征、来宾分类、常规内容、操作方式五个具体要点加以把握。

（一）掌握原则

不论确定礼宾规格还是遵守礼宾规格，外事人员都应当对其基本原则重点加以掌握。有了这些基本原则作为指南，处理具体问题时便会游刃有余。

一般而论，有关礼宾规格确定与操作的基本原则主要有以下四项：

1. 服从外交。礼宾规格虽然仅仅涉及具体的外宾接待标准，但是通常它却直接或间接地与中国同有关交往各方的国家及其政府彼此之间的关系相关。国家与国家、政府与政府之间的关系，一般属于外交范畴。外交无小事。在任何时候，确定礼宾规格或操作礼宾规格，均应首先服从于本国外交的大政方针。

服从外交原则的具体含义，主要是指中国外事接待中礼宾规格的具体安排要服从本国总体外交工作的需要，礼宾规格的操作必须为本国的总体外交工作服务。

2. 身份对等。依照国际惯例，在外事活动中，双边关系讲究对等。对等在双方交往中的含义，就是要求交往双方礼尚往来：你方如何待我，我方即可如何待你。

所谓身份对等，具体是指在确定接待外方人士的礼宾规格时，应与外方人士的具体身份相称，同时还应参照外方在接待我方身份相仿者时所采用的具体的礼宾规格。也就是要求我方所给予来访的外方人士的礼遇应当恰到好处，以免我方人士在出访对方时受到怠慢。

3. 一律平等。依照国际惯例，在外事活动中，多边关系讲究平等。在具体确定或操作用以接待来自多方的外籍人士的礼宾规格时，一定要明确平等待客为先的正确理念，对有关各方真正做到一视同仁。

一律平等原则的具体要求是，在确定和操作用以接待来自多方的境外人士的礼宾规格时，一定要不论其国家大小，不分强弱，不看贫富，不讲亲疏，严格地、无条件地平等相待，搞好有关各方的平衡。

4. 有所区别。在强调身份对等与一律平等两项原则的同时，在为外方来宾安排具体的礼宾规格时，还应充分尊重对方的风俗习惯以及其他方面的特殊做法,绝对不要搞一厢情愿,不强人所难,不强加于人,不勉强行事;否则必将事与愿违。

有所区别,在此即指我方在确定和操作用以接待来自与我方存在习俗差异及其他差异的外方人士的礼宾规格时,必须充分考虑双方的这些差异,具体情况具体对待,不能千篇一律。

(二)熟悉特征

就总体而言,礼宾规格具有礼宾性、规范性、稳定性、差异性、简约性等主要特征。在外事接待中,外事人员必须对礼宾规格的这些具体特征有所了解。

1. 礼宾性。礼宾规格是专门用以接待来宾的,在外事接待中,它则专门用以接待外籍来宾。由此可见,它不仅是一种礼仪,而且还是专门用来接待来宾尤其是外籍来宾的礼仪。因此,礼宾性是礼宾规格的主要特征之一。

在此必须予以明确的是,以专用于外事接待的礼宾规格接待内宾,是没有任何必要的。

2. 规范性。作为一种专门规定、专项标准或者具体要求,礼宾规格的规范性甚强。它对于我方人员在外事接待中具体应当"如何有所为""如何有所不为",通常都规定得一清二楚。因此,可以称其为"礼宾规范"。

为了使之制度化、正规化、标准化和易于操作,礼宾规格通常都由国家的外交、外事部门明文规定。有的时候,它也有可能出自国际惯例或者是本国对外交往中约定俗成的做法。

3. 稳定性。如果从总体上进行考察,礼宾规格绝对不可能一劳永逸、一成不变。在某些时候,各国乃至各单位、各部门,都会根据自身需要对其进行调整。不过在一般情况下,对它所做的调整往往都属于微调。它的变化,通常也是局部的、个别的。

相对而言,礼宾规格往往比较稳定,是轻易不会变更的。正因为其具有轻易不变的"刚性"而不是动辄改变的"弹性",礼宾规格才有规矩可言,才不至于被礼宾对象所误解。经常性的"变更调整",实际上是对礼宾规格的一种否定。

4. 差异性。具体确定和操作外事接待中的礼宾规格时,在基本要求不变的大前提之下,其具体做法经常因人而异。也就是说,在接待不同的外方人士时,往往有着许多不同的规定或要求,此即所谓礼宾规格的差异性。

在某些特定的情况下,当交往双方的关系发生重大变化或受到某种因素左右时,我方用以接待外方的礼宾规格也会与既往的做法略有不同。这也是其差异性的一种表现。

5. 简约性。第二次世界大战结束之后,尤其是自20世纪90年代以来,各国礼宾工作都发生了一定程度的变革。就礼宾规格而言,此种变革的主要趋势,就是不断地使之简化、再简化。

从总体上来看,中国用以外事接待的礼宾规格同样也在不断简化。与过去相比,在中国,简约性这一特征往往表现得十分明显。

(三) 来宾分类

在具体运作礼宾规格时,外事人员往往需要对自己所接待的外方人士加以区分,以求不同对象不同对待。做到这一点是非常关键的。

就一般状况而言,我方人员在对外交往中所接待的外方人士,大体上可以被区分为VVIP、VIP、IP、SP、CP等五类。在确定这五类不同的外方人士的礼宾规格时,有着其各自不同的具体要求与注意事项。

1. VVIP。VVIP是英文"Very Very Important People"的缩写,它的含义为"非常非常重要的客人"或"异常重要人士"。

在外事接待中,VVIP一般指正式来访的各国现职的党和国家主要领导人,即各国现任的国家元首、政府首脑,以及社会主义国家执政党的领袖。有时,它还应包括由主权国家所组成的国际组织的主要负责人。此类客人,通常称为国宾。

在正常情况下,各国都会以最高档次的礼宾规格接待此类客人。与此同时,还会特别重视其荣誉性与安全性问题。

2. VIP。VIP是英文"Very Important People"的缩写,它的含义为"非常重要

的客人",在外事接待中往往称其为"要人"或"要客"。

在外事接待中,VIP一般包括正式来访的下列人士:各国政府的重要负责人,如中央政府副部长以上官员,地方政府副省长以上官员;各国合法政党主要负责人;各国王室成员;各国议会主要负责人;各国军方重要负责人,如军队统帅,三军总司令、副总司令,总参谋长、副总参谋长,将军以上军衔拥有者;各国少数民族领袖;各国宗教界领袖;各国合法的群众团体的主要负责人;各种被我国正式承认的国际组织的负责人;各国驻华使节及各国际组织驻华代表;各国商界领袖;各国知名的企事业单位的负责人;与我方存在正常合作关系的单位、部门的主要负责人;等等。曾拥有此类身份的非现职人员,亦应被视同现职看待。

接待VIP时,通常应采用较高档次的礼宾规格,同时还须考虑我方与对方的礼尚往来问题。

3. IP。IP是英文"Important People"的缩写,它的含义为"重要客人"。

在外事接待中,此类"重要客人"通常是指正式来访的各国各界知名人士、新闻界人士、同行业人士、具有潜在的合作可能的单位与部门的负责人士,以及存在合作关系的单位与部门的一般工作人员。

在接待IP时,具体所执行的礼宾规格应突出体现接待方对对方的重视。与此同时,在接待过程中,还应注意主动联络对方,以加强联系、促进沟通。

4. SP。SP是英文"Special People"的缩写,它的含义为"特殊的客人"。

在外事接待中,SP具体指的是下列几类人士:第一,身体状况特殊者,如老、幼、病、残、孕人士。第二,风俗习惯特殊者,如少数民族人士、宗教界人士。第三,作用发挥特殊者,如上述两类客人的助手、秘书以及其身边工作人员,上述两类客人的配偶、长辈、子女以及其他亲友。第四,关系特殊者,如以前与我方产生过重大矛盾、冲突者或对我方持敌视态度者。

在确定SP的礼宾规格时,一方面要坚持遵守规定,另一方面也要在力所能及、不卑不亢的前提下,给对方以适当的照顾与重视。

5. CP。CP是英文"Common People"的缩写,它的含义为"普通客人"。

在外事接待中,此类"普通客人"一般是前来我方进行正式访问或非正式访问的、除以上介绍的四类客人之外的其他所有的外方人士。

具体运作 CP 的礼宾规格时,关键是要对对方予以应有的尊重、关注与重视。在此应当强调的是,不能因其"普通",而对对方有所忽略、接待不周。

(四)常规内容

不论确定礼宾规格,还是具体操作礼宾规格,如果对礼宾规格的基本内容不了解或了解得不够全面,都不可能对其进行成功的运作。

一般而言,在外事接待中,礼宾规格的常规内容主要包括下列三项。

1. 费用的多少。费用的多少,在此是指某次外事接待工作的开支总额及其具体环节所需费用的支出状况。在任何情况下,接待来宾都是需要花钱的。一次外宾接待工作的费用支出状况尤其是总开支,既应该具有一定标准,又须反映出接待方对对方的重视程度。

2. 规模的大小。规模的大小,一般指的是在外事接待的具体过程中,尤其是在迎送、宴请、陪同等重要的环节上,我方人员所参与的具体范围以及实际到场具体人数的多少。在外事接待中,所谓接待规模大,往往是指具体到场的我方人员范围广、人数多,反之则称为接待规模小。一般认为,接待规模越大,表明接待方对此次接待工作重视的程度越高。

3. 身份的高低。身份的高低,在这里通常是指在外事接待的过程中,尤其是在一些较为重要的场合里,到场的我方人士具体身份的高低,特别是到场的我方主要人士的具体身份的高低。显然,到场的我方人士身份越高,尤其是到场的我方主要人士的身份越高,越说明我方尊重并重视对方,双方关系较为密切。

(五)操作方式

在外事接待工作中,大体上有如下五种常规的礼宾规格操作方式可供外事人员参考执行。有时,外事人员可以酌情选择其一;有时,外事人员则可以对其兼而用之。

1. 执行明文规定。在许多情况下,对于外事接待工作中的具体礼宾规格,有关部门对其中的常规性问题,通常都做出了明文规定。这些规定,有的出自中国各级政府,有的出自各类企事业单位,有的则出自外事部门。

此类明文规定的礼宾规格,其规范性、操作性往往较强。因此,在具体的接待工作中,外事人员必须对其全面地、一丝不苟地贯彻执行。

2. *实施常规做法*。在外事接待的具体工作过程中,有许多礼宾规格的细微之处是不可能一一做出规定的。故处理这些问题时,各单位、各部门往往都有一些自己的补充、变通或其他规定的做法。

一般而论,只要行之有效,并且不与有关的明文规定相抵触,那么它就是可被采纳的。

3. *采用国际惯例*。在确定或操作用于外事接待的礼宾规格时,还可以直接采用通行于国际社会的做法,即采用国际惯例。此种方式,既易于被双方所接受,又易于我方人员操作。

采用有关的国际惯例时,需要注意下述两点:一是不应与我方的外交方针相抵触;二是不应有违接待对象的相关习俗。

4. *参照对等做法*。当一时难以确定用以接待外方人士的礼宾规格时,我方人员还有一种方式可循,即可以参照对等的做法。

此种方式具体是指,我方可参照被接待方在此之前接待我方同等职级者时所采用的礼宾规格执行,以示双方有来有往、礼遇相当。

5. *比照他方先例*。若上述方式均难以实施时,我方人员还可参考国内其他机关、单位、部门以前接待被接待对象时所采取的成功的接待经验。这种做法,往往可以使我方"兼听则明",在接待工作中少走弯路。

在学习其他机关、单位、部门成功经验的同时,还须及时而慎重地吸取其不成功的教训,避免去犯同样的错误。

二、礼宾次序

在当代的外事活动中,多边交往日益频繁。在具有多边性质的外事接待过程中,作为东道主的我方人员,经常会面对如下境况:在同一时间、同一地点之内,需要同时接待来自不同国家、不同地区、不同单位、不同部门、不同组织,具有不同职级、不同人数的外方人士。此时此刻,对东道主而言,最为棘手的问题,莫过于如何根据有关各方来宾的"尊卑",合情合理地安排接待的先后顺序或者位次。

外事人员切记:在外事接待的具体工作中,倘若我方对上述问题处置失当,往往不仅会使自己的接待工作徒劳无功,而且还有可能导致外方人士的误会,甚至得罪对方,由此而损害我方与对方的关系。

根据惯例,在外事接待工作中,处置此类问题最佳也是唯一切实可行的做法,就是要求我方有关人员必须坚决依照礼宾次序行事。

所谓礼宾次序,亦称礼宾序列、礼宾排列或名次安排。在外事礼仪中,它是指在正式的、多边性质的外事接待过程中,东道主一方对于在同一时间到达现场的、来自不同国家、不同地区、不同单位、不同部门、不同组织,具有不同职级、不同人数的外方人士,应依照既定的规则,视其"尊卑",安排接待的先后顺序或者位次。

在工作实践中,外事人员面对礼宾次序问题时,主要应当关注的是宏观要求与微观运作两个基本方面。

(一)宏观要求

处理有关礼宾次序的具体问题时,外事人员首先应对其宏观要求有所了解,从而使自己真正在思想上对其加以重视。

1. 了解重要意义。 在安排礼宾次序时,外事人员必须充分认识其重要意义。只有做到这一点,才能在思想上真正重视此项工作。安排好礼宾次序的重要意义主要有如下四点:

第一,可以妥善地解决多方来宾的排序问题。有经验的外事人员都清楚,在多边交往中,同一时间到场的外方人士越多,排列其顺序、位次的必要性就越突出。在这一细节上稍有闪失,就可能会招致某方不满或是某些人士的猜疑。如果照章办事,则此类问题便可避免。

第二,可以间接地反映我方接待工作的水准。人人皆知,外事接待工作有如一扇窗口,可以恰到好处地向外方展示我方的风貌。通过它,我方可以展示自我,了解对方,与外方发展友好关系,促进与外方的友谊。遵守礼宾次序,不仅有助于我方接待工作的顺利开展,而且也可使外方进一步了解我方接待工作的实际水平。

第三,可以真正地体现出我方对待来宾的公正。在多边活动中,参与活动的各方往往都会十分在意东道主对待自己和对待他方的态度是否友好,是否公正。按礼宾次序办事,其公正性有目共睹,必定会使来宾心悦诚服。

第四,可以客观地促进我方与外方关系的发展。在多方接待过程中,遵守既定的礼宾次序而非随心所欲,显然有助于我方做好接待工作。接待外方的工作真正做好了,将有力地推动双边关系的发展。

2. 遵守相关守则。从根本上讲,要真正安排好同时接待多方来宾的礼宾次序,关键是既要重视"尊卑"有序,又要兼顾平等待客。有关礼宾次序的相关守则,实际上都出自这两点。

第一,多边外事接待必须重视"尊卑"有序。在多边外事接待中,有许多时候,需要对被接待的来自不同方面的外方人士进行必要的顺序、位次的排列。这一问题,在具体实践中往往不容回避。例如,在介绍对方时,必定存在着先后之分。在安排对方座次时,亦有尊卑之别。即使在口头交谈或书写函件时,通常也不能忽略有关对方的顺序问题。因此,在多边外事接待中,必须重视"尊卑"有序这一客观现实,而不能片面地否认此点。在安排礼宾次序时要求有关人员重视"尊卑"有序,具体而言有三点要求:

一是应当承认,"尊卑"有序是一种常见的客观事实。

二是应当注意,如有必要,一定要做到"尊卑"有序。

三是应当明确在多边外事接待中,即便有必要以"尊卑"为序安排有关各方外宾的具体顺序或位次,也不宜对此过分强调。

第二,多边外事接待还必须讲究平等待客。在多边外事接待中操作礼宾次序时,"尊卑"有序是客观存在的,与此同时,身为东道主的我方人士也不应忽略平等待客这一要求。应该认识到,在排定礼宾次序时,注意"尊卑"有序与讲究平等待客并不矛盾。

具体而言,在多边外事接待中讲究平等待客,主要应在下列几点上得以体现:

一是遵守礼宾次序本身,就意味着我方在多边外事接待的具体过程中必须平等待客。在多边外事接待中,要求我方人员必须无条件地遵守礼宾次序,而不允许自行其是,或者对其擅加变动。这一规范性做法本身,就足以证明我方人士在接待工作中是有规可循、平等待人的。

二是在多边外事接待的具体过程中,我方人员对所有的外方人士都是一视同仁地表示尊重、友好,并且热情相待的。我方人士对外方人士的尊重、友好与热情相待,从来都不会因其存在国家、民族、宗教、性别、年纪、职级、贫富之别而有所区别。

三是在操作礼宾次序的整个过程中,我方对于所有各方所提出的意见、建议或要求,只要有其合理性,都会充分予以考虑,并在力所能及的前提下予以满足,并不存在厚此薄彼之别。

3. 重视有关事项。在礼宾次序操作的具体过程中,有一些相关的注意事项必须为有关的外事人员高度重视,对以下四点尤须多加注意。

第一,细致周到。在具体拟定或执行礼宾次序时,有关人员一定要力求细致入微、面面俱到。尤其是在拟定礼宾次序时,对有关细节以及我方可能面临的种种突发性问题,考虑得越全面越充分越好。

第二,认真执行。任何一位外事人员,不论其具体行政职务高低,在执行礼宾次序时,都必须不讲个人好恶,不谈个人见解,不凭个人兴趣,认认真真地令行禁止、上传下达,一切照章办事。

第三,提前通报。不论我方在多边外事接待中具体确定采取何种礼宾次序,通常都应当提前向有关各方进行通报,以便对方对此事先心中有数。假如缺少了这一道程序,外方人士就有可能对我方的具体做法缺乏了解,或莫名其妙,甚至怀疑我方不讲规矩、随意而为。

第四,轻易不变。在具体的外事接待过程中,用以接待多方外宾的礼宾次序一旦确定,尤其是在其已被通报给有关各方以后,通常就不宜对其再作重大变更,否则就会降低其稳定性与权威性,或者令外方人士感到我方不守规矩。

(二)微观运作

在多边外事接待的具体实践中,礼宾次序具有一些常规的排序方式。目前,在中国的外事实践中,礼宾次序的常规排序方式主要有六种。对于这六种不同的常规排序方式,有时可以仅用其中的某一种,有时则可以几种方式兼用。

1. 按来宾具体行政职务的高低排序。大凡进行正式的官方交往,如进行正规的政务活动、商务活动、学术活动乃至军务活动时,均应采取此种方式进行礼宾次序排列。在这种情况下,礼宾次序排列只讲具体人员行政职务的高低,并不需要考虑其男女、长幼之别。

在接待不再担任现职的外方人士时,一般可根据其所担任的最高或最后的行政职务作为排序的依据。但若该外方人士与担任现职的人士同时到场的话,则应位列对方之后,以示"现任高于原任",因为现任毕竟是在实际工作中担负主要责任的。若需要同时排列多位曾原任同一职务者时,一般应以对方任职时间的早晚为序,将任职较早者排列在前。

在接待多方团队来宾时,一般不注重其人数的多少,而是按其团长或领队的行政职务的高低排序。

2. 按来宾所在国家、地区、组织或者所在单位的名称拼写字母的先后排序。一般而言,在国际组织进行活动,或者举行国际会议、进行体育比赛时,此种方式是进行礼宾次序排列时最为通行的。

在此,需要就如下两点进行必要的说明:

第一,按照国际惯例,此处所说的字母顺序通常是指拉丁字母顺序,而非某国法定文字的字母顺序,这样做主要是为了维护国与国之间的平等。

第二,如果进行排序的两个或者两个以上的国家、地区、组织、单位名称的起始字母相同,则应以其第二个字母作为排序依据;若其第二个字母依旧相同,则应以其第三个字母作为排序依据;以下依此类推。

3. 按来宾正式抵达活动现场的具体时间的前后排序。这种排列方式,通常称为"以先来后到为序"。在外事活动中,它主要适用于一些特定的外交场合、各类非正式场合,以及上述两种排列方式均难以运用的场合。

4. 按来宾正式通报其决定参加活动的具体时间的早晚排序。这种排列方式,俗称"以报名早晚为序"。它的主要范围有:跨国举行的各种招商会、展示会、博览会、陈列会等大型商贸类活动。上述几种排列方式均不适用的时候,也可采用此种排列方式。

5. 按宾主双方或宾或主的具体地位的不同排序。在多方外事接待中,有时除主办方之外,难免会有国内其他组织或单位的人士到场。此刻,即可采用此种方式排序:来访者一方应当居前,东道主一方应当居后,此亦称为"先宾后主"。具体而言,届时,境外人士应当排在境内人士之前,国内其他单位的人士应当排在主办单位的人士之前。

6. 不进行任何正式的顺序排列。这种方式,一般称为"不排列"或者"不排序"。实际上,它也是一种特殊形式的排列。在多方外事接待中,此种排列顺序主要适用于如下两种情况:第一,没有必要进行顺序排列。第二,实在难以进行其他任何方式的排列。

三、接待计划

在外事接待中,有关人员要想将自己的各项具体工作做得好上加好,不仅需要具有高度的政治责任感与较强的业务能力,而且还需要制订必要的、规范的接待计划,以便使接待工作的各个具体环节有规可循。只有重视制订接待计划,才能使我方所从事的接待工作准备充分、考虑周全、减少疏漏、有备无患,保证届时按部就班、井然有序地进行。正因为如此,所制订的接待计划规范与否,是否可行,均应引起我方有关人员的高度重视。

接待计划,在外事活动中一般又称接待预案,它指的是接待方对于外宾的接待工作所进行的具体规划与安排。在正常情况下,制订接待计划不仅应当力求周详,而且还应当强调接待计划的具体化、规范化,并应使之成文化。在具体制订接待计划时,应将接待方针与接待内容作为重点,予以高度重视。

(一)接待方针

在制订接待计划时,往往需要提出一些总体要求与指导思想,使计划的制订有章可循、易于操作。所谓接待方针,就是接待工作的指导方针,它所指的就是有关外事接待工作的总体要求与指导思想。其基本作用,一是要保证接待计划切实可行;二是要保证接待计划抓住关键;三是要保证接待计划符合规范。

在正常情况,可以将接待方针从基本内容上分为总体要求与具体要求两类。

1. 总体要求。在接待方针的基本内容中,有相当的部分对于制订接待计划具有普遍的指导意义。这些内容,就是所谓总体要求。有关人员必须意识到,总体要求绝非可有可无,在制订接待计划时必须以此为纲。

一般而论,礼待来宾、周详具体、节俭务实、规模适度、灵活机动、先期制定、上级批准、通报对方、以我为主、督促总结等,都是我方制订外事接待计划时不可忽略的总体要求。

第一,礼待来宾。在制订接待计划时,一定要自始至终地贯穿以礼待客的主旨。具体而言,不仅要充分尊重来宾的特殊风俗习惯,而且还要坚持"主随客便"的原则,即在我方条件允许的前提下,尽量照顾、体谅来访的外方人士,并且努力满足对方合乎情理的正当要求,真正令对方产生"宾至如归"之感。

第二,周详具体。制订接待计划,要尽可能地周详具体。所谓周详,就是要求在制订接待计划时,一定要做到周到而详细,将可能遇到的情况、需要处理的问题等方方面面都充分地考虑到、照顾到。所谓具体,则是要求我方所制订的接待计划要力戒大而无当,对于接待过程中不容回避的细节之处要审慎对待,并一丝不苟。

第三,节俭务实。我方在制订接待计划时,必须坚持节俭务实、礼宾从简的方针。要充分考虑到我国国情与本单位的经济实力,并严格执行党和政府的各项有关规定,在接待经费的具体预算上要坚持少花钱,多办事的原则,发扬勤俭持家、艰苦奋斗的精神，努力节约每一分钱，不搞形式主义，反对铺张浪费，坚决压缩一切不必要的接待活动项目。

第四，规模适度。在安排接待活动的具体内容时，我方人员既要使之不失隆重、热烈、欢快、喜悦、祥和的气氛，又要在总体上控制活动规模，认真坚持规模适度的方针。在一般情况下，不允许因外事接待活动而搞倾城而出的"人海战术"，不允许停工、停产、歇业或者停课，从而影响人民群众的正常工作、学习与生活。

第五，灵活机动。为外事接待工作而制订的具体计划，固然应当面面俱到、细致入微，但亦应事先为具体操作留下适度的空间，以便使有关人员届时可以沉着应对，灵活处理。总而言之，我方所制订的接待计划应当详尽而不烦琐，细致而不呆板，面面俱到而又留有余地。

第六，先期制订。一般而言，作为外事接待工作的"前奏曲"，接待计划显然应当制订于具体接待工作开始之前，以便指导具体接待工作的进行。在接待工作的具体过程中，对接待计划进行局部调整、补充，可以使之更加符合实际，更加合理，但此举并不意味着接待计划可在具体的接待工作开始之后才整体出台，或者出台时间越晚越好。

第七，上级批准。鉴于外事工作极端重要，接待计划的具体操作需要方方面面的配合，因此在计划制订后，即应报请上级有关部门或主管领导批准。凡属正式的外事接待计划，都必须向上级报告。在其未经上级正式批准之前，亦不得擅自执行。

第八，通报对方。用以接待外宾的正式计划制订之后，我方应尽快向被接待对象通报需要对方了解、认同或者进行合作的内容。对与外方密切相关的具体日程安排，则更应当使对方一清二楚。若对方对以上种种内容一无所知，不仅难以在接待过程中取得对方的理解与配合，而且也是对对方某种程度上的不信任、不尊重。

第九，以我为主。在制订接待计划的整个过程中，一切大政方针，均应由我方做主，这是维护国家主权的重要体现之一。如有必要，我方可就有关细节与对方进行沟通，并听取外方的建议或要求，但是在大是大非的问题上，一定要由我方最终定夺。

第十,督促总结。凡正式的外事接待计划,不仅在其制订之时必须认真细致、规规矩矩,而且还须采取必要步骤或具体措施,管理督导计划的执行,以确保计划的落实。除此之外,在其执行完毕后,还应由专人负责收集材料,听取反映,以便总结经验,吸取教训,使今后所制订的接待计划更加完备。

2. 具体要求。除以上一系列的总体要求以外,在接待方针的基本内容里还包括一些具体要求。这些具体要求,主要规定了我方在制订接待计划时应当兼顾的某些侧重之点,主要包括如下几个方面:

第一,国家差异。制订接待计划时,应对被接待对象所在国家的国情有所了解,对该国与中国之间重要的国情差异,必须做到心中有数。

第二,民族差异。不同民族之间,风俗习惯自然存在差异。制订接待计划时,应对被接待者尤其是其中核心人物的民族归属有所了解。

第三,党派差异。在世界各国,都存在着一定的政党派别。我方的接待对象自然也存在着有党派与无党派、执政党与在野党、某一政党的主流派与非主流派等区别。对于这些情况,我方均不可忽略。

第四,宗教差异。在制订接待计划时,被接待者的宗教信仰与所属教派问题亦应为我方所知晓,并应当予以适当的尊重。对此类问题,态度过激是不可取的。

第五,文化差异。来自不同国家、不同地区、不同民族的外方人士,往往有其不同的文化背景,甚至彼此之间差异很大。在制订接待计划时,我方对此必须有所考虑。

(二)接待内容

在具体制订接待计划时,必须令其内容完备而规范。无论有关接待方针的总体要求还是具体要求,都应当在相关的接待内容上有所体现。

在外事接待计划中,所谓接待内容通常是指接待计划所应包括在内的基本项目。在一般情况下,接待内容主要应当包括下述五个方面:

1. 接待形式。在任何接待计划中,都必须对具体的接待形式有所规定,否则其他接待内容往往便难以确定。

所谓接待形式,一般是指接待活动的主要方式、方法。以正式与否来区分,有正式接待与非正式接待;以规范与否来区分,有常规接待与非常规接待;以接待方来区分,有官方接待与非官方接待;以来宾在我方停留过程来区分,有全程接待与非全程接待;以我方接待单位的多寡来区分,则有单方接待与多方接待。

在确定接待形式时,一定要从简务实、量力而行,并要合乎惯例。

2. 接待日程。在接待计划中,具体的接待日程从来都是最为重要的内容。作为接待计划的核心部分,接待日程历来被接待者所重视。

根据常规,在接待计划中,所谓接待日程指的是在接待来宾的工作之中按日排定的具体行事程序。在正常情况下,应当将接待过程中的全部重要活动一律包括在外事接待的日程之内。对于其中较为主要的迎送活动、正式会见、业务谈判、签字仪式、会晤记者、参观企业、游览景点、观看演出以及出席宴请等,均不得缺少。

在具体安排接待日程时,有以下五点注意事项:一是应当逐项列出,一清二楚;二是应当将时间安排精确到分钟,以便于控制;三是应当疏密有致,有张有弛;四是应当将接待日程提交对方,以使对方心中有数;五是应当留有余地,以便调整补充。

3. 经费预算。在制订具体的外事接待计划时,必须对所需的经费开支做出总的预算,并正式报请有关领导批准执行。有关外事接待费用的预算一旦获批,通常不宜再度进行追加。

一般而言,对于用于接待的经费预算应当重视如下四个基本要点:一是应当按照接待工作的具体程序,逐项列出所需费用开支,以求预算精确;二是应当厉行节约,努力压缩一切可用可不用的费用;三是应当严格遵守有关规定,不得在费用使用中有意违规;四是应当认真执行业已确定的经费预算,不得任意追加或超标。

4. 安保宣传。在制订接待计划时,对于有关安保宣传方面的内容尤其应当高度重视。它既是十分敏感的话题,又直接制约着整个接待工作的成败。

第一,安保。所谓安保,在此是对安全保卫工作的简称。一项具体接待工作的成功与否,往往首先要看其安保是不是到位。在安排外事接待活动之前,应向有关的公安、外事管理部门正式报告,以取得其指导与协作,为外事接待工作保驾护航。对于具体接待环节的安排,亦应不忘安全至上,确保有关各方人员的人身安全,并坚决维护我国的国家安全。

第二,宣传。所谓宣传,此处主要是指有关外事接待活动的新闻报道。一项具体接待工作的口碑好不好,通常要看其宣传是否专业。在这一问题上,必须兼顾我方条件、外方特点、礼宾规范以及具体的新闻价值。一般而言,重要外事接待活动的新闻报道计划应向外事外宣部门报批。必要时,可通知新闻单位到场。报道稿可由接待方提供,亦可由接待方负责审定。

5. 人员分工。 接待工作的成功,首先有赖于接待人员的出色表现。因此在安排接待活动时,一定要重视有关人员的协调与分工。

第一,分工负责。外事接待工作在整体上应当有人专负其责,在其各个具体工作环节上亦应有专人负责。

第二,"兵强马壮"。凡是重要的接待工作,一定要选择"精兵强将"。对那些工作负责、年轻力壮、相貌端正、善于交际、经验丰富、政治可靠的外事人员,要大胆地择优选用。

第三,适应对方。在挑选接待人员时,还可优先考虑那些通晓外方语言、了解外方习俗、与外方民族或宗教信仰相同、与外方此前相熟的人员,以便双方更加容易沟通。

四、升挂国旗

国旗,乃是一个国家基本的标志和象征。它是由一个国家法律规定的,具有一定正式规格与式样的旗帜,用以在正式场所进行悬挂。目前,世界上的绝大多数国家都拥有自己正式颁布的国旗。

在正式活动中,人们往往通过升挂本国国旗来表达自己的民族自尊心、自豪感以及对祖国的无比热爱。在对外交往中,恰如其分地升挂本国国旗或外国国旗,不仅有助于维护本国的尊严与荣誉,而且还有助于对外国表示应有的尊重与友好。

出于维护国旗崇高地位的目的,各国对升挂本国或外国的国旗大都自有一套通行的做法,并且逐渐形成了一些有关国旗使用的惯例,这就是所谓国旗礼仪。外事人员在面对或者使用国旗时,必须对国旗礼仪严格地加以遵守。

(一) 悬挂国旗

在正式场合悬挂本国国旗,不仅是一种国际惯例,而且也是人们向祖国致敬的一种方式。悬挂国旗的基本礼仪,主要包括下述三方面。

1. 基本规定。各国对本国国旗的制作、使用以及升挂,一般都有明确的规定,有的国家还特意以立法的形式正式加以颁布。对于中国有关国旗的一切规定,外事人员必须遵守。

第一,国旗的标准。作为国家的标志与象征,各国国旗大都具有标准的固定式样。《中华人民共和国宪法》(以下简称《宪法》)规定:"中华人民共和国国旗是五星红旗。"依照权威部门的解释,在五星红旗上,旗面的红色象征着革命;旗上的五颗黄色的五角星及其相互关系,则象征着中国共产党领导下的革命人民大团结。

根据规定,中国国旗的形状、颜色应两面相同,旗上五星两面相对。旗面应为长方形,其长与高的比例为3:2。旗杆套应为白色。

根据中国人民政治协商会议第一届全体会议主席团公布的《国旗制法说明》,中国国旗的通用尺寸应为以下五种:其一,长288厘米,高192厘米;其二,长240厘米,高160厘米;其三,长192厘米,高128厘米;其四,长144厘米,高96厘米;其五,长96厘米,高64厘米。

第二,国旗的维护。每一名执行公务的外事人员,在日常工作中均应自觉维护中国国旗。《中华人民共和国国旗法》(以下简称《国旗法》)正式规定:"中华人民共和国国旗是中华人民共和国的象征和标志。每个公民和组织,都应当尊

重和爱护国旗。"国旗的维护,在此包括下面两个方面的内容:

一方面,外事人员必须明确,中国国旗及其图案至高无上。根据惯例,悬挂国旗,通常应以正面面向观众,不准随便将其交叉悬挂、竖挂或反挂,更不得倒挂。有必要竖挂国旗或使用其反面时,必须按照国家的有关规定办理。

在室外升挂国旗时,通常不宜令旗角触及地面,尤其是不得将国旗直接弃置于地面之上。遇有恶劣天气时,可以不升挂国旗。夜间一般不在室外升挂国旗,倘若有此必要,则必须将其置于灯光照射之下。

在任何情况下,中国国旗及其图案都不得用于商标和广告,不得用于私人丧事活动。

另一方面,不得升挂破损、污损、褪色或者不合格的国旗。在公共场合,故意以焚烧、毁损、涂划、玷污、践踏等方式侮辱中国国旗,均属违法行为,应被依法追究刑事责任。

2. 升挂要求。对于升挂中国国旗的地点与时间,中国《国旗法》均有十分具体、详尽的要求,外事人员对升挂中国国旗的有关要求必须认真遵守。

第一,升挂国旗的时间。升挂中国国旗,一般应当早晨升起,傍晚降下。

国内举行重大庆祝、纪念活动,大型文化、体育活动,大型展览会,可以升挂中国国旗。

依照惯例,凡国庆节、国际劳动节、元旦和春节,中国各级国家机关和各人民团体应当升挂国旗;企业事业组织、村民委员会、居民委员会,城镇居民院(楼)以及广场、公园等公共活动场所,有条件的可以升挂国旗。不以春节为传统节日的少数民族地区,春节是否升挂国旗,由民族自治地方的自治机关规定。民族自治地方在其成立纪念日和主要传统民族节日,可以升挂国旗。

第二,升挂国旗的地点、机构。中国《国旗法》规定,下列场所或者机构所在地,应当每日升挂国旗:其一,北京天安门广场、新华门;其二,全国人民代表大会常务委员会、国务院、中央军事委员会、最高人民法院、最高人民检察院、中国人民政治协商会议全国委员会;其三,外交部;其四,出境入境的机场、港口、火车站和其他边境口岸,边防海防哨所。

中国《国旗法》还规定,国务院各部门、地方各级人民代表大会常务委员会、人民政府、人民法院、人民检察院、中国人民政治协商会议地方各级委员会,应当在工作日升挂国旗。各省、直辖市、自治区人民政府外事办公室,如与省、直辖市、自治区人民政府不在同一建筑物内办公,可在其工作日升挂国旗。中国驻外使领馆以及其他常驻外交代表机构,中国在外国的投资企业,我国旅居外国的公民,则应根据其所在国的规定或习惯升挂我国国旗。中国国家领导人和各种代表团出国访问或者参加各种国际会议时,亦应如此。

中国的各类全日制学校,除寒假、暑假和星期日外,应当每日升挂国旗。

3. 升挂方式。 升挂国旗时,有一些规范性的做法,是外事人员必须认真遵守的。

第一,升旗的具体做法。在直立的旗杆上升挂国旗时,应当将其徐徐升起。升挂国旗时,一定要将其升至杆顶。在同一旗杆上,不得升挂两面国旗。亦不可将一面国旗与另外一面其他旗帜升挂于同一旗杆上。

必须同时升挂国旗与其他旗帜,或者同时升挂中国国旗与外国国旗时,通常应当首先升挂中国国旗。

第二,降旗的具体做法。降下国旗时,应将其缓缓降下。不允许降旗时令国旗落地。

必须同时降下国旗与其他旗帜,或者同时降下中国国旗与外国国旗时,一般应当最后降下中国国旗。

第三,下半旗惯例。按照国际惯例,下半旗,即将国旗降下一半的做法,意在向某些人士致哀。因此,平时不得随意下半旗。在有些国家,有以在国旗上方加挂黑纱代替下半旗的致哀方法,但在中国不允许在国旗上方挂任何物品。

依照我国《国旗法》的规定:当中华人民共和国主席、全国人民代表大会常务委员会委员长、国务院总理、中央军事委员会主席、中国人民政治协商会议全国委员会主席,对中华人民共和国做出杰出贡献的人士、对世界和平或者人类进步事业做出杰出贡献的人逝世时,应下半旗志哀。发生特别重大伤亡的不幸事件或者严重自然灾害造成重大伤亡时亦可下半旗志哀。

中国下半旗的日期和场所,依法应由国家成立的治丧机构或者国务院决定。

下半旗的正规方法是:应当首先将国旗升至旗杆杆顶,然后将其降至旗顶与杆顶之间的距离为旗杆全长的1/3处。将其降下时,亦应首先将国旗升至杆顶,然后再将其降下。

（二）升旗仪式

在实际工作与生活中,外事人员时常有可能参加升旗仪式。所谓升旗仪式,一般指的是在正式场合里以一系列的规范化程序郑重其事地升挂本国国旗的整个动作过程。

中国《国旗法》专门规定:升挂国旗时,可以举行升旗仪式。按国际惯例,中国驻外使领馆及外交代表机构,在其开馆时,应举行升旗仪式。出于对国旗尊重的考虑,外事人员对升旗仪式务必要慎重对待。

1. 仪式操作。 负责具体操作升旗仪式的外事人员,对有关基本程序与主要环节,必须一清二楚,并认真遵守相应的操作规范。

首先是升旗的程序。举行正式的升旗仪式时,通常应包括以下五项基本程序:

第一,全场肃立。

第二,宣布仪式正式开始。

第三,出旗。出旗是指国旗正式出场。出旗应由专人负责,其负责操作者通常由一名旗手和双数的护旗手组成。出旗时,通常为旗手居中,护旗手在其身后分列两侧随行,大家一起齐步走向旗杆。

第四,正式升挂国旗。升旗者可以是旗手,亦可由事先正式指定的各界代表担任。

第五,奏国歌或唱国歌。升旗时,若演奏国歌,宜与升旗同步进行,一般讲究旗升乐起,旗停乐止。若演唱国歌,则也可在升旗之后进行。

其次是降旗的要求。作为升旗仪式最重要的后续环节之一,降旗必须为外事人员所重视。此处的降旗,特指降下升旗仪式中所升挂的国旗。做好此点,升旗仪式才谈得上有始有终。正式的降旗活动,往往称为降旗仪式。

一般而言,降旗的具体形式不限,并非需要组织专门仪式,但仍须由训练有素的旗手、护旗手负责操作。届时,所有在场者均应肃立。无论有无他人在场,降旗时其具体操作者均应态度认真,对国旗毕恭毕敬。降旗完毕,旗手、护旗手应手捧国旗,列队齐步退场,然后将其交由专人保管,切不可将其乱折、乱叠、乱揉、乱拿、乱塞、乱丢、乱放。

2. 临场表现。出席升旗仪式时,所有人员均应有意识地对自己的行为严加约束。以下三点,尤应重视。

第一,肃立致敬。中国《国旗法》规定:举行升旗仪式时,在国旗升起的过程中,参加者应当面向国旗肃立致敬。因此,当国旗升降之时,任何在场者均应停止走动、交谈,并且停下手中的一切事情,面向国旗立正,并向其行注目礼。届时,戴帽者应脱帽,唯有身着制服者可以例外。

第二,神态庄严。参加升旗仪式时,每人均应以庄重、严肃的态度与表情,来表达对国旗的敬意。此时此刻,绝对不应当态度漠然,或者嬉皮笑脸。

第三,保持安静。在升旗仪式上,外事人员应自觉保持绝对安静。不许在升旗过程中交头接耳、打打闹闹,更不许接打移动电话,或者令自己的寻呼机鸣叫不止。

(三)国旗排序

外事人员在实际工作中接触或使用国旗时,往往会面对具体的排序问题。在正式场合,这一问题通常被视为最敏感、最关键的国旗礼仪问题。

在实际操作中,国旗排序指的是中国国旗与其他旗帜或外国国旗同时升挂时顺序的排列。具体而言,它应被分为中国国旗与其他旗帜的排序以及中国国旗与外国国旗的排序两种情况,这两个具体情况分别体现在国内排序和涉外排序中。

1. 国内的排序。国旗与其他旗帜排序,具体是指国旗与其他组织、单位的专用旗帜或彩旗同时升挂时的顺序排列。在国内活动中,此种情景时有所见。中国《国旗法》专门规定,升挂国旗,应当将国旗置于显著的位置。在一般情况下,中国国旗与其他旗帜有下列两种常见的排序。

第一,前后排列。当中国国旗与其他旗帜呈前后列队状态进行排列时,一般须使中国国旗排于前列。

第二,并排排列。国旗与其他旗帜并排升挂,存在三种具体情况:

其一,一面国旗与另外一面其他旗帜并列。其标准做法是:应使国旗位居右侧(见图3-1)。这里需要强调的是:此处所谓的"居右",并非人们面对国旗与其他旗帜时的左右,而是指国旗与其他旗帜升挂之后互为左右。以下凡具体涉及旗帜升挂的所谓左右,皆与此相同。

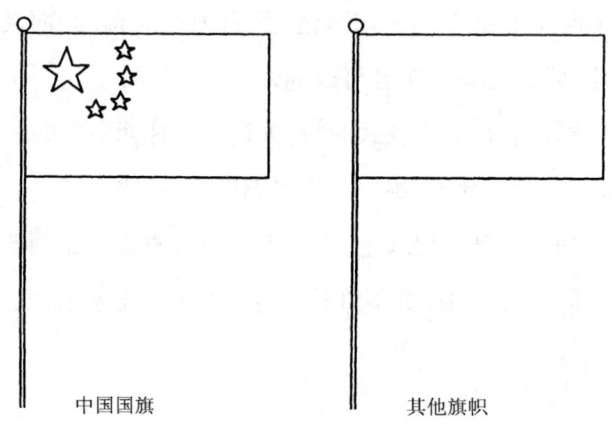

图3-1 中国国旗与另一旗帜并排升挂时的位次

其二,一面国旗与另外多面其他旗帜并列。在此种情况下,通常必须将国旗居于中心的位置(见图3-2)。

其三,国旗与其他旗帜呈高低不同状态排列时,按惯例应当使国旗处于较高的位置(见图3-3)。

2.涉外排序。 在某些特殊情况下,中国境内有可能升挂外国国旗。因此,客观上便出现了中外国旗的排序问题。处理这一问题时,外事人员一定要遵守有关的国际惯例与中国外交部的明文规定。

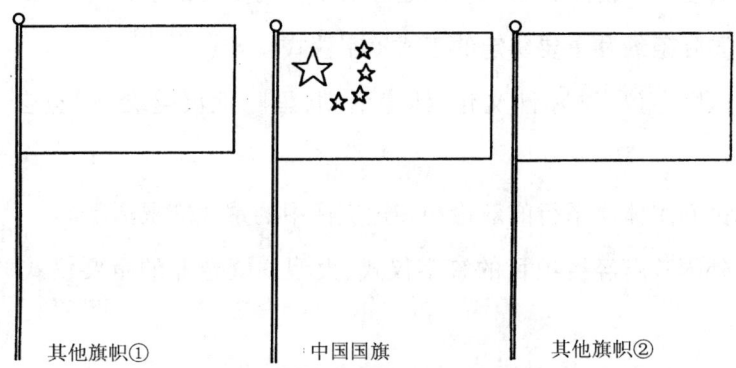

图 3-2　中国国旗与多面旗帜并排升挂时的位次

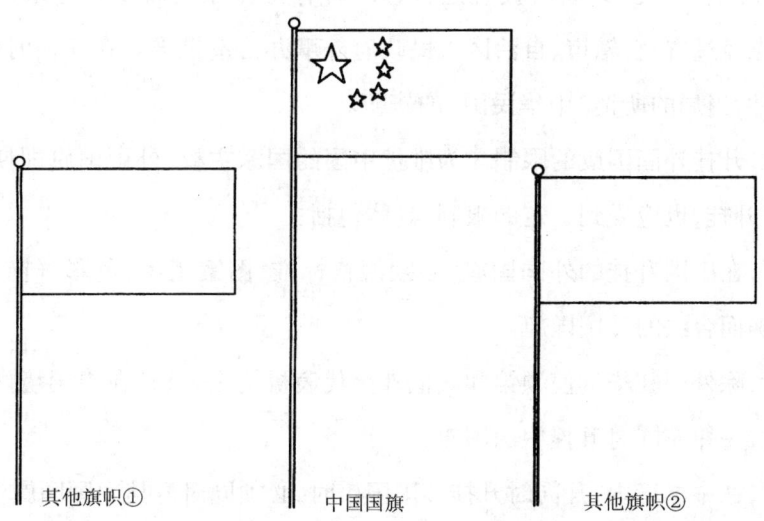

图 3-3　呈高低不同状态时中国国旗与其他旗帜并排升挂的位次

第一，升挂外国国旗的规定。只有在下述情况下，外国国旗才有可能在中华人民共和国境内升挂使用。

其一，外国驻中国的使领馆和其他外交代表机构，及其主要负责人的寓邸与乘用的交通工具。

其二，外国的国家元首，政府首脑、副首脑、议长、副议长，外交部部长，国防部长，总司令或总参谋长，率领政府代表团的正部长，国家元首或政府首脑派遣的特使,以其公职身份正式来华访问之际所举行的重要活动。

其三,国际条约和重要协定的正式签字仪式。

其四,国际会议,国际性文化、体育活动,国际性展览会、博览会等的举行场所。

其五,民间团体所举行的双边和多边交往中的重大庆祝活动。

其六,外国政府经援项目的签字仪式、大型三资企业的重要仪式、重大庆祝活动。

其七,外商投资企业、外国其他的常驻中国机构。

此外,在一般情况下,只有与中国正式建立外交关系的国家的国旗,方能在中国境内的室外或公共场所按规定升挂。若有特殊原因需要升挂未建交国国旗,须事先经过省、直辖市、自治区人民政府外事办公室批准。在任何时候,均不得升挂台湾当局的所谓"中华民国"的旗帜。

第二,升挂外国国旗的限制。为维护中国的国家主权,外国国旗即使在中国境内合法升挂,也应受到一定的限制,具体包括:

其一,在中国升挂的外国国旗,必须规格标准、图案正确、色彩鲜艳、完好无损,为正确而合法的外国国旗。

其二,除外国驻华的使领馆和其他外交代表机构之外,凡在中国境内升挂外国国旗时,一律应同时升挂中国国旗。

其三,在中国境内,凡同时升挂多国国旗时,必须同时升挂中国国旗。

其四,外国公民在中国境内平日不得在室外和公共场所升挂其国籍国国旗。唯有其国籍国国庆日可以例外,但届时必须同时升挂中国国旗。

其五,在中国境内,中国国旗与多国国旗并列升挂时,中国国旗应处于荣誉地位。外国驻华机构、外商投资企业、外国公民在同时升挂中国和其本国国旗时,必须将中国国旗置于上首或中心位置。外商投资企业同时升挂中国国旗和企业旗时,必须把中国国旗置于中心、较高或者突出的位置。

其六,中国国旗与外国国旗并挂时,各国国旗均应按其本国规定的比例制作,并尽量做到其面积大体相等。

其七,多个国家的国旗并列升挂时,旗杆高度应该统一。在同一旗杆上,不能升挂两个国家的国旗。

第三,中外国旗并列时的排序。中国国旗与外国国旗并列时的排序,主要分为双边排列与多边排列这两种具体情况。

其一,双边排列。中国规定:在中国境内举行双边活动需要悬挂中外国旗时,凡中方所主办的活动,外国国旗应置于上首;凡外方所主办的活动,则中方国旗应置于上首。以下,以中方主办活动为例,说明三种常用的排列方式。

常用方式之一,并列升挂。中外两国国旗不论在地面上升挂,还是在墙上悬挂,皆应以国旗自身面向为准,以右侧为上位(见图3-4、图3-5)。

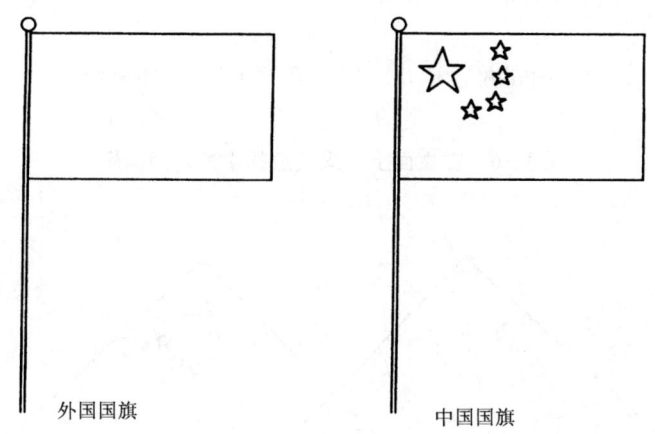

图3-4 在地面上并列升挂的中外两国国旗

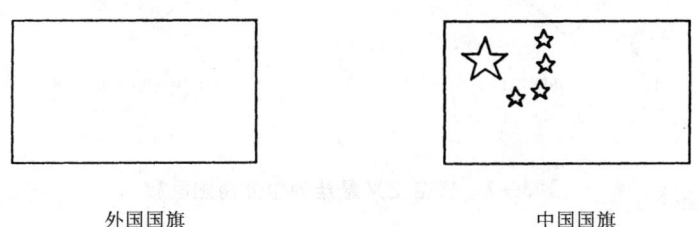

图3-5 在墙壁上并列悬挂的中外两国国旗

常用方式之二,交叉悬挂。在正式场合,中外两国国旗既可以交叉摆放于桌面上,又可以悬空交叉升挂。此时,仍应以国旗自身面向为准,以右侧为上位(见

图3-6、图3-7)。

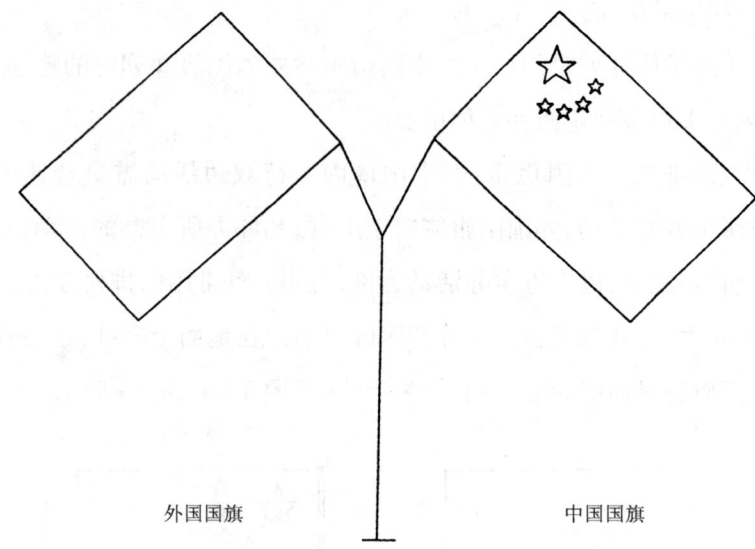

外国国旗　　　　　　中国国旗

图3-6　在桌面上交叉摆放的中外两国国旗

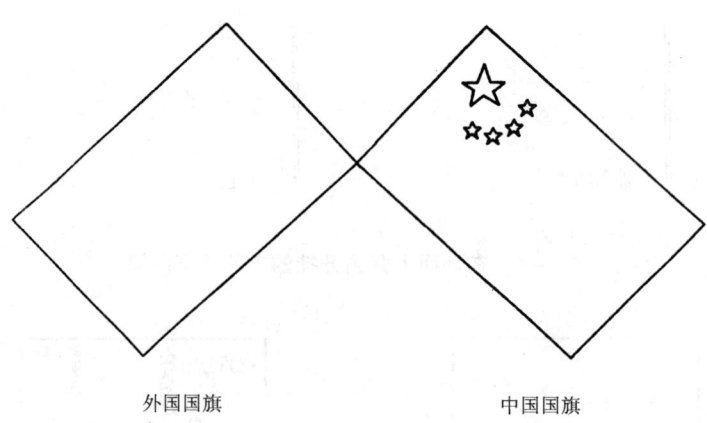

外国国旗　　　　　　中国国旗

图3-7　悬空交叉悬挂的中外两国国旗

常用方式之三，竖式悬挂。有时，中外两国国旗还可以进行竖式悬挂。此刻，也应以国旗自身面向为准，以右侧为上位。竖挂中外两国国旗又有两种具体方式：或二者皆以正面朝外，或以客方国旗反面朝外而以主方国旗正面朝外（见图3-8）。应当注意的是，某些国家的国旗因图案、文字等原因，既不能竖挂，也

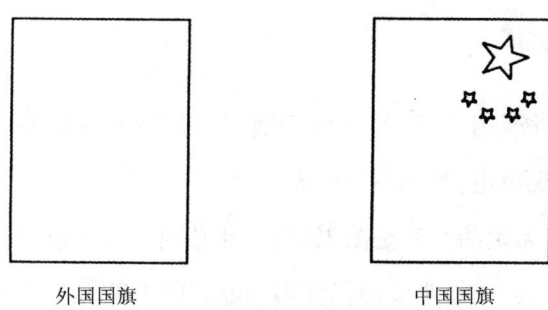

外国国旗　　　　　　　中国国旗

图 3－8　以竖式悬挂的中外两国国旗

不能反挂。有的国家则规定,其国旗若竖挂须另外制旗。

其二,多边排列。当中国国旗在中国境内与其他两个或两个以上国家的国旗并列升挂时,按规定应使中国国旗处于以下荣誉位置:

一是一列并排时,以旗面面向观众为准,中国国旗应处于最右方。

二是单行排列时,中国国旗应处于最前面。

三是弧形或从中间往两旁排列时,中国国旗应处于中心。

四是圆形排列时,中国国旗应处于主席台(或主入口)对面的中心位置。

五、奏唱国歌

国歌,此处是指被某一国家正式确定并对外公布的用以代表本国的歌曲。因此,国歌与国旗、国徽一样,向来都被视为一个国家所拥有的最重要的标志与象征。中国的任何一位公民都应当发自内心地热爱本国国歌,尊重本国国歌,并且自觉地维护其尊严。

与此同时,在对外活动中,本着相互尊重与平等的原则,外事人员还须有意识地对其交往对象所在国的国歌表示应有的尊重。尊重对方的国歌,实际上就是尊重对方所代表的国家。

国歌礼仪,通常指的是对国歌表示尊重的一系列规范性做法与国际惯例。鉴于国歌在国内外交往中所发挥的难以替代的重要作用,外事人员应对国歌礼仪全面加以掌握。

（一）运用国歌

作为歌曲，国歌或用于演奏，或用于演唱。在演奏或演唱国歌时，外事人员必须认认真真、规规矩矩，千万不可马虎大意。

1. 熟悉国歌。无论演奏还是演唱国歌，都必须以对国歌的熟悉掌握为前提，离开了这一基本前提，往往难以确保奏唱国歌时的正确无误。

第一，应熟练地掌握本国国歌。作为外事工作人员，不论自己的具体职务级别是高是低，都必须首先熟练地掌握本国国歌，既记准它的每一句歌词，又记清它的每一个音符。

必须指出的是，熟练地掌握本国国歌，不仅是对于外事人员的一种职业要求与岗位要求，而且也是每一位外事人员所应有的爱国的表现。

中国现行的正式国歌，是田汉作词、聂耳作曲的《义勇军进行曲》。2017年10月1日起施行的《中华人民共和国国歌法》（以下简称《国歌法》）明确规定："中华人民共和国国歌是《义勇军进行曲》。"

第二，应了解外国国歌。在对外活动中，外事人员应当尽可能地对其交往对象所在国家的国歌具有一定程度的了解。这样做的好处是，既可以开阔眼界，增长知识，减少外事工作中不必要的困扰与麻烦，又可以更为充分地、更加合乎礼仪地对对方表示我方的友好与善意。

同中国一样，世界上的绝大多数国家对于本国国歌都有明确规定。有许多国家的国歌一经制定，便未曾发生过任何变化。但是，也有一些国家由于政治上的原因，或者发生了这样或那样的变化，从而使本国国歌随之发生了变化，或者出现了不同的版本。

由于某种原因，有的国家尚无正式国歌，或者仅拥有代国歌、准国歌。

在世界上，有一些国家同时拥有两首国歌。此外，还有一些国家共同使用一首相同的国歌。

各国国歌通常都有曲有词，然而也有少数国家的国歌仅仅有曲而无词。

根据常规，各国国歌均采用庄重、雄浑的进行曲曲调，可是其长度往往有所不同。有个别国家国歌的乐曲极短,因此在升挂其国旗时,须将其国歌反复加以演奏。

2. 演奏国歌。各国国歌的演奏,均有其具体的规定。国歌通常只适合在正式的场合或规定的场合进行演奏,不宜随意演奏。

在正式场合,国歌的演奏者既要熟悉国歌,又要具备一定的演奏技巧。演奏国歌时,不允许有人滥竽充数,不允许出现人为的失误。

各国对本国国歌的曲调与配器一般都有不少严格的规定,中国也不例外。因此,在正式演奏国歌时,不允许擅自改动其正规的曲调,不允许为其重新配器,更不得以不严肃的方式演奏。

依据国际惯例,中国举行欢迎正式到访的国宾的仪式时,应先后演奏两国国歌。其先后顺序是:首先演奏来宾所在国的国歌,然后再演奏中国国歌。

3. 演唱国歌。就一般情况而论,各国国歌只适合在本国境内演唱,而且只适合在正式场合演唱。对此,外事人员应当谨记。

在演唱国歌时,外事人员必须注意下列三点:

第一,全体肃立。除身体健康状况欠佳者之外,在公共场所里正式演唱国歌时,任何人都不得或坐或卧,而应起身站立。

第二,态度认真。演唱国歌时,每一个人都必须认真对待,确保演唱的正确无误。在众人齐唱国歌时,还必须力求节奏适当,与大家保持一致。不允许演唱国歌时丢三落四、自由发挥、更改歌词,也不允许发出怪声怪调、含糊不清,或者有意拖腔。

第三,放声歌唱。演唱国歌时,一般均应放声高唱。不要闭口不唱或低声哼唱,或者吐字发声时不清晰、不大方、不准确。演唱中国国歌时,不应任意使用外语或土语、俗语。

在正式场合演奏或演唱国歌时,在场人员必须全体肃立,神情庄重、严肃。

(二)维护国歌

在演奏或演唱国歌时,人们往往会更深切地感觉到它的尊严。具体而言,国歌的尊严不仅体现在国歌自身,而且还体现在演奏、演唱的整个过程之中。

身为国家的代表,外事人员有必要自觉地以自身的行动维护中国国歌的尊严,要做到慎用国歌与尊重国歌。

1. 慎用国歌。为了确保本国国歌的尊严不受人为的侵害,各国对本国国歌演奏、演唱的具体场合一般都有不同程度的规定。

在一般情况下,按照国际惯例,任何非正式场合,特别是娱乐场合或其他不够严肃、正规的场合,均不得演奏、演唱国歌。例如,中国规定,在商业活动、舞会联谊活动以及私人婚丧庆悼活动中,一律不准演奏或演唱国歌。

在中国,目前对于演奏演唱中国国歌或外国国歌的具体场合,又有不尽相同的规定。

第一,适用中国国歌的场合。就一般情况而言,在一个主权国家的管辖范围之内,只准许演奏或者演唱本国国歌。在中国,规定可以正式演奏或演唱国歌的场合大致包括下列几种:

其一,举行正规的升挂中国国旗的仪式时;

其二,举行隆重的庆典活动时;

其三,举行国际性的、大型政治性集会时;

其四,举行重大的外交活动时;

其五,举行大型体育运动会或进行重要的体育比赛时;

其六,举行特殊的维护国家尊严与荣誉的活动时。

第二,适用外国国歌的场合。根据国际惯例与中国有关规定,其他任何国家的国歌均不得在中国境内随意演奏或者演唱。宏观而论,仅有以下四种情况属于例外。

其一,举行正式的官方外交活动时;

其二,举行重要的国际会议时;

其三,举行形式严肃的国际性文艺演出时;

其四,举行国际性体育运动会或国际性体育比赛时。

应当指出的是,当我方人员因公或因私出国活动时,必须自觉地入国问禁,入乡随俗,入门问讳,严格遵守所在国有关演奏或演唱国歌的一切正式规定,切莫自以为是,随意而为。

2. 尊重国歌。在任何时候,外事人员均应主动维护中国国歌,并对其表示应有的尊重。在涉外活动中,还须对外国国歌表示同样的尊重。

第一,尊重中国国歌。《国歌法》规定:"中华人民共和国国歌是中华人民共和国的象征和标志。"因此,尊重中国国歌,是对外事人员所提出的起码要求。外事人员必须时时注意对中国国歌表示应有的尊重。当国歌演奏或演唱之际,不允许走动、嬉笑打闹、交头接耳,或接打移动电话;不允许鼓掌、击节、吼叫,或者手舞足蹈、摇头晃脑。

《国歌法》规定:"一切公民和组织都应当尊重国歌,维护国歌的尊严。"演奏国歌时,在场的任何外事人员均应肃立致敬。其具体做法是:起身端立,目视前方,双手下垂,神态庄严,聚精会神。不允许稍息、端臂、弯腰、垂首或者瞻前顾后、东张西望。除身着制服者之外,一律应当脱帽,并摘下太阳镜。若升国旗与奏国歌同步进行,当演奏国歌时,应目视徐徐上升的国旗,向其行注目礼。按惯例,身着制服的军人与公安干警此刻应向国旗行举手礼。境外一些人士惯于在升国旗、奏国歌时抚胸为礼,在中国此举并非规范性做法。

一般而言,演奏国歌时,应同时默唱或放声高唱国歌。

第二,尊重外国国歌。在对外交往中,各国的国歌均神圣不可侵犯。外事人员对别国表示尊重的最好办法之一,就是对别国的国歌表示尊重。而有意或无意地对别国国歌表现出不恭不敬,通常都会被理解为对对方的失敬,或是对对方的蓄意冒犯和挑衅。

六、使用国徽

世界上的各个主权国家,一般均拥有正式颁布使用的本国国徽。所谓国徽,是指在正式场合代表本国的式样图案标准专用的徽记。如同国旗、国歌一样,国徽也是一国最为重要的标志之一,并将其广泛地使用于国内事务与国际事务之中。

《中华人民共和国国徽法》(以下简称《国徽法》)规定:"中华人民共和国国徽是中华人民共和国的象征和标志。"因此,中国的全体外事人员不但要尊重、爱护本国国徽,而且在对外交往中还必须依照相互尊重的国际惯例,对交往对象所在国家的国徽表示同样的尊重。参加正式的官方活动时,尤其不应对此疏忽大意。

外事人员要真正做到尊重、爱护国徽,就必须认真学习并自觉遵守有关的国徽礼仪。国徽礼仪,通常是指人们在制作、使用、维护国徽时必须严格恪守的种种成规与戒条。为了体现国徽的神圣与尊严,世界上有很多国家均以正式立法的形式对本国国徽礼仪进行了明确的规范。例如,中国现行的《国徽法》,就是根据中国《宪法》于1991年3月2日制定,并于1991年10月1日起正式施行的。

鉴于不同国家的国徽礼仪往往不尽相同,所以中国的外事人员不仅要学习、遵守本国的国徽礼仪,同时还应对外国的国徽礼仪有所了解,以求知己知彼。对于对外交往中有关国徽的国际惯例,尤须掌握。

一般而言,外事人员学习、遵守国徽礼仪,主要应重视下述两个方面的具体问题。

(一)国徽成规

使用国徽时的规定,是每一名外事人员所必须遵守的。这一方面的具体成文规定,主要涉及国徽的制作、国徽的悬挂、国徽的其他用途等。

1. 国徽的制作。各国为了维护本国国徽的尊严,均对国徽制作做出了许多明确而具体的规定,这些规定都是国徽礼仪中十分重要的基本内容。

制作国徽时,通常应由国家指定的企业统一负责,并应特别关注如下四点:

第一,国徽的图案。各国国徽的图案,均经过精心的设计。其主体图案,一般均由国家正式规定。例如,美国国徽的主体图案是一只白头雕,加拿大国徽的主体图案是枫叶,墨西哥国徽的主体图案则是其国鸟雄鹰与国花仙人掌。

中国的国徽图案,根据中国《宪法》的规定:中间是五星照耀下的天安门,周围是谷穗和齿轮。

第二，国徽的形状。为统一规格，对国徽的具体形状必须有所规定。根据中央人民政府委员会办公厅1950年9月20日所颁布的《中华人民共和国国徽图案制作说明》，中国国徽的具体形状应为：两把麦稻组成正圆形的环，齿轮安在下方麦稻秆的交叉点上。

第三，国徽的尺寸。对于通用的国徽尺寸，中国《国徽法》有着明文规定，直径的通用尺度为100厘米、80厘米、60厘米三种。在特定场所需要悬挂非通用尺寸国徽的，应报经中国国务院办公厅批准。

第四，国徽的色彩。中国正式规定：国徽之涂色为金红二色：麦稻、五星、天安门、齿轮为金色，圆环内之底子及垂绶为红色；红为正红（同于国旗），金为大赤金（淡色而有光泽之金）。

2. 国徽的悬挂。在一般情况下，各国国徽均主要用于悬挂。按照国际惯例，在中国国境之内通常不得悬挂外国国徽，而只能悬挂中国国徽。对于悬挂机构、悬挂场所、悬挂办法，中国均有明确规定。

第一，悬挂国徽的机构。中国《国徽法》规定，下列机构应悬挂国徽：一是县级以上各级人民代表大会常务委员会；二是县级以上各级人民政府；三是中央军事委员会；四是各级人民法院和专门人民法院；五是各级人民检察院和专门人民检察院；六是外交部；七是国家驻外使馆、领馆和其他外交代表机构。此外，乡、民族乡、镇的人民政府也可悬挂国徽。

第二，悬挂国徽的场所。中国《国徽法》规定，下列场所应悬挂国徽：一是北京天安门城楼、人民大会堂；二是县级以上各级人民代表大会及其常务委员会会议厅；三是各级人民法院和专门人民法院的审判庭；四是出境入境口岸的适当场所。

第三，悬挂国徽的办法。中国对悬挂国徽的办法也有具体的规定。机关悬挂国徽时，通常应将其悬挂在机关正门上方正中处。场所悬挂国徽时，也要将其悬挂于室内外的正墙正中处。在任何情况下，均不得将用于悬挂的国徽直接置于地面。

3. 国徽的其他用途。 除制作成徽记用于悬挂之外,国徽的图案还可用于国家规定使用的印章、文书、出版物、火漆印、界碑及专用服装上。就一般而言,中国国徽使用的现状是:

第一,用于印章。中国规定,下列机构的印章应刻有中国国徽:一是全国人民代表大会常务委员会、国务院、中央军事委员会、最高人民法院、最高人民检察院;二是全国人民代表大会各专门委员会和全国人民代表大会常务委员会办公厅、工作委员会,国务院各部、各委员会、各直属机构、国务院办公厅以及国务院规定应当使用刻有国徽图案印章的办事机构;三是县级以上地方各级人民代表大会常务委员会、人民政府、人民法院、人民检察院、专门人民法院、专门检察院;四是国家驻外使馆、领馆和其他外交代表机构;五是外交部办公厅和有关业务部门,国务院各有关部、委的外事司(局),各省、直辖市、自治区人民政府的外事办公室,计划单列市、经济特区和沿海开放城市人民政府的外事办公室;六是国家驻外使馆和常驻联合国代表团的有关业务主管部门;七是国家办理签证的机关和签发出入境证件的机关。

第二,用于文书、出版物。中国规定,下列文书、出版物应印有中国国徽图案:一是全国人民代表大会常务委员会、中华人民共和国主席和国务院颁发的荣誉证书、任命书、外交文书;二是中华人民共和国主席和副主席、全国人民代表大会常务委员会委员长和副委员长、国务院总理和副总理及国务委员、中央军事委员会主席和副主席、最高人民法院院长、最高人民检察院检察长、外交部部长和副部长、国家和政府的特使、驻外使领馆和其他外交代表机构的馆长以职务名义对外使用的信笺、信封、请柬、贺卡、赠礼卡以及外交文书等;三是全国人民代表大会常务委员会公报、国务院公报、最高人民法院公报和最高人民检察院公报的封面;四是国家出版的法律、法规正式版本的封面;五是全国人民代表大会常务委员会、国务院、中央军事委员会、最高人民法院、最高人民检察院、外交部、国家驻外使领馆和其他外交代表机构所使用的外交文书、信笺和信封;六是以国家、政府或政府部门的名义所缔结的条约的批准书、接受书、加入书、文件夹的封面;七是我国正式颁发的护照签证及其他发给外籍人员的正式证件;八是外交信使、领事信使的有关证件；九是驻外使领馆颁发的船舶国籍临时证书。

第三，用于火漆印。以国家、政府或政府部门的名义缔结的条约、协定，可加封刻有国徽的火漆印。

第四，用于界碑。在边境重镇及边境重要交通干线等地竖立的界碑上可使用国徽图案。

第五，用于服装。中国体育代表团、代表队参加国际体育比赛时，可身着带有国徽图案的服装。某些部门的制服，也可使用国徽。

(二) 国徽维护

在执行公务活动时，外事人员对有关中国国徽及外国国徽具体使用的一系列规定，不但要认真了解，而且必须认真地予以遵守。

1. 尊重国徽。具体涉及中国国徽与外国国徽的使用问题，首先要求外事人员必须尊重国徽。这里尤为重要的是，不允许滥用国徽、错用国徽、不要对国徽乱做解释。

第一，不滥用国徽。为了维护中国国徽的尊严，外事人员不得随意滥用中国国徽及其图案。根据中国《国徽法》的规定，中国国徽及其图案不得用于下列四种情况：一是商标、广告；二是日常生活的陈设布置；三是私人庆吊活动；四是国务院办公厅规定不得使用国徽及其图案的其他场合。

为了维护中国的国家主权，除外国驻华使领馆及其他外交代表机构外，不允许任何外国组织或公民在中华人民共和国境内悬挂外国国徽，或随便使用外国国徽的图案。

第二，不错用国徽。在具体使用国徽及其图案时，要谨防出现差错。在使用中做到正确无误，也是对国徽应有的尊重。外事人员在实际工作中应特别注意防止出现下述四种错用国徽的情况：一是将其他徽记或图案错认为国徽或其图案；二是将国徽或其图案错认作其他徽记或图案；三是使用国徽及其图案时出现颠倒、歪斜、不清洁或重叠的情况；四是使用残缺、变形、褪色或存在其他不规范情况的国徽或其图案。

第三，不对国徽乱做解释。各国对本国国徽均有口径统一的规范化解释。不允许外事人员对中国国徽或外国国徽乱做解释。根据规定：中国国徽象征中国人民自五四运动以来的新民主主义革命斗争和工人阶级领导的以工农联盟为基础的人民民主专政的新中国的诞生。

2. 爱护国徽。《国徽法》规定："一切组织和公民，都应当尊重和爱护国徽。"在日常工作与生活中，外事人员必须以自己的实际行动爱护中国国徽。即便就一名中华人民共和国普通公民的身份而言，外事人员也应当对中国国徽自觉地加以爱护。爱护国徽的具体表现有：

第一，珍惜国徽。外事人员在具体使用或接触中国国徽及国徽图案时，必须对其发自内心地珍惜：

一是在交谈中涉及国徽及国徽图案时，不允许对其失敬，尤其不得对其出言不逊。

二是在具体使用国徽及国徽图案时，要努力保持其完好、清洁，不允许对其拍拍打打、乱扔乱放。

三是在悬挂、摆放国徽及其图案时，应毕恭毕敬，小心谨慎，不允许马马虎虎，毛手毛脚。

四是加盖刻有国徽的印章时，应认真地将其加盖于规定之处，不允许将其盖得歪斜不清。

五是接触印有国徽图案的文书、出版物时，不准对其乱撕、乱丢、乱写、乱画，或将其乱用。穿着带有国徽图案的服装时，必须令其干净、端正。

第二，保护国徽。外事人员在日常性工作与生活中，必须有意识地保护中国国徽及其图案。在任何情况下，都不允许外事人员侮辱中国国徽及其图案。

目前，侮辱国徽在中国已被视为一种违法行为。中国《国徽法》明确规定："在公众场合故意以焚烧、毁损、涂划、玷污、践踏等方式侮辱中华人民共和国国徽的，依法追究刑事责任；情节较轻的，参照治安管理处罚条例的处罚规定，由公安机关处以15日以下拘留。"

参与对外活动时，中国外事人员均不得以个人言行有意无意地对外国国徽及其图案加以侮辱。任何焚烧、毁损、涂划、玷污、践踏外国国徽及其图案的行为,不仅会直接破坏中外双方之间的交往,而且往往还会严重损害两国政府之间的官方关系。

七、迎来送往

做任何工作,都应当自始至终地认真负责,外事人员对外事接待工作亦应如此。在外事接待的具体过程中,始者,来宾之迎接也;终者,来宾之送别也。迎来送往作为外事接待工作的具体起点与终点,不仅理应为我方所重视,而且亦为外方所关注。

在外事接待过程中,迎来送往绝不等同于普通的迎送活动。它不仅反映着我方的接待水准,体现我方的礼宾规格,而且意味着双边关系发展的程度,暗示着我方对外方重视与否,同时还事关外方对我方接待工作的第一印象与最后印象。因此,无论对接待方还是被接待方而言,外事接待中的迎来送往都无可置疑地被视为一桩礼仪大事。

具体而言,外事接待过程之中的迎来送往,在礼仪规范上有掌握详情、确定"时空"、关注细节、熟知程序等四个问题需要为有关人士所重视。

(一) 掌握详情

本着"知彼知己"的原则,从事迎送活动的我方人员,有必要对有关状况掌握得详尽具体,细致入微。在这一方面倘若稍有不足之处,就有可能产生连锁反应,影响全部迎送活动乃至整个接待工作的顺利进行。

掌握详情,对外事迎送活动而言具体应当分为三个不同的方面,即外方状况、我方要求与他方反映。

1. *掌握外方状况*。欲将迎来送往工作进行得圆满顺利,达到双方都满意的效果,我方有关人员首先应对外方的具体状况予以充分掌握,这是我方做好迎送工作的基本保证。一般而言,我方应充分掌握的外方状况主要有五个方面。

第一，主宾的个人简况。对于外方主宾的简况，诸如姓名、昵称、性别、年龄、籍贯、民族、单位、职务、职称、党派，以及文化程度、宗教信仰、生活习惯、个人健康、家庭状况、政治倾向、对华态度、业务能力、性格特点、个人爱好、人际关系、社会评价等，均应一清二楚。对外方其他来宾的情况，亦应尽可能地有所了解。

第二，来宾的总体情况。在迎送活动中，一些有关来宾的总体情况，如具体人数、骨干成员、性别概况、组团情况以及负责人等，我方有关人员也应予以关注。

第三，来宾的整体计划。外方在来访之前，必定会制定其具体访问计划。对外方的来访计划，特别是访问目的、指导方针、大致安排等，我方应有一定程度的了解。

第四，来宾的具体要求。在迎送活动开始前，以及在其具体进行中，我方对于外方集体所提出的要求与主宾所提出的要求，应予以充分考虑。对于其他来宾的个人意见、建议，也要认真听取。

第五，来宾的来去时间。对于来宾正式抵达和离去的时间，如具体日期、具体时间及其相关的航次、车次、地点，我方应当掌握充分，并且予以再三核对，以免在具体工作中出现重大差错。

2. 了解我方要求。从事迎送外宾工作的我方人员，尤其是其中的负责者，一定要对我方的相关要求有全面了解。对以下诸点，尤其不得忽略。

第一，我方的接待方针。它具体涉及我方有关整个接待工作的基本要求。

第二，我方的基本意图。它与迎送工作的具体操作及其结果直接有关。

第三，我方的礼宾规格。它是我方所给予来宾具体礼遇的最明显的体现。

第四，我方的礼宾次序。在同时接待多方来宾时，礼宾次序的正确运用关系甚大。

第五，我方的操作重点。对于迎来送往过程之中的某些重点环节，有关人员必须重视。

第六，我方的有关预案。对于用以防止某些临时变故的预备方案，有关人员必须清楚，绝不允许一知半解。

3.关注他方反映。 为慎重起见,在外事接待过程中,对其他各方对我方迎送活动的反映,应予以重视。

第一,官方反映。对于各个国家、各种国际组织的正式表态,理应优先予以关注。

第二,民间反映。对于来自各国民间以及国际社会的反响,亦应有所了解。对此完全不闻不问,是有失偏颇的。

第三,媒体反映。对于各种传播媒体的相关报道,必须及时掌握,并在必要之时做出相应的反应。须知,在一般情况下人们对国际活动的了解,主要是来自有关的媒体报道。

(二)确定"时空"

在正式的外事接待过程中,宾主双方均对迎来送往的具体时间与空间十分重视。因为它不仅限定了迎送活动的具体范围,而且在一定程度上直接影响着迎送活动的效果。

具体而言,在礼仪上,与外事接待中迎来送往活动的具体时空条件有关的规范,主要包括如下两个方面:

1.活动的时间。 在具体从事外事接待之中的迎送工作时,对于时间问题理应高度重视。其有关的礼仪规范,主要涉及如下五点:

第一,双方商定。在任何情况下,有关正式迎送来宾的具体时间,均应由宾主双方事先正式商定,并达成一致。各方对此都可以提出意见或建议,但同时也必须耐心地听取对方的意见或建议。

第二,约定精确。对于有关迎送活动的具体时间约定,不仅应该详尽,而且应当精确。在一般情况下,每次活动的具体时间应标明年、月、日,采用24小时制计时,并且应当精确到以分钟为计时单位。对于每次活动的时间,既要规定其起始时间,又要规定其终止时间,即必须规定每次活动的具体时间长度。

第三,留有余地。在规定迎送来宾的具体时间时,应在安排上与执行上均留有适当的余地。在安排上留下适当的余地,是指在排定有关迎送活动的时间表时,要留一定的时间幅度。而在执行上留下适当的余地,则是要求有关人员在具体执行迎送任务的时间表时,应当提前到场、最后离场,并且在特殊情况发生时相机行事。

第四,反复确认。我方人员在具体操办来宾迎送活动的过程中,应养成在必要时再度与对方确认相关时间规定的良好习惯。在下述情况下,对有关具体时间的规定尤须不厌其烦地与对方再度进行确认:一是在来宾正式出发之前;二是在来宾即将抵达之前;三是在迎送时间小做调整之后。

第五,严格遵守。在正常情况下,我方有关人员对于正式规定的有关迎送来宾活动的具体时间,必须严格地、无条件地、分秒不差地认真执行。不允许我方人员以任何借口迟到、早退、拖延时间,更不允许对双方正式商定的活动时间擅自进行改动。如确有必要对活动时间小做调整,不仅需要报批,而且还应当向来宾及时进行通报。

2. 活动的空间。在规范迎送活动具体时间的同时,对于其具体空间亦应有所规范。所谓迎送活动的具体空间,通常是指用以进行迎送活动的具体地点。其相关的礼仪规范,通常包括下述五点:

第一,主方专断。通常,有关迎送来宾的具体地点,均由东道主一方自行定夺。对于被接待方,东道主仅仅需要进行通报而已,而不必过多地考虑对方的想法。

第二,空间开阔。在一般情况下,用于进行迎送活动的地点理应较为开阔。这一要求既是为了便于迎送活动的顺利进行,也是为了提升迎送活动的档次。越是安排重要的迎送活动,越是应当注意此点。

第三,环境良好。为了使我方的迎送活动给外方来宾留下美好印象,在力所能及的前提下,一定要充分考虑活动地点具体环境的好坏。应当强调的是,在考虑迎送地点的环境问题时,不仅应当注意其活动现场具体环境的好坏,同时还应当兼顾其活动现场周边环境尤其是沿途环境的好坏。

第四,有所区别。在外事接待中,迎送来宾的具体活动地点往往根据不同情况而有所区别。按照惯例,迎送来宾的具体活动地点大致上可以分为四种:其一,交通枢纽。大凡正式的、重要的迎送活动,通常都在来宾抵达或离去的机场、港口、车站举行迎送活动。其二,下榻之处。迎送重要的来宾尤其是来自异国他乡的来宾时,往往在其暂居之处进行迎送活动。其三,办公地点。有时,迎送来自本地的客人或是暂居本地客人的活动,可在东道主一方的办公地点进行。其四,礼宾场所。迎送重要来宾的活动,尤其是正式的迎送仪式,一般都在正规的、专用的礼宾场所举行。例如,中国为正式来访的国宾所举行的欢迎仪式,目前通常都在人民大会堂东门外广场或人民大会堂北大厅举行。

第五,相对稳定。一般而论,在对外交往中用于迎送来宾的具体地点,应当保持相对的稳定性。这样做,既有利于我方人员熟悉情况,便于操作,又不会使外方来宾对我方不断变换地点有所议论。

应当强调的是,在条件允许的情况下,我方在接待外方来宾时,应尽量避免使不同的迎送活动在同一时间同一地点进行,以免顾此失彼,或令外方互相攀比。

(三)关注细节

在迎送外方来宾的具体活动中,我方的工作人员既要事事从大局着眼,明辨大是大非,又要处处从小事着手,关注具体的细枝末节问题,以防止因小失大。

根据一般经验,在具体的迎送活动之中,我方接待人员至少应对气象、交通、安全等三大细节的基本状况予以高度关注。古人认为,要做好一件事情,通常需要"天时、地利、人和"。实际上,迎送活动之中的气象、交通、安全三大细节,就是分别与"天时、地利、人和"相对应的,所以必须重视。

1. 气象状况。 在任何时候,气象条件的变化都会对人类的正常活动产生一定的影响。对迎送外方来宾的具体活动而言,气象状况更是不可不察。在这一问题上,主要应当注意两点:

第一,掌握当地的气候变化规律。在具体安排迎送外宾活动时,务必要充分了解当地的气候变化规律,在任何时候,都不应使迎送活动"逆风而动"、草率行事。

第二，制定气象突变的应对措施。俗话说："天有不测风云"，在制定迎送外方来宾的具体计划时，一定要对有可能变化的气象状况有所考虑，并为此而制定应急方案。

2. 交通状况。 不论举行何种形式的迎送活动，交通状况都不容回避。倘若交通方面存在隐患，必将影响迎送活动的顺利进行。在交通问题上，通常有下列三点注意事项：

第一，安排适量的交通工具。在一般情况下，在中国境内接待来宾时所使用的交通工具均由我方负责安排。在个别情况下，外方来宾如要自备交通工具，亦应获得我方同意。如果迎送活动中所使用的交通工具由我方负责，则一定要保证其数量满足需求，并应准备一定的机动车辆。

第二，事先向交管部门通报。在举行正式的来宾迎送活动之前，一定要向当地交通管理部门进行例行的情况通报。此种做法，既是对交管部门工作的一种尊重，同时也是为了取得交管部门的支持与合作。

第三，进行必要的交通管制。一般而言，迎送活动的具体举行地点及其来宾的必经之处的交通理当十分便利。为此，既要避开交通拥堵之处，又要回避常规的交通高峰时间。在必要时，可报请有关部门批准，进行适当的交通管制。

3. 安全状况。 由于许多迎送活动往往公开举行，因此，有关部门和有关人员一定要对迎送活动的安全状况高度重视，并且牢固树立"安全第一"的观念。在这一重要问题上，通常需要注意以下四点：

第一，采取必要的安全措施。例如，应对活动参与者提出要求，并进行审查。在其抵达现场后，往往还可进行例行的安全检查。举行重大的迎送活动时，通常还应当采取一定的保密措施，并调动安保人员到场。

第二，有关部门应各负其责。凡正式举行重要的迎送来宾的活动，均应事先由有关部门进行必要的协调。通常应向公安、交管以及其他相关的部门进行情况通报，并按照既定的分工，由各部门具体负责有关的工作。

第三，宾主双方沟通与合作。要真正确保迎送活动在安全方面万无一失，求得来宾方的参与是极其关键的。在一般情况下，要重视与来宾方保持联络、交流信息,做好必要的沟通。与此同时,还应在无损我方国家主权的前提下,与来宾方进行必要的安全协调与合作。

第四,密切关注社会的动态。对于社会上的种种新情况、新问题,有关部门需要进行必要的监控。不仅要关注本国国内的社会动态,而且还要关注世界各国的社会动态。对于某些敌对国家、敌对势力的种种新动向,我方尤其应时刻保持警惕。

(四)熟知程序

就外事礼仪而言,凡属重大活动,皆应规定必要的、具体的程序,届时循序而行。在外事接待工作中,迎送外方的活动,特别是隆重而热烈的迎送仪式,也应如此。因此,每一名具体从事迎来送往的工作人员,都应当熟知与迎送活动相关的具体程序。

在一般情况下,对制定程序、规范程序、简化程序、执行程序等四个与迎送活动密切相关的程序问题,有关人员必须清清楚楚。

1. 制定迎送程序。一般的外事迎送活动,特别是需要举行专门仪式的外事迎送活动,都必须事先制定活动程序,以保证迎送活动循序而行,井井有条。

所谓程序,通常是指某项活动进行时的基本步骤与先后顺序。外事迎送的程序,显然指的就是外事迎送活动的主要环节与操作流程。

有关外事迎送活动的程序制定,主要有三方面的具体要求:

第一,制定程序。任何正式的外事迎送活动,不论其是否举行仪式,都一定要事先制定必要的程序。

第二,程序详尽。既然迎送程序事关迎送活动的操作流程与进行步骤,那么就应当在制定有关程序时力求其详细、具体、充分、全面。

第三,上报批准。鉴于迎送活动十分重要,故其有关程序正式制定后,必须依照规定向上级主管部门及时报告,并得到其正式批准,切忌自行其是。

2. 规范迎送程序。从标准化、正规化的角度来讲,外事迎送活动不仅需要制定必要的程序,而且还需要对有关程序进行必要的规范。

一般而言,用以迎送外方来宾的具体程序大致上可分为正式程序与非正式程序两种。

第一,正式程序。凡举行正规的迎送仪式,特别是举行迎送国宾的迎送仪式,均需采用正式的程序,以显示接待工作的规格。

目前,中国最为正式的欢迎来宾的程序,首推外国国宾的欢迎仪式。对于正式来京来访的外国国宾,其欢迎仪式的具体程序大致为:当其抵达北京时,由中国政府陪同团团长前往首都机场迎接,并陪车将其送至钓鱼台国宾馆下榻。然后在当天或次日,在天安门广场人民大会堂东门外为其举行隆重而正式的欢迎仪式。届时,欢迎仪式将由引见、献花、鸣炮、奏乐、检阅以及随后在人民大会堂内举行的国宴等一系列规范化的程序组成。若天气不佳时,欢迎仪式一般改在人民大会堂北大厅举行。

当来访中国的国宾离开北京时,我方为其举行的送行仪式一般较为简化,通常包括话别、送行、告别等具体程序。

出于对国宾的尊重,在举行迎送仪式时,一般需要升国旗、奏国歌、安排迎送队伍。在一些国家里,还有在迎送国宾时为其护航,并通知外国使节到场的惯例。

除此之外,各国在迎送建交国派驻本国的大使时,往往也会举行正式仪式,因为大使在国际交往中被视为其本国国家元首的正式代表。

第二,非正式程序。除正式来访的外国国宾与外国正式派驻中国的使节之外,目前中国不为其他外方来宾举行正式的迎送仪式,但迎送活动往往还是不可缺少的。那些非仪式性的迎送活动的具体程序,即为非正式程序。

在一般情况下,迎送其他外方来宾的活动应由我方邀请单位的负责人或者其正式代表出面组织。它的程序,通常应当包括迎送、陪车、会见、合影、宴请等,群众队伍一般不予以安排。这些具体程序,亦应由有关单位按照我方惯例与来宾要求,进行必要的规范。

若宾主双方关系较为密切,彼此相熟、常来常往甚至十分友好,则亦可视具体情况的不同,以其他表达亲切、友好、尊重、敬意的形式,来表达我方迎宾时的喜悦与送宾时的祝福,而不必过分拘泥于普通的迎送活动程序。

3. 简化迎送程序。 程序从简,是当今世界各国来宾迎送活动的一大趋势。在具体拟定来宾迎送活动程序时,我方亦应在不失礼、不影响活动效果的前提下,对其进行必要的简化。对如下三点,一般应当予以重视。

第一,通常不举行专门仪式。若非正式迎送外国国宾或外国驻华使节,迎送活动一般不应安排专门仪式。

第二,尽量减少活动的环节。简化迎送程序的做法,就是减少其具体环节。只有这样,迎送程序才有可能真正地被简化。

第三,努力控制活动的规模。对迎送活动的规模,应当有所控制。对于参与活动的人数、到场领导的级别、参与陪同的人员、活动举行的时间及其具体的经费支出,均应从简。

4. 执行迎送程序。 不论制定迎送活动程序,还是规范、简化迎送活动程序,都是为了追求其执行效果的最佳化。要做到这一点,有下述两方面必须予以注意:

第一,认真地执行既定程序。迎送活动的程序一旦制定,有关人员即应无条件地、自觉地予以执行。

第二,灵活机动地执行程序。在执行既定程序之时,必须既坚持原则,又善于机动灵活,随机应变,具有应对突发事件的能力。

八、相互介绍

在日常生活和工作中,人们需要与其他的人进行必要的沟通,以寻求理解、帮助和支持。介绍,就是人际交往中与他人进行沟通、增进了解、建立联系的一种最基本、最常规的方式。具体来说,它是经过自己主动沟通或者通过第三者从中沟通,从而使交往双方相互认识、建立联系的一种具体的交际方法。换言之,介绍是人与人之间进行相互沟通的出发点。

在正式场合,如能正确地进行介绍,不仅可以扩大自己的交际圈、广交朋友,而且有助于自己进行必要的自我展示、自我宣传,并且使自己在人际交往中消除误会、减少麻烦。

根据介绍者即何人做介绍的不同,介绍可以分为介绍自我、介绍他人、介绍集体三大类型,以下分别加以说明。

(一)介绍自我

介绍自我,亦称自我介绍。简言之,它是在必要的场合,由自己担任介绍的主角,自己将自己介绍给其他人,以使交往对象或公众认识自己、了解自己。

根据礼仪规范,进行自我介绍时,应注意自我介绍的时机、自我介绍的内容、自我介绍的分寸等诸多方面的问题。

1. 自我介绍的时机。 应当何时进行自我介绍?这个问题往往比较复杂。因为它涉及时间、地点、当事人、旁观者、现场气氛等多种因素。依照惯例,在下述时机,如有可能,有必要进行适当的自我介绍。

第一,与不相识者相处时。

第二,有不相识者表现出有兴趣结识自己时。

第三,有不相识者请求本人做自我介绍时。

第四,与身边的陌生人共处时。

第五,打算介入由陌生人所组成的交际圈时。

第六,有求于人,而对方对自己不甚了解,或一无所知时。

第七,交往对象因为健忘而记不清自己,或担心此种情况有可能出现时。

第八,在出差、旅行途中,与他人不期而遇,并且有必要与之建立临时接触时。

第九,初次前往他人居所、办公室,进行登门拜访时。

第十,拜访熟人遇到不相识者挡驾,或对方不在,而需要请不相识者代为转告时。

第十一,初次利用大众传媒,如报纸、杂志、广播、电视、网络等,向社会公众进行自我推介时。

第十二,利用社交媒介,如信函、电话、电报、传真、电子信函以及微信、微博、

QQ等,与其他不相识者进行联络时。

第十三,前往陌生单位,进行业务联系时。

第十四,因业务需要,在公共场合进行业务推广时。

第十五,应聘求职或求学面试时。

凡此种种,又可以被归纳为三种基本情况:一是本人希望结识他人;二是他人希望结识本人;三是本人认为有必要令他人了解或认识本人。

2. 自我介绍的内容。由于需要进行自我介绍的时机多有不同,因而进行自我介绍时的具体表述方式便有所不同。自我介绍的内容,在此指的是自我介绍时所表述的主体部分,亦即在自我介绍时表述的具体方式。

确定自我介绍的具体内容,应兼顾实际需要、所处场景,并应具有鲜明的针对性,切勿对其一概而论。

依照自我介绍时表述内容的不同,自我介绍可分为下述五种具体形式。

第一,应酬式。应酬式的自我介绍,通常适用于某些公共场合和一般性的社交场合,如旅行途中、宴会过程中、舞场之上、通电话时,等等。介绍的对象,主要是进行一般性接触的交往对象。对介绍者而言,对方属于泛泛之交,或者早已熟悉,进行自我介绍只不过是为了确认身份而已,故此种自我介绍的内容要少而精。

应酬式的自我介绍内容最为简洁,往往只包括姓名一项即可。例如:

"您好!我的名字叫刘云。"

"我是蔡英飞。"

第二,公务式。公务式的自我介绍,主要适用于工作之中。它是以工作为自我介绍的中心,因工作而交际,因工作而交友。

公务式的自我介绍的内容,应当包括本人姓名、供职的单位及部门、担任的职务或从事的具体工作三项。它们是公务式自我介绍内容的三要素,通常缺一不可。其中,第一项内容为姓名,应当一口报出,不可有姓无名,或有名无姓。第二项内容为供职的单位及部门,有可能的话,最好全部报出,具体工作部门有时也可以暂不报出。第三项内容为担任的职务或从事的具体工作,有职务者最好

报出职务,职务较低者或无职务者,则可报出目前所从事的具体工作。例如:

"你好!我叫毕晓华,是大连市政府外办的礼宾处处长。"

"我叫岑颖,现在在浙江大学哲学系讲授哲学。"

第三,交流式。交流式的自我介绍,主要适用于社交活动中,它是一种刻意寻求与交往对象进行进一步交流与沟通,并希望对方认识自己、了解自己、与自己建立联系的自我介绍。有时,它也叫社交式自我介绍或沟通式自我介绍。

交流式自我介绍的内容,大体应当包括介绍者的姓名、工作、籍贯、学历、兴趣,以及交往对象的某些熟人的关系,等等。它们不一定非要面面俱到,应依照具体情况而定。例如:

"我名叫祁云山,现在在大中公司担任财务总监,我和您的夫人是大学同学。"

第四,礼仪式。礼仪式的自我介绍,通常适用于讲座、报告、演出、庆典、仪式等一些正式而隆重的场合。它是一种意在表示对交往对象友好、敬意的自我介绍。

礼仪式自我介绍的具体内容,亦包含姓名、单位、职务等项,但是还应多加入一些适宜的谦辞、敬语,以示自己礼待交往对象。例如:

"各位来宾好!我叫方志平,是四达公司的董事长。现在,由我代表本公司热烈欢迎大家光临我们的剪彩仪式,谢谢大家的支持!"

第五,问答式。问答式的自我介绍,一般适用于应试、应聘和公务交往。在普通交际应酬场合,它也时有所见。

问答式自我介绍的具体内容,一般讲究的是问什么答什么,并且要求有问必答。例如:

某甲问:"这位小姐,您好!不知您应该怎么称呼?"某乙答:"先生您好!我叫王小娟。"

3. 自我介绍的分寸。做自我介绍之前,通常必须对下述几方面的具体问题予以重视,方能使自我介绍恰到好处、不失分寸。

第一，时间。在进行自我介绍时要关注时间，在此具有双重含义。

其一，进行自我介绍一定要力求简洁，并尽可能地节省时间。虽说各种形式的自我介绍所用的时间长短不可笼统地等量齐观，但总的原则，还是所用时间越短越好，并以半分钟左右为准。如无特殊情况，最好不要长于一分钟。

为了节省时间，在做自我介绍之前，还可以递上本人的名片、介绍信加以辅助。若使用了名片、介绍信，其上所列的内容应尽量不予重复。

其二，自我介绍应在适当的时间进行而非不适当的时间进行。进行自我介绍的适当时间，在此指：一是对方有兴趣时；二是对方有空闲时；三是对方情绪好时；四是对方干扰少时；五是对方有此明确的要求时。

进行自我介绍的不适当时间，在此是指对方无兴趣、无要求、工作忙、干扰大、心情坏、休息小憩、忙于用餐或忙于私人交往之时。

第二，态度。进行自我介绍时，态度务必要自然、友善、随和。届时，应显得落落大方，笑容可掬。既不要小里小气、畏首畏尾、瞻前顾后，又不要虚张声势、轻浮夸张、矫揉造作。

在做自我介绍时，要充满信心与勇气。千万不要妄自菲薄，心怀怯意，临场发挥失常。在进行自我介绍时，一定要敢于正视对方的双眼，显得胸有成竹、不慌不忙。这样做，将有助于自我放松，并使对方对自己产生好感。

在自我介绍的过程之中，语气要自然，语速要正常，语音要清晰，这对自我介绍的成功将大有益处。一定要力戒语气生硬冷漠、语速过快或过慢、语音含糊不清，这些都是缺少经验、缺乏自信的具体表现。

第三，真实。进行自我介绍时所表述的各项内容，一定要实事求是、真实可信。没有必要过分谦虚，一味贬低自己去讨好别人，但是也不可自吹自擂、吹嘘弄假、夸大其词。在自我介绍时大掺水分，往往会得不偿失。

（二）介绍他人

介绍他人，通常又称第三者介绍，在此指的是经第三者为彼此不认识的双方引见、介绍的一种具体的介绍方式。

在介绍他人时,为他人做介绍的第三者系介绍者,而被介绍者所介绍的双方则是被介绍者。

介绍他人,通常都是双向性的,即将被介绍者双方各自均做一番介绍。有时候,也可进行单向性的他人介绍,即只将被介绍者中的某一方介绍给另一方,其前提是前者了解后者,而后者不了解前者。

1. 介绍者。在介绍他人中,介绍者的确定是有一定之规的。依照礼仪规范,具有下列身份者,理应在介绍他人中充当介绍者:

第一,正式活动中的东道主。

第二,社交场合的长者。

第三,家庭性聚会中的女主人。

第四,公务交往中的专职人员,如公关人员、礼宾人员、文秘人员、办公室工作人员、接待人员等。

第五,官方活动中的地位、身份较高者,或其主要负责人员。

第六,熟悉被介绍者双方的人士。

第七,被介绍者一方或双方要求者。

第八,在交际应酬中,被指定的介绍者。

决定为他人做介绍时,要审时度势,熟悉双方情况。如有可能,在为他人做介绍之前,最好先征求一下双方的意见,以免为原本相识者或关系恶劣者去做介绍。

2. 介绍的时机。遇到下述情况时,通常有必要进行他人介绍:

第一,在家中,接待彼此不相识的客人。

第二,在办公地点,接待彼此不相识的来访者。

第三,与家人外出,路遇家人所不相识的同事或朋友。

第四,陪同亲友,前去拜会亲友所不相识者。

第五,本人的接待对象遇见了其不相识的人士,而对方又跟自己打了招呼。

第六,陪同上司、长者、女士、来宾时,遇见了其不相识者,而对方又跟自己打了招呼。

第七，打算推荐某人加入某一交际圈。

第八，收到为他人介绍的要求。

3. 介绍的顺序。在为他人做介绍时，先介绍谁，后介绍谁，向来是一个十分敏感的礼仪问题。根据规范，处理这一方面问题时必须遵守"尊者优先了解情况"的规则。它的含义是：在为他人做介绍前，先要确定双方地位的尊卑，然后先介绍位卑者，后介绍位尊者。这样做，可以使位尊者优先了解位卑者的情况，以便见机行事，在交际应酬中掌握主动权。总之，应确保位尊之人拥有"优先知情权"，应较之先被介绍者地位为上。

根据以上规则，为他人做介绍时被介绍者双方的具体先后顺序大致有如下几种情况。

第一，介绍年长者与年幼者认识时，应先介绍年幼者，后介绍年长者。

第二，介绍长辈与晚辈认识时，应先介绍晚辈，后介绍长辈。

第三，介绍老师与学生认识时，应先介绍学生，后介绍老师。

第四，介绍女士与男士认识时，应先介绍男士，后介绍女士。

第五，介绍已婚者与未婚者认识时，应先介绍未婚者，后介绍已婚者。

第六，介绍同事、朋友与家人认识时，应先介绍家人，后介绍同事、朋友。

第七，介绍来宾与主人认识时，应先介绍主人，后介绍来宾。

第八，介绍社交场合的先至者与后来者认识时，应先介绍后来者，后介绍先至者。

第九，介绍上级与下级认识时，应先介绍下级，后介绍上级。

第十，介绍职位、身份高者与职位、身份低者认识时，能够先介绍职位、身份低者，后介绍职位、身份高者。

4. 介绍的内容。在为他人介绍时，介绍者对介绍的具体内容应当字斟句酌，慎之又慎。倘若对此掉以轻心、词不达意、敷衍了事，很容易给被介绍者留下不良印象。

根据实际需要的不同，为他人做介绍时的内容往往会有所不同。通常，有以下六种具体形式可供借鉴。

第一,标准式。它适用于正式场合,其内容以双方的姓名、单位、职务等为主。例如:

"我来给两位介绍一下,这位是南江公司公关部部长李媛小姐,这位是西部开放集团总经理汪定安先生。"

第二,简介式。它适用于一般的社交场合,其内容往往只有双方姓名一项,甚至可以只提到双方姓氏为止。接下来,则要由被介绍者见机行事。例如:

"我来介绍一下,这位是小谢,这位是史密斯,你们两位彼此认识一下吧。"

第三,强调式。它适用于各种交际场合,其内容除被介绍者的姓名外,往往还会刻意强调一下其中某位被介绍者与介绍者之间的特殊关系,以便引起另一位被介绍者的重视。例如:

"这位是飞跃公司的销售经理彼德森先生。这位是刘晓梅,她在市商标局工作,是我的侄女,请彼德森先生多多关照。"

第四,引见式。它适用于普通的社交场合。做这种介绍时,介绍者所要做的,主要是将被介绍者双方引导到一起,往往不需要表达任何具有实质性的内容。例如:

"两位认识一下如何?大家其实都是校友,只不过以前彼此不认识。现在,请你们两位各自来自报家门吧。"

第五,推荐式。它适用于比较正式的场合,多是介绍者有备而来,有意要将某人举荐给某人,因此在其具体内容方面,通常会对被举荐人的优点加以重点介绍。例如:

"这位是亚历山大先生,这位是我们公司的王亚洲总经理。亚历山大先生既是一位管理方面的专业人士,又是一位经济学博士。王总,我想您一定乐于认识他吧。"

第六,礼仪式。它适用于正式场合,是一种最为正式的他人介绍。其内容略同于标准式,但在语气、表达、称呼上则更为礼貌、谦恭。例如:

"施密特教授,您好!请允许我把厦门市商务局的邹剑南先生介绍给您。邹先生,这位就是波恩大学的施密特教授。"

5. 介绍的应对。在进行他人介绍时,介绍者与被介绍者都要注意自己的表达、态度与反应。此即所谓他人介绍的应对问题。

介绍者为被介绍者做介绍之前,不仅要尽量征求一下被介绍者双方的意见,而且在其开始介绍时还应再打一下招呼,切勿上去开口即讲,显得突如其来,令被介绍者措手不及。

被介绍者在介绍者询问其是否有意认识某人时,一般不应加以拒绝或扭扭捏捏,而应欣然表示接受。实在不愿意时,则应说明其具体缘由。

当介绍者走上前来,开始为被介绍者进行介绍时,被介绍者双方均应起身站立,面带微笑,大方地目视介绍者或对方,神态自然、专注。

当介绍者介绍完毕后,被介绍者双方应依照合乎礼仪的顺序进行握手,并且彼此问候对方。此时的常用语有"您好""很高兴认识您""久仰大名""认识您非常荣幸""幸会,幸会"等。必要时,还可再做进一步的自我介绍。

不要在此时此刻有意拿腔拿调,或者心不在焉,更不要奴颜婢膝、低三下四、阿谀奉承。

(三) 介绍集体

介绍集体,系他人介绍的一种特殊形式,它是指介绍者在为他人介绍时,被介绍者其中一方或双方不止一人,甚至是多人。由此可见,集体介绍大体可分成两种:其一,为一人向多人做介绍;其二,为多人向多人做介绍。

介绍集体时,通常应主要关注介绍的时机、顺序与内容三方面的问题。

1. 介绍的时机。遇到如下几种情况,往往应当进行集体介绍:

第一,大型的公务活动,参加者不止一方,而且各方不止一人。

第二,涉外交往活动,参加活动的宾主双方皆不止一人。

第三,规模较大的社交性聚会,有多方参加,各方均可能不止一人。

第四,家庭性私人交往,主人的家人与来访者双方均可能不止一人。

第五,正式的大型宴会,主办方人员与来宾均不止一人。

第六,婚礼、生日晚会,当事人与来宾双方均不止一人。

第七,举行较大规模的会议,应邀前来的与会者往往不止一人。

第八,演讲、报告、比赛,参加者不止一人。

第九,会见、会谈,各方参加者不止一人。

第十,接待参观、访问者,来宾不止一人。

2. 介绍的顺序。若有可能,进行集体介绍时的具体顺序应参照他人介绍的顺序进行。若实难参照,则可酌情参考下述顺序。应当强调的一点是,越是正式、大型的交际活动,对集体介绍的顺序就越是不可马虎。

第一,少数服从多数。它的含义,在此具体是指当被介绍者双方的地位、身份大致相似,或者难以确定时,应当使人数较少的一方礼让人数较多的一方,或者一个人礼让多数人。即先介绍人数较少的一方或个人,后介绍人数较多的一方或多数人。

第二,强调地位、身份。若被介绍者双方地位、身份之间存在明显差异,特别是当这些差异表现为年龄、性别、婚否、师生以及职务有别时,则地位、身份为尊的一方即使人数较少,甚至仅为一人,仍然应被置于尊贵的位置,最后加以介绍,须先介绍另一方人员。

第三,单向介绍。在演讲、报告、比赛、会议、会见时,往往只需要将主角介绍给广大参加者,而没有必要一一介绍广大参加者,因此届时对参加者一一加以介绍的意义并不大。

第四,人数较多一方的介绍。若需要介绍的一方人数不止一人,可采取笼统的方法进行介绍。例如,可以说"这是我的家人""他们都是我的同事"等。但是最好还是对其一一进行介绍。进行此种介绍时,可比照他人介绍时位次尊卑的顺序,由卑而尊,例如:先幼后长,先男后女,等等。不过,介绍顺序的标尺一定要正规、单一,并为众人所认可。

第五,人数较多双方的介绍。若被介绍双方皆不止一人,则可依照社交礼仪的规范,先介绍位卑的一方,后介绍位尊的一方。在介绍各方人员时,均须由卑而尊,依次进行。

第六,人数较多各方的介绍。有时,被介绍者往往不止两方。此时,需要对被介绍的各方进行位次排列。排列的具体方法一般有六种：一是以其负责人身份为准；二是以其单位规模为准；三是以其单位名称的英文字母或汉语拼音字母顺序为准；四是以其抵达时间的先后顺序为准；五是以其座次顺序为准；六是以其距介绍者的远近为准。进行多方介绍时，应由卑而尊。如时间允许，应在介绍各方时以由卑而尊的顺序——介绍各个成员；若时间不允许，则不必介绍其具体成员。

3. 介绍的内容。 集体介绍的内容，与介绍他人的内容基本上无异，但要求更认真、更准确、更清晰，以下具体两点，通常应尤为注意。

第一，不使用易生歧义的简称或缩写。做集体介绍时，切勿使用易于产生歧义的某些简称。例如：不要讲"人大""消协"，而应该使用其全称"中国人民大学""消费者协会"，或是"上海市人大常委会""保护消费者协会"。至少要在首次介绍时使用其准确的全称，然后方可采用简称。

第二，不借机开玩笑、捉弄人。进行集体介绍时，要庄重、亲切，切勿随意拿被介绍者开玩笑，或是成心出对方的洋相。例如：在介绍时讲什么"这位胖不胖""那位靓不靓"，就是很不文明的。

九、会晤合影

在对外方来宾的接待过程中，宾主双方的正式会晤与合影往往备受关注。我方相关人员对这一环节具体操作之中的礼仪规范必须掌握。

在具体操作正式会晤与合影时，有两个方面的问题颇为重要。一方面，必须讲究规范。有关会晤与合影的礼仪规范甚多，外事人员绝对不可不知。另一方面，必须掌握技巧。在正式会晤与合影进行之中，一些重要的操作技巧，必须为我方人员所熟悉。唯有这些技巧得以正确运用，才能使会晤与合影中的礼仪合乎规范。

（一）正式会晤

不论我方出访，还是外方来访，宾主双方的正式会晤通常都不可或缺。所谓会晤，亦称会面或会见，一般是指在较为正式的场合，与他人郑重其事地见面。

在外事活动中,凡正式会晤多属礼节性活动,通常不会安排宾主双方就实质性问题深入进行切磋,但却可直接反映出宾主双方关系的现实发展程度。

在正式会晤时,会晤形式、座次排列两个问题最为关键。

1. 会晤形式。所谓会晤形式,一般是指会晤的具体方式。在安排正式会晤之前,自然必须首先确定其具体形式。在正常情况下,根据不同情况,对会晤的具体形式可作不同区分。

根据会晤时来宾参加方的数量不同,可将其划分为双边会晤与多边会晤。在双边会晤中,来宾仅有一方。而在多边会晤中,来宾则可多达两方甚至两方以上。一般而言,双边会晤要比多边会晤显得更为正式一些。所以除非有举行多边活动的特殊需要,通常都应当尽量少安排多边会晤。多边会晤的主要问题在于,由于来宾不止一方,不仅礼宾次序较为烦琐,而且在其具体进行时往往还会令主方顾此失彼,应接不暇。

根据会晤时宾主双方具体身份的不同,可将其划分为会见、接见与晋见。所谓会见,指的是参与会晤的宾主双方地位、身份相仿;所谓接见,指的是地位、身份较高的一方主动会见地位、身份较低的一方;所谓晋见,又称进见,它指的则是地位、身份较低的一方主动会见地位、身份较高的一方。在正常情况下,外事接待中的会晤多为会见。采用会见这种形式,符合对等原则,届时宾主双方的地位、身份大体上相似。与此同时,我方往往还会安排地位、身份较高的人员与外方来宾,它亦称接见。在国际交往中,此种做法通常被视为主方给予来宾的一种不可或缺的礼遇。

2. 座次排列。在正式的涉外会晤中,宾主之间都非常重视座次排列,主人一方则更是对来宾讲究"坐,请坐,请上座"。在正常情况下,适用会晤外方来宾的座次排列主要有以下五种具体形式。

第一,相对式。相对式排座,此处指的是宾主双方面对面就座。此一种方式显得主次分明,往往易于使宾主双方公事公办,保持适当的距离。它多适用于公务性会晤,具体又分为以下两种情况:

其一,双方就座后,一方面对正门,另一方则背对正门。此时讲究"面门为上",即面对正门之座为上座,应请来宾就座;背对正门之座为下座,宜由主人就座(见图3-9)。

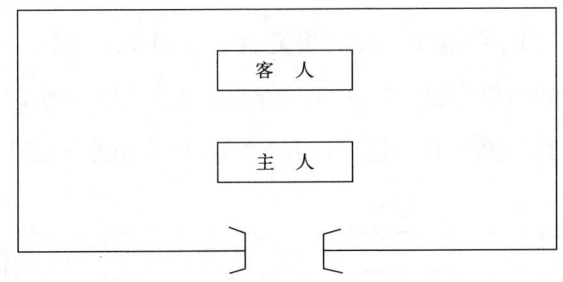

图3-9 相对式会客时的排位之一

其二,双方就座于室内两侧,并且面对面地就座。此时讲究进门后动态的"以右为上",即进门时以右侧之座为上座,应请来宾就座;左侧之座则为下座,宜由主人就座(见图3-10)。若宾主双方不止一人,情景大致也是如此(见图3-11)。

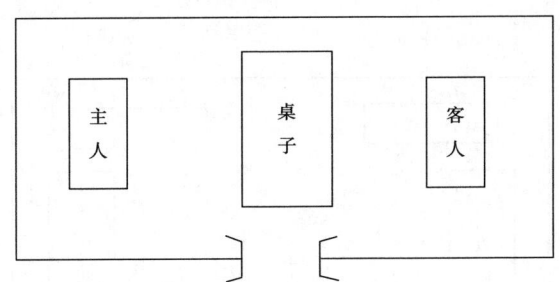

图3-10 相对式会客时的排位之二

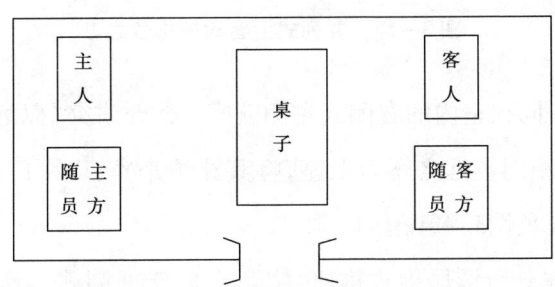

图3-11 相对式会客时的排位之三

第二,并列式。并列式排座,此处指的是宾主双方并排就座,以暗示彼此双方"平起平坐",地位相仿,关系密切。它多适用于礼节性会晤,也分为下列两种情况:

其一,双方一同面门而坐。此时讲究就座后静态的"以右为上",即主人宜请来宾就座于自己的右侧(见图3-12)。若双方人员不止一名时,其他人员可各自分别在主人或主宾一侧按其地位、身份的高低,依次就座(见图3-13)。

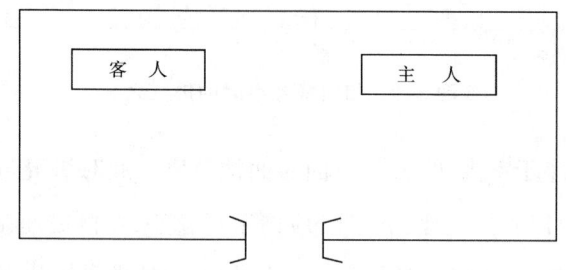

图3-12 并列式会客时的排位之一

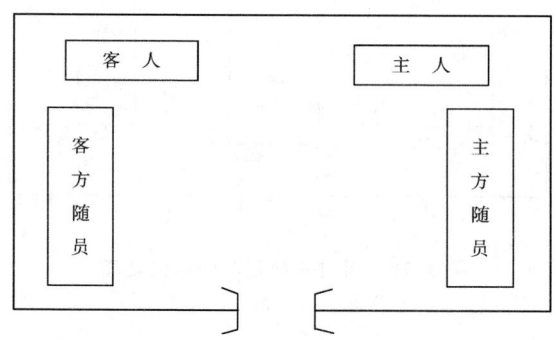

图3-13 并列式会客时的排位之二

其二,双方一同在室内的右侧或左侧就座。此时讲究"以远为上"或"内侧高于外侧",即应以距门较远之座为上座,将其让给来宾;以距门较近之座为下座,而将其留给主人(见图3-14、图3-15)。

第三,居中式。所谓居中式排座,实际上属于并列式排座的一种特例。具体而言,它指的是当多人一起并排就座时,讲究"居中为上",即应以中央的位

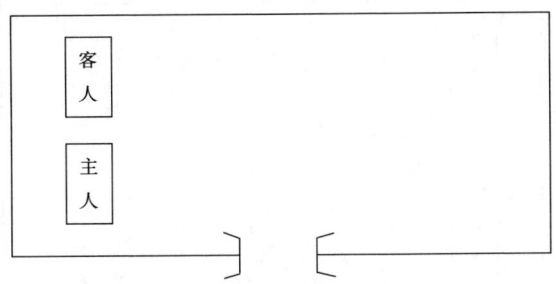

图3—14 并列式会客时的排位之三

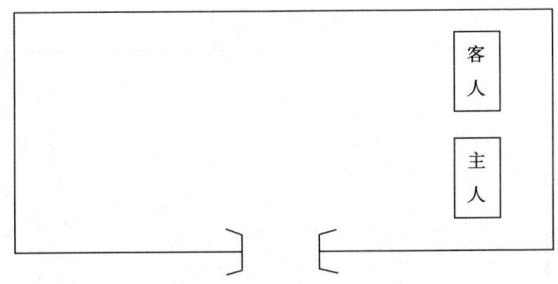

图3—15 并列式会客时的排位之四

置为上座,请来宾就座;以其两侧的位置为下座,而由主方人员就座(见图3–16、图3–17、图3–18)。

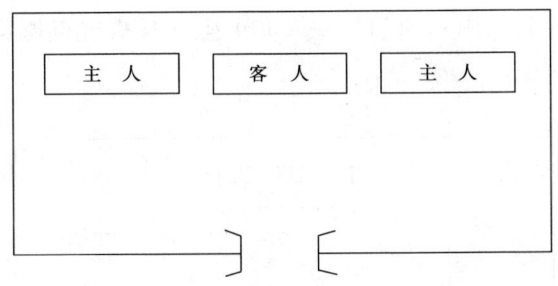

图3—16 居中式会客时的排位之一

第四,主席式。主席式排座,通常是指主方在同一时间、同一地点正式会见两方或两方以上的来宾。此时一般应由主人面对正门而坐,其他各方来宾则应

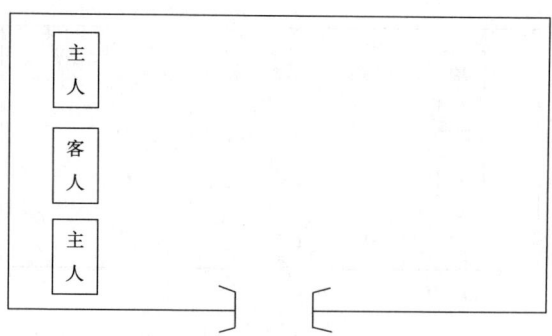

图 3–17 居中式会客时的排位之二

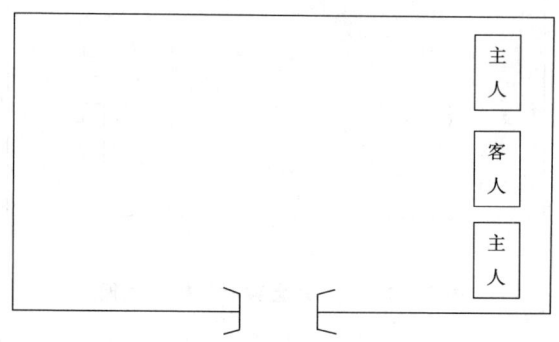

图 3–18 居中式会客时的排位之三

在其对面背门而坐。这种排座方式好像主人正在以主席的身份主持会议,故此称之为主席式(见图3–19)。有时,主人亦可坐在长桌或椭圆桌的尽头,而请其他来宾就座于其两侧(见图3–20)。

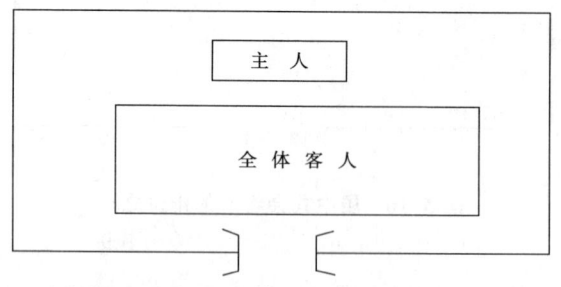

图 3–19 主席式会客时的排位之一

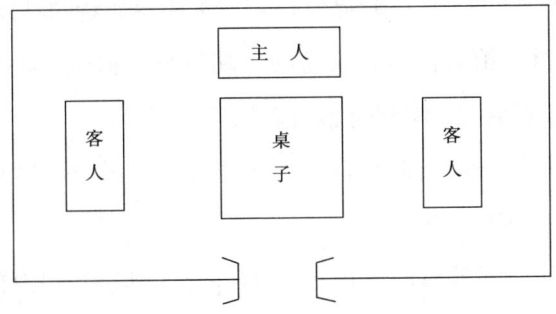

图 3-20 主席式会客时的排位之二

第五,自由式。自由式排座,在此指的是进行具体会晤之时不进行任何正式的座次排列,而由宾主各方的全体人员一律自由择座。它多适用于各类非正式会晤或者正式举行的多边性会晤。

(二) 正式合影

在外事接待过程之中,正式举行会晤的宾主双方,通常都会在一起合影,以作纪念。因此,合影这一环节,亦应为有关人员所重视。

所谓合影,一般指的是若干相关人员集合在一起,拍摄用作纪念之用的照片。由此可见,合影尤其是外事活动中的合影绝非一般意义上的拍照。在外事活动中,特别是宾主双方正式会晤之时的合影,通常应注意两个方面的问题。

1. 准备充分。凡正式安排的合影,均应由有关人员提前做好必要而充分的准备。具体进行合影准备工作时,必须对以下六个细节加以注意。

第一,主随客便。进行合影之前,主方应征得来宾首肯,切勿勉强对方。一些外方人士出于宗教或其他方面的原因,忌讳摄影、摄像,故此他们对合影往往心有抵触。

第二,确定时间。若多人一起合影,一定要规定具体时间,并通报合影的全体参加者。此外,还应要求大家遵守时间,准时到场。

第三,布置场地。在合影前,一定要提前选定场地,认真进行布置。不仅要注意场地是否大小适中,而且还要提前将合影主要参加者的具体位次安排好。

第四,备好器材。拍摄合影时所需的一切器材,均应提前备齐、备好、备足。千万不要因为准备不足而影响到合影的效果。

第五,提供照片。合影结束之后,主方应当负责向合影的全体参加者主动提供照片,并保证每人都有一张。

第六,忌做他用。在外事活动中拍摄的合影,一般只宜用作纪念或资料,通常不宜将其使用于商业活动。如果需要将其公开进行发表,应当经过上级有关部门批准,切勿先斩后奏。

2. 排位合理。在外事活动中拍摄合影时,有时需要排定具体位次,有时则不必。在正式场合所拍摄的合影,一般应当进行排位。在非正式场合所拍摄的合影,则既可以进行排位,也可以不进行排位。

如果有必要排列合影参加者的具体位次,应当注意以下七点:一是场地大小;二是人数多少;三是背景陈设;四是光线强弱;五是具体身份;六是高矮胖瘦;七是其他方便拍摄与否的问题。

在一般情况下,正式合影的总人数宜少而不宜多。在合影之时,所有的参与者皆应站立。在必要之时,可以安排前排人员就座,后排人员则可在其身后呈梯级状站立。按照常规,在外事活动中所拍摄的正式合影,不宜要求其参加者以蹲姿参与拍摄。另外,若有必要,可先期在合影现场摆设名签,以便参加者准备无误地各就各位。

在安排合影的具体位次时,关键是要注意以下两点:

一是要了解国内合影的排位习惯。国内的合影,一般讲究"居前为上""居中为上""以左为上"(限于单数)。具体而言,它又有"人数为单"(见图3-21)与"人数为双"(见图3-22)的区别。当"人数为双"时,目前讲究的则是"右高左低",对此务必予以注意。

二是要坚持涉外合影的排位惯例。在外事活动中拍摄合影时,排位应遵守国际惯例,讲究"以右为上",即令主人居中、主宾居右,其他人员分主左宾右依次在其两侧排开(见图3-23)。不论单数或双数,皆应如此。

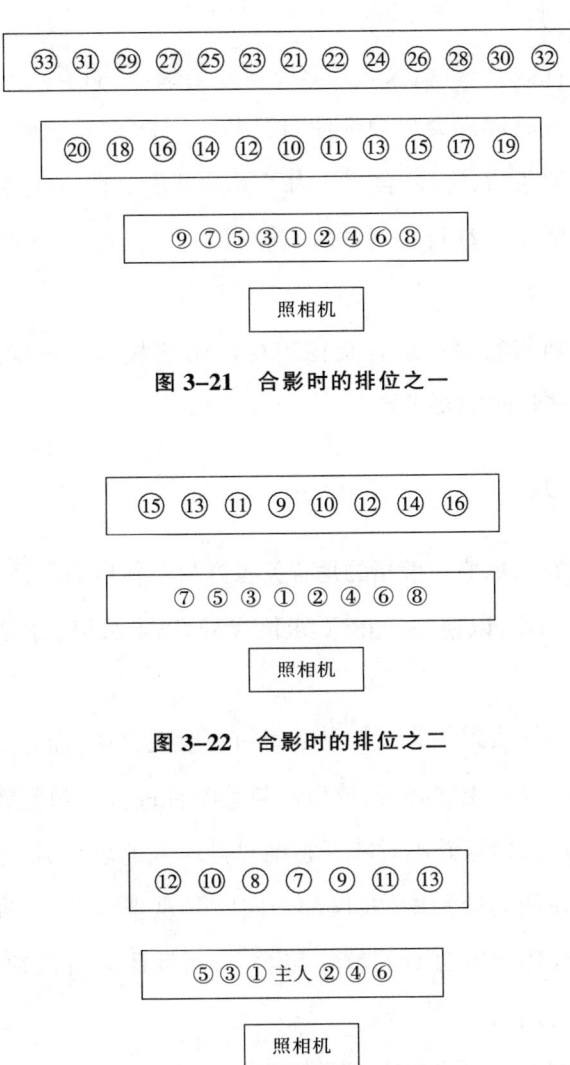

图 3-21 合影时的排位之一

图 3-22 合影时的排位之二

图 3-23 合影时的排位之三

十、谈判签字

在涉外交往中,外事人员经常会因为工作需要,代表国家、单位与外方人士进行正式的接洽商谈,就某些彼此关心的实质性问题深入地进行讨论,以便更好地维护自身的实际利益,并就某些方面的问题达成共识。凡较为正式的工作性洽商,一般称为谈判。

若有关各方对谈判中所达成的共识均十分重视,并期望其尽早付诸实施,那么,谈判的有关各方通常都会尽力促使自己所取得的重大成果固定化、系统化、文字化,形成正式的条约、协议、合同。为了提升其重要性,在正式的条约、协议、合同形成后,按惯例还要举行正规的签署仪式。此种仪式,一般叫作签字仪式,简称签字。

由此可见,谈判与签字在对外交往中往往密切相关。不仅如此,在礼仪方面,它们也各有一些特殊的要求。

(一)涉外谈判

所谓谈判,又称会谈,它一般指的是有关各方为了各自的利益,进行有组织、有准备的正式协商及讨论,以便互让互谅,求同存异,以求最终达成某种协议的整个过程。

从实践上看,涉外谈判并非人与人之间的一般性交谈,而是有关各方有备而来,方针既定,目标明确,志在必得,技巧性与策略性极强。虽然谈判讲究的是理智、利益、技巧和策略,但这并不意味着它绝对排斥人的思想、情感在谈判中所起的作用。事实上,在任何谈判中,礼仪都一向颇受重视。其根本原因在于,在谈判中以礼待人,不仅体现着自身的教养与素质,而且还会对谈判对手的思想、情感产生一定程度的影响。

一般而言,谈判礼仪的重点涉及谈判地点、谈判座次、谈判表现等具体方面。

1. 谈判地点。在正式的涉外谈判中,具体谈判地点的确定很有讲究。它不仅直接关系到谈判的最终结果,而且还直接涉及礼仪的应用问题。具体而言,它又与谈判的分类、操作的细则等两个问题有关。

第一,谈判的分类。假如按照谈判地点的不同来进行划分,则涉外谈判可分为以下四种具体的类型:

其一,主座谈判。所谓主座谈判,指的是在东道主单位所在地所举行的谈判。通常认为,此种谈判往往使东道主一方拥有较大的主动性。

其二，客座谈判。所谓客座谈判，指的是在谈判对象单位所在地所举行的谈判。一般来说，这种谈判显然会使谈判对象占尽地主之利。

其三，主客座谈判。所谓主客座谈判，指的是在谈判双方单位所在地轮流举行的谈判。这种谈判，对谈判双方都比较公正。

其四，第三地谈判。所谓第三地谈判，指的是谈判在不属于谈判双方单位所在地之外的第三地点进行。这种谈判，较主客座谈判更为公平，更少干扰。

显而易见，上述四类谈判对谈判双方的利与弊往往不尽相同，因此各方均会主动争取有利于己方的选择。

第二，操作的细则。对参加谈判的每一方来说，确定谈判的具体地点事关重大。从礼仪上来讲，确定谈判地点时，有两个方面的问题必须为有关各方所重视。

其一，商定谈判地点。在讨论、选择谈判地点时，既不应该对对手听之任之，也不应当固执己见。正确的做法是应由各方各抒己见，最后再由大家协商确定。

其二，做好现场布置。在谈判之中，身为东道主时，应按照分工，自觉地做好谈判现场的布置工作，以尽地主之责。

2. 谈判座次。举行正式的涉外谈判时，对有关各方在谈判现场具体就座的位次，要求是非常严格的，礼仪性也是很强的。从总体上讲，排列正式谈判的座次，可分为两种情况。

第一，双边谈判。双边谈判，指的是由两个方面的人士所举行的谈判。在一般性的谈判中，双边谈判最为多见。

双边谈判的座次排列，主要有下列两种具体的形式可供选择：

其一，横桌式。横桌式座次排列，是指谈判桌在谈判室内横放，客方人员面门而坐，主方人员背门而坐。除双方主谈者居中就座外，各方的其他人士则依其具体身份高低，各自先右后左、自高而低地分别在己方一侧就座。双方主谈者的右侧之位，不需要译员在座时，可坐副手；需要译员在座时，则应由译员就座（见图3－24）。

其二，竖桌式。竖桌式座次排列，是指谈判桌在谈判室内竖放。具体排位时以进门时的方向为准，右侧由客方人士就座，左侧则由主方人士就座。在其他方

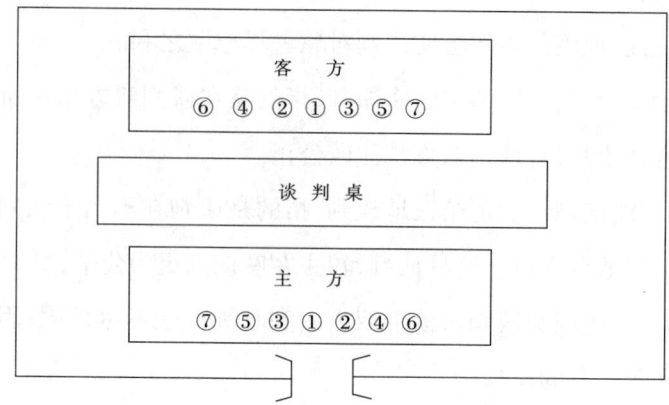

图 3-24 横桌式谈判时的排位

面,则与横桌式排座相仿(见图 3-25)。

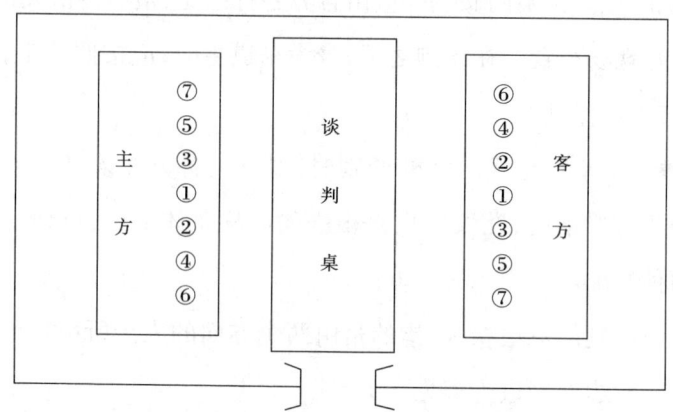

图 3-25 竖桌式谈判时的排位

第二,多边谈判。多边谈判,在此是指由三方或三方以上人士所举行的谈判。多边谈判的座次排列,也可分为以下两种形式。

其一,自由式。自由式座次排列,即各方人士在谈判时自由就座,而无须事先正式安排座次。

其二,主席式。主席式座次排列,是指在谈判室内面向正门设置一个主席之位,由各方代表发言时使用。其他各方人士,则一律背对正门、面对主席之位分别自左而右地就座。各方代表发言后,亦须下台就座(见图3-26)。

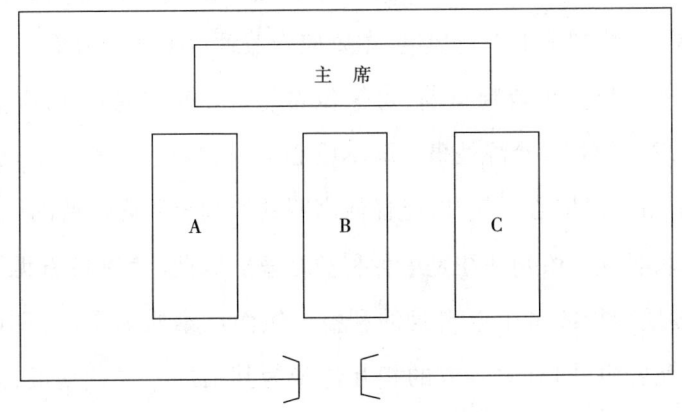

图3-26 主席式谈判时的排位

按照惯例,在双边谈判中,应设置姓名签。而在多边谈判中,则大多不需要设置姓名签。在需要设置姓名签时,应保证在座者每人一个,没有遗漏。姓名签应以印刷体打印,同时采用本国与外方两种文字。通常应以本国文字面对自己,而以外方文字面对对方。

3. 谈判表现。举行正式的涉外谈判时,谈判者尤其是主谈者的临场表现,往往直接影响到谈判的现场气氛。一般认为,谈判者的临场表现,最为关键的是讲究打扮、保持风度、礼待对手等三点。

第一,讲究打扮。参加谈判时,有关人员一定要对自己的穿着打扮有所讲究。此举并非是为了招摇,而是为了表示自己对于谈判的高度重视。讲究打扮的具体内容有:

其一,修饰仪表。参加谈判前,应认真修饰个人仪表,尤其是要选择端庄、雅致的发型。一般不宜染彩色发。男士通常还应当剃须。

其二,精心化妆。出席正式谈判时,女士通常应当认真进行化妆。但是,谈判时女士的化妆应当淡雅清新、自然大方,不可以浓妆艳抹。

其三,规范着装。我方人员在参加正式谈判时的着装,一定要简约、庄重,切切不可"摩登前卫"、标新立异。一般而言,选择深色套装、套裙,白色衬衫,并配以黑色制式皮鞋,才是最正规的。

第二,保持风度。在整个谈判进行期间,每一位谈判者都应当注意保持风度。具体来说,在谈判桌上保持风度,主要应当兼顾以下两个方面。

其一,心平气和。在谈判桌前,每一位希望成功的谈判者均应做到心平气和,处变不惊,不急不躁,冷静处事。既不成心惹谈判对手生气,也不自己找气来生。在谈判中始终保持心平气和,是任何高明的谈判者所应保持的风度。

其二,争取双赢。谈判往往是一种利益之争。因此,谈判各方无不希望在谈判中最大限度地维护或者争取自身的利益。然而从本质上来讲,真正成功的谈判,往往以相互妥协,即有关各方的相互让步为其结局。也就是说,谈判不应当以"你死我活"为目标,而是应当使有关各方互利互惠,各有所得,实现双赢。在谈判中,只注意争利而不懂得适当地让利于人,只顾己方目标的实现,而指望对方一无所得,既没有风度,也不会真正赢得谈判。

第三,礼待对手。在谈判期间,我方人员一定要礼待自己的谈判对手。具体来讲,主要需要注意人事分开和讲究礼貌两点。

其一,人事分开。在谈判中,必须明白对手之间是"两国交兵,各为其主"。指望谈判对手对自己手下留情,甚至"里通外国",不是自欺欺人,便是白日做梦。因此,要正确地处理己方人员与谈判对手之间的关系,要做到人与事分别而论。也就是说,大家谈判归谈判,朋友归朋友。在谈判之外,对手可以成为朋友;在谈判桌前,朋友也会成为对手。二者不能混为一谈。

其二,讲究礼貌。在涉外谈判过程中,我方人员不论身处顺境还是逆境,都切切不可意气用事、举止粗鲁、表情冷漠、语言放肆,不懂得尊重谈判对手。在任何情况下,谈判者都应该待人谦和,彬彬有礼,对谈判对手友善相待。即使与对方存在严重的利益之争,也切莫对对方采取恶语相加、讽刺挖苦等人身攻击行为,不尊重对方的人格。

(二)签字仪式

在对外交往中,举行签字仪式,不仅是对谈判成果的一种公开化、固定化,而且也是有关各方对自己履行合同、协议所作出的一种正式承诺。

1. 位次排列。从礼仪上来讲,举行签字仪式时,在力所能及的条件下,一定要郑重其事。其中,最引人注目的当属举行签字仪式时座次的排列方式问题。

一般而言,举行签字仪式时,座次排列的具体方式共有以下三种,它们分别适用于不同的具体情况。

第一,并列式。并列式排位,是举行双边签字仪式时最常见的形式。它的基本做法是:签字桌在室内面门横放。双方出席仪式的全体人员在签字桌之后并排排列,双方签字人员居中面门而坐,客方居右,主方居左(见图3-27)。

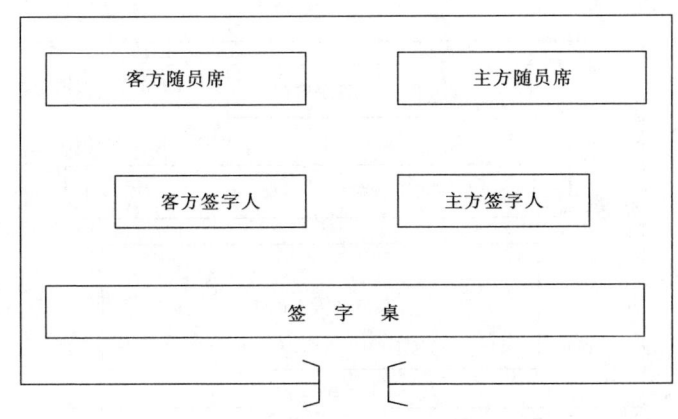

图3-27 并列式签字仪式的排位

第二,相对式。相对式排位,与并列式排座基本相同。二者之间的主要差别,是相对式排座将双边参加签字仪式的随员移至签字人的对面(见图3-28)。

第三,主席式。主席式排位,主要适用于多边签字仪式。其操作特点是:签字桌仍须在室内横放,签字席仍须设在桌后面对正门,但只设一个,并且不固定其就座者。举行仪式时,所有各方人员,包括签字人在内,皆应背对正门、面向签字席就座。签字时,签字人应以规定的先后顺序依次走上签字席就座签字,然后即应退回原处就座(见图3-29)。

2. 基本程序。在具体操作签字仪式时,我方人员可以依据下述基本程序进行运作。

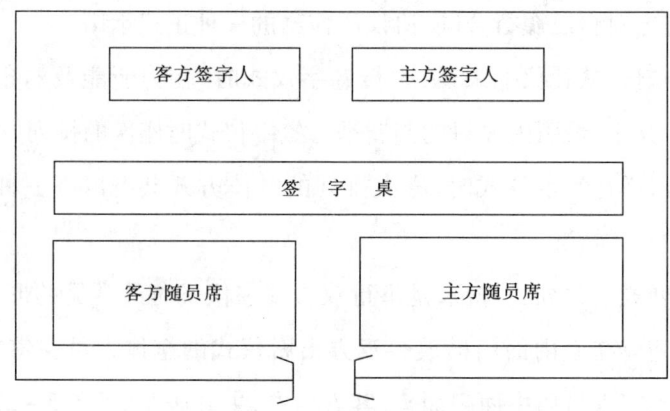

图 3-28 相对式签字仪式的排位

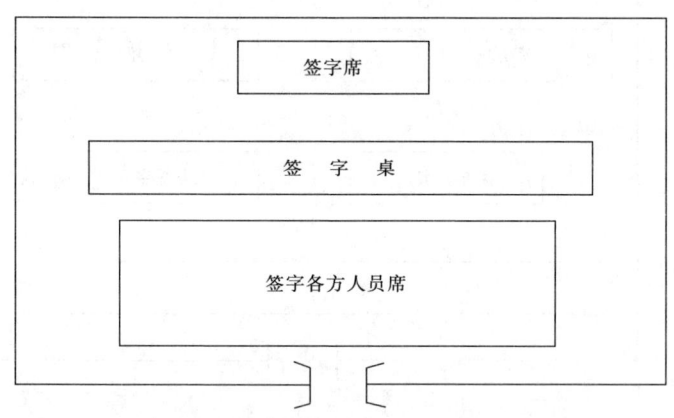

图 3-29 主席式签字仪式的排位

第一，宣布开始。此时，有关各方人员应先后步入签字厅，在各自既定的位置上就位。

第二，签署文件。通常的做法是，首先签署应由己方保存的文本，然后再签署应由他方保存的文本。

依照礼仪规范，每一位签字人在己方所保留的文本上签字时，应当名列首位。因此，每一位签字人均须首先签署将由己方所保存的文本，然后再交由他方签字人签署。此种做法，通常称为"轮换制"。它的含义是：在文本签名的具体排列顺序上，应轮流使有关各方均有机会居于首位一次，以示各方完全平等。

第三，交换文本。各方签字人届时应郑重其事地进行文本交换,并随即热烈握手,互致祝贺,并互换方才用过的签字笔,以作纪念。全场人员应热烈鼓掌,表示祝贺。

第四，饮酒庆贺。在交换文本后,各方签字人按惯例应以香槟酒干杯,以示举杯祝贺,并随后与其他方面的人士一一干杯。这是国际上所通行的为签字仪式增添喜庆色彩的一种常规性做法。

十一、文娱活动

为了活跃气氛,调剂外方来宾的业余生活,在紧张的外事接待过程中,我方通常会为外方来宾尤其是外方的贵宾安排一些文娱活动。此类活动,往往很受外方来宾的欢迎。

除了可以调剂外方来宾的业余生活之外,为外方来宾安排文娱活动还具有另外一种作用,即可以使外方来宾直观而形象地接触中国文化,向对方展示我国文化界的新气象、新成就,促使对方进一步地了解当代中国。

在为外方来宾具体安排文娱活动时,有三项基本原则必须为我方人员所重视。

其一，内容健康。文娱活动的基本内容,必须是健康向上、文明得体、高雅脱俗、令人有所获益的。

其二，形式活泼。为外方来宾所安排的文娱活动切忌形式单调,内容枯燥,一味说教;唯有形式活泼、具有特色、生动、新颖的文娱活动,才会真正为外方来宾所欢迎。

其三，增进友谊。为外方来宾安排文娱活动的目的之一,就在于促进中外双方的了解,加深中外双方的友谊。因此,有关活动的具体形式与内容,都应紧密围绕此点展开。

目前,在外事接待过程中,我方为外方来宾所安排的文娱活动,以文艺晚会与体育表演最为多见。

(一) 文艺晚会

文艺晚会,通常简称为晚会。它一般是指在晚上所举行的以表演文艺节目为主要内容的群众性聚会。在外事活动中,它是最为常见的为外方来宾所安排的文娱活动之一。

在为外方来宾尤其是贵宾安排文艺晚会时,主要应当重视晚会的筹备与现场组织两个问题。

1. 重视筹备。一台文艺晚会的成功与否,在很大程度上取决于筹备工作是否充分。为外方来宾安排文艺晚会时,对下述几项具体的筹备工作务必要予以重视。

第一,确定主题。为外宾所组织的文艺晚会,应当有别于国内一般性的文艺晚会。其重点应当是介绍我国民族文化,颂扬中外双方的友好关系。其风格应当生动活泼,轻松愉快,引人入胜。切忌将其办成报告会、新闻发布会,一味地自我陶醉;同时亦应避免简单说教、形式陈旧、内容陈腐等"常见病"的出现。

第二,确定类型。确定晚会主题后,接下来便要确定与之相协调的晚会类型。依照目的分类,晚会有专题性晚会与娱乐性晚会之分。前者围绕某一主题举行,如"中国与某国建交20周年纪念晚会";后者则纯为娱乐,有时也允许现场观众参与演出。依照节目分类,晚会有综合性晚会与专场性晚会之分。前者指的是各类文艺节目的综合表演;后者则以某一类型的文艺节目为主要内容,如戏剧晚会、曲艺晚会、电影晚会等。

第三,选择节目。选择晚会所表演的具体节目时,一定要慎之又慎。其主要要求涉及下列五方面:一是要符合本次晚会的主题;二是要体现中国的民族特色与地方特色;三是要照顾外方来宾特别是主宾的兴趣;四是要安排一些外方来宾所属国家、所属民族的节目;五是要防止演出内容冒犯外方来宾的个人禁忌、国家尊严、宗教信仰、民族习俗。

第四,发出邀请。凡正式举行的文艺晚会,如欲邀请外方来宾参加,一定要事先向对方通报,并征得其同意。在一般情况下,均应提前向对方发出正式的书面邀请。邀请外方来宾参加晚会,务必要有主有次,适当地控制人数。当外宾出席娱乐性晚会时,如欲邀请对方登台进行即兴表演,最好事先告知对方。切勿届时强拉硬拽,强人所难。

第五,印制说明。为使外方来宾进一步对为其所举办的文艺晚会有所了解,一般均应在其观看演出之前,将印制精美的节目单或晚会说明书送至对方手中。节目单的主要内容有:具体节目名称、演职员姓名、演出的预定顺序、表演所预计的时间以及节目内容简介等。节目单或晚会说明书通常应用宾主双方文字印制,应当保证所有外宾人手一份,并且应当尽早发给对方。

第六,座位安排。外方来宾观看演出时的座位,一般应当事先根据对方的具体身份做好安排。按照惯例,观看文艺节目时,以包厢或者第7排和第8排座位为佳。观看电影时,则以第15排前后为宜。在正常情况下,专场演出通常将贵宾席留给客人和主人。其他观众可排座位,亦可自由入座。若规定观众对号入座,可将座号与请柬一并发出。

第七,入席退席。为外方来宾举办专场演出时,可安排普通观众首先入席。正式开幕前,在主宾席就座的客人在主人陪同下入场就座。当其入场时,其他观众应全体起立,并鼓掌以示欢迎。演出全部结束后,应由主人陪同在主宾席就座的客人首先退场,其他观众在此之后方可退场。

第八,登台献花。在国外,人们有着在正式演出结束后,登上舞台,向专业演员献花的习惯。中国在专场文艺晚会或首场演出结束时,往往也会安排外方来宾尤其是主宾,在主人陪同之下,登上舞台向演员致谢,并向其送上花篮或花束。有时,宾主还会与全体演员合影留念。此类安排,讲究主随客便。一般而言,主人不应提示客人献花,更不应当要求客人登台与演员见面。有些外国客人习惯献花而不登台,但登台而不献花者则很少见。

2. 现场组织。一般而言,尽管在为外宾所举办的晚会上主角当属外宾,但就其参加者的具体人数而论,中方的观众往往会占绝大多数。因此,要保证晚会的成功,就不能不对中方的观众尤其是普通观众有所要求。

参加文艺晚会时,中方观众主要应当重视如下几点:

第一,准时到场。参加晚会的中方观众,一般均应按照规定的时间准时入场。若因故不能到场,特别是当集体单位因故不能到场时,应及早向有关方面报告,以便其另做安排,不允许无故缺席。若因故迟到,也不宜随到随入,而应按规定在幕间休息时入场。

第二,禁止早退。进入剧场后,观众一般不应提前退场。若确有原因必须提前退场,幕间休息时或某个节目表演结束落幕之后方可离席。离席之后,宜从后面退场,不宜经过台前。

第三,禁止喧哗。为了保证文艺演出的顺利进行,观众必须自始至终地保持剧场之内的安静。不要交头接耳,高声喧哗;不要四处走动,大吃大喝;不要随口哼唱,击打座椅;不要使用手机,接听电话;大声咳嗽,或者向他人介绍剧情亦为不妥。

第四,禁止摄影。为了维护演出单位的专利,并且保证良好的演出效果,在举行正式文艺演出时,除经过批准的新闻单位外,其他观众一般不得使用专门设备或手机录音、摄影、摄像,尤其是不得进行现场转播。为摄影、摄像而随意使用自备光源,亦有碍于演员的演出与现场观众的观看。

第五,尊重来宾。在出席晚会期间,中方观众应当对外方来宾尊重有加。除了当贵宾入场、退场时应起立鼓掌欢迎或欢送之外,还应注意不要围观外宾,并礼让外宾。当外宾与自己交谈时不要置之不理,遇到外宾时要主动问候。

第六,尊重演员。不论演员来自国内还是国外,本地还是外地,亦不论其表演是否专业,观众均应对其大力支持,并表示尊重。在演出期间,不要干扰对方。在演员演出结束后,应向其鼓掌致谢。观看演出期间,不要吸烟,不要起哄、"鼓倒掌"。当演员谢幕后,方可退场。

(二)体育表演

体育表演,在此是指以体育活动为基本内容的一种表演。在当今世界上,体育运动颇受人们青睐,因此在外事接待过程中,往往会为外方来宾安排体育表演。

就一般规则而言,体育表演与文艺晚会基本相似,在此处不再赘述。但对下述几个方面的操作技巧问题,却大可一提。

1. 表演形式。为外方来宾所安排的体育表演,往往存在着不同的具体形式。从总体上看,可以将其划分为如下两类:

第一,正式比赛。所谓正式比赛,通常指某一体育项目的单项竞赛。一场热门的、观赏性较强的正式比赛,例如足球比赛、篮球比赛、排球比赛、网球比赛、体操比赛、拳击比赛、棋类比赛、马术比赛等,往往拥有众多的观众。

通常认为,正式比赛因其竞争激烈、扣人心弦而最受观众欢迎。为外方来宾安排供其观看的正式比赛时,有下列四点必须注意:其一,比赛的具体内容应为外宾尤其是主宾所欣赏;其二,比赛的具体形式具有较强的观赏性;其三,比赛的参加人员拥有一定的国内外知名度;其四,比赛的进行过程预计将会比较激烈。如能安排我方运动员与来宾所在国家的运动员进行比赛,现场的气氛将会更为热烈。

第二,单项表演。所谓单项表演,在此具体是指不以正式竞赛的名次为目标的单一项目或者单人的体育表演。对外方人士而言,中国传统的体育项目如武术、气功、太极拳,国际上热门的体育项目如健美、柔道、艺术体操、花样滑冰、水上芭蕾等,均深受他们欢迎。

选择供外方来宾观看的单项表演,主要有如下五点应当予以考虑:其一,它应当属于我方的强项;其二,它应当适合观赏;其三,它的表演者应当具有一定的国内外知名度;其四,它应当受到外方来宾的偏爱或对其而言较为新颖;其五,在主随客便的前提下有时亦可由外方来宾表演自己所擅长的体育项目。

2. 表演场地。为外方来宾安排体育表演,自然需要一定的场地。在具体选择进行体育表演的场地时,有四点需要注意:

第一,选择较为正式的表演场地。在条件允许的前提下,应尽量选择专用的体育场馆作为表演场地。正式的不仅设施齐备,而且易于观众观看与表演者的正常发挥。非正式的场地,一般不应考虑。

第二,选择确保安全的表演场地。在选择体育表演的场地时,仍须坚持"安全第一"。具体而言,在选择场地时,不仅要考虑到表演者的安全,而且还必须考虑到外宾与其他观众的人身安全。

第三,选择面积适中的表演场地。为体育表演所选择的场地,应当面积大小适中。既要有利于体育表演的正常进行,又要避免出现场地面积与观众的具体人数不甚相称的情况。

第四,为外宾安排好适宜的席位。在选择体育表演场地时,应为外方来宾安排好适宜的席位。一般而言,观看体育表演时专供主人陪同外方来宾尤其是主宾就座的贵宾席,均应正面面对表演者。至于其距离的远近,应视表演项目的不同而确定。

3. 表演人员。作为体育表演的主角,表演人员必须遵守有关的礼仪规范,时时处处严格约束自己。不论专业的体育工作者,还是临时应邀客串节目的业余体育爱好者,在外方来宾面前都绝对不能贻笑大方。对下述四点必须加以注意:

第一,遵守有关规则。不论正式参加比赛,还是临时进行表演,有关人员都要遵守各项竞赛、表演规则。否则,相关的体育表演将变得杂乱无章、索然无味。

第二,体谅比赛对手。在参加体育比赛时,不论对手来自国内还是国外,是专业人员还是业余人员,我方人员均应坚持"友谊第一,比赛第二"的原则,对对方友善、体谅。

第三,服从赛场裁判。在比赛中,若有裁判执法,则我方人员应对其无条件地服从。应当谨记:这是赛场文明的一种重要表现。

第四,尊重全体观众。体育比赛的具体参加者,应注意与现场观众进行必要的交流。要尊重全体观众,特别要在外方来宾面前表现得彬彬有礼。

4. 现场观众。在观看体育表演的过程中,我方的每一名观众都应当自觉约束自己的行为。对于下述四点,我方观众必须予以重视。

第一,遵守秩序。在观看体育表演时,每一名观众都应自觉、主动地遵守有关的比赛、表演秩序和其他一切有关规定,以实际行动保证表演的顺利进行。

第二,参与有度。在观看体育表演的过程中,观众的投入自然应予以肯定。但是,必须明确的是,观众对比赛、表演的参与,均应以不影响比赛、表演的正常进行为限度。

第三,力戒偏袒。不论观看体育比赛还是观看体育表演,观众均应对所有的参赛者、表演者予以支持或鼓励。不允许厚此薄彼,偏袒任何一方。

第四,控制情绪。当比赛、表演结束后,观众应及时调整自己的情绪,令自己的激动情绪适可而止,切勿任其自由宣泄,长时间地大喜大悲不止,以致有碍正常秩序和工作。

十二、饮食住宿

接待外方来宾时,饮食住宿的安排往往至关重要。它们虽然都是外事接待之中的例行公事,但其具体操作细节颇有讲究,绝对不可等闲视之。如果在外方来宾的饮食住宿问题上稍有闪失,不但会直接影响对方的情绪,有碍对方的日常生活,而且还会令我方的整个接待工作前功尽弃。

在安排外方来宾的饮食住宿时,从总体上必须掌握下述五项基本原则:一是遵守我方的有关规定;二是考虑我方的实际条件;三是尊重来宾的风俗习惯;四是满足来宾的合理要求;五是确保来宾的健康与安全。

具体而言,则应当对为外方来宾安排饮料、用餐与住宿方面的礼仪规范了解得一清二楚。对于其中的任何一个具体细节,都绝对不能马虎行事。

(一)饮料安排

在中国,接待尊贵的来宾时,人们一般都讲究"上好茶"。它与"请上座"一样,是中国人待客时不可或缺的两大礼仪要点。

在外事接待中,饮料的安排永远不可缺少。在为外方来宾安排饮料时,饮料的品种、盛放的器皿、饮用的方式等三个要点必须为我方人员所重视。

1.饮料的品种。按照中国人的传统,为来宾准备饮料,实际上就是备茶而已,饮料与茶水往往是画等号的。而在外事接待中,这样做却未必行得通。这是因为不同的国家、不同的民族,人们选择饮料的习惯往往不同。所以在为外方来宾安排饮料时,其品种必须因人而异。

在一般情况下,为外方来宾准备饮料,可着重考虑下述几个品种:

第一,茶水。以中国传统的热茶待客,一般来讲还是行得通的。不过应当注意,外国人并不一定都喜欢中国人所惯用的绿茶或花茶。例如,日本人比较喜欢乌龙茶,英国人爱喝红茶,一些中亚、西亚国家的人则往往偏爱奶茶。还有一些外国人,可能根本就不喜欢饮茶。

第二,咖啡。众所周知,目前在国际社会中,咖啡乃是一种"人缘"最好的饮料。不论招待西方客人还是招待东方客人,都可以选择咖啡。

第三,汽水。在一些非正式场合,以可乐、雪碧、芬达之类的汽水待客,通常也是可行的。它既可以解渴,又可以消暑,所以比较受欢迎。不过,因其需要冷藏,而且饮用后易使人打嗝,故此不适用于肠胃不好者或特别正规的场合。

第四,果汁。在国外,新鲜的果汁是一种很受欢迎的饮料。其中的常规品种,如橙汁、苹果汁、菠萝汁等,更是待客之必备饮料。但它同样大多适用于非正式场合。

第五,矿泉水。目前,矿泉水在国际社会风头正健,普遍受到外国人的欢迎。在外方人士眼里,其身价通常较汽水为高。因此,在接待外方人士时,矿泉水或与之相类似的纯净水,都是应当常备的。

应当指出的是,在以饮料待客时,如条件允许,不妨多备几个品种,以使来宾有所选择。饮料品种越多,越说明我方对外方的重视。

在一般情况下,为外方来宾上饮料,可采取"一中一外""一冷一热"的方式。所谓"一中一外",即除为外方备上一种对方所惯用或国际上所流行的饮料外,可为其再上一道中式饮料——茶水,使其有机会体验"中国特色";所谓"一冷一热",则是指应照顾大多数外宾不喜欢热饮的习惯,除为其备上一道茶或咖啡之类的热饮外,必须为其准备一种矿泉水或汽水之类的冷饮。

2. 盛放的器皿。用以盛放各种饮料的器皿不仅应当与饮料相配套,而且须采取必要的措施以确保其清洁卫生。

第一,认真进行消毒处理。所有盛放饮料的器皿,均须由专人负责进行例行的消毒处理。

第二,绝不使用有残缺的器皿。凡用来接待外方来宾的器皿,用前均应当认真进行检查,凡有残缺的、带有污损痕迹的一律要剔除。

第三,杜绝器皿重复使用。必须注意的是,在任何情况下,都不应让外方来宾重复使用已被别人用过的器皿。为此,应当大力推广一次性饮料器皿的使用。

第四,积极推广环保器皿。在可能的条件下,应当尽量采用一次性纸杯等环保类型的饮料器皿。这样做不仅适应了外方来宾的要求,对身体健康有利,还有利于环保。

第五,大力提倡饮料自助。如果条件具备,应提倡在招待外方人士时实行饮料自助。这样不仅可使对方自取所需,而且还有助于更好地避免在取用饮料过程中发生不卫生的情况。

3. 饮用的方式。在款待外方来宾时,用以待客的饮料在其饮用方式上颇有一些讲究。从大体上讲,它可以被分为以下两种不同的情况。

第一,来宾可以对饮料有所选择,这主要适用于来宾人数较多或宾主较为熟悉之时。其前提是主人已经备有多种可供来宾选择的饮料。

让来宾选择饮料的方法之一,是在接待来宾现场的一角备好各种饮料,由对方自行选择。此即所谓"饮料后助"。

让来宾选择饮料的方法之二,是由主人或工作人员在为对方上饮料之前征求一下对方意见。需要强调的是,在口头征求来宾个人对饮料的选择时,宜采用"封闭式问题"的方式,即应当报出所有可供选择的品种,由对方从中选择。切勿采用"开放式问题"的方式,即不应直接询问对方"您用什么饮料?"否则就有可能出现不能满足对方要求的情况。

第二，来宾不能对饮料有所选择，这多见于较为正式的场合，或是在宾主不甚相熟的情况下。其前提是可供来宾选择的饮料品种较少。有时，饮料已在来宾抵达前摆放在其座席之上；有时，则是在来宾抵达后再由工作人员为其呈上。但都不必当面口头征求来宾选择饮料的具体意见。

（二）用餐安排

为外方来宾安排用餐时，务必要对有关规范与特殊要求了解得一清二楚。对于宴请的形式、就餐的方式、菜肴的选择、位次的排列等四个要点，有关人员尤其应当认真掌握。

1. 宴请的形式。 在有必要设宴招待外方来宾时，中外双方首先关注的往往是其具体形式。大体上讲，目前我国用以宴请外宾的形式主要有以下三种。

第一，宴会。宴会，通常是指最正式、最隆重的宴请。它可以在早、中、晚举行，但以晚宴最为正式。举办宴会时，需要提前发出请柬。除宾主双方外，往往还邀请其他人士出席作陪。届时，不仅宾主需要致辞，乐队需要演奏乐曲，就连餐具的多少，酒水、菜肴的道数，餐厅的陈设，侍者的仪态，赴宴者的衣着，通常都有其专门规定。

按照常规，用以招待外方来宾的宴会，可以具体分为国宴、正式宴会、便宴、家宴等四种。

第二，招待会。所谓招待会，指的是只备一些食物、饮料，而不备正餐、不排座次的较为自由的一种宴请形式。它多见于节庆活动同时接待多方来宾之时，在国际社会里十分流行。与宴会相比较，它在具体时间上可早可晚，延续时间可长可短，既不太讲究酒水、菜肴的道数，又不会对出席者的装束要求过多。

具体而言，招待会的形式颇多。目前，酒会、茶会、咖啡会、冷餐会等，都是其最为常见的形式。

第三，工作餐。工作餐，也是当今国际社会所流行的一种特殊的非正式宴请的形式。它大致上类似于我国国内的会餐，多为在工作间歇时以套餐的形式所提供的便餐，故此名为工作餐。它多在午间提供，因此在国外经常被人们称做工作午餐。

工作餐一般所用时间较短,菜肴道数较少,酒水通常不备。除与工作有关之人外,并无其他人士作陪,所以有人又把它叫做工作聚餐。在用工作餐时,往往不必由宾主先后致辞,但允许用餐者边吃边谈。

2. 就餐的方式。就餐的方式,一般是指具体以何种方式来用餐的问题。在当今世界上,就餐的方式主要存在如下三种:一是使用筷子用餐;二是使用刀叉用餐;三是直接用右手用餐。在一般情况下,鉴于我方宴请外方以中餐为主,所以在涉外宴请中,我方通常都选择使用筷子用餐的方式,以便令外方人士有机会感受中华美食的独特就餐方式。

不过,在选择以筷子用餐的方式宴请外方人士的同时,尚有两方面的问题应予注意。

第一,必须兼顾外方来宾的就餐习惯。除中国、朝鲜、韩国、日本、老挝等为数不多的几个国家之外,世界上大多数国家并无使用筷子就餐的习惯。因此,在宴请外方人士时,不妨为之安排"一中一外"两种就餐方式。既为之准备筷子,让其有机会"一试身手",又同时为之准备其惯用的餐具。在这一问题上,千万不要勉强对方,而是应当悉听尊便。

第二,考虑到外方人士的不同身份以及中外双方关系的不同,可将中餐以筷子用餐的就餐方式进一步区分为以下四种:

其一,"混餐式"。它又叫作"合餐式",类似于国内的会议餐或家庭用餐。用餐时,全体就餐者围坐在一起,使用各自的餐具取用盛放在同一器皿之内的菜肴。它的长处,是可使人产生和睦、亲近之感。其不足,则主要是不太卫生。因此,通常不宜以此种方式正式宴请外方来宾。

其二,"分餐式"。有时,它也叫"中餐西吃"。它是指用餐时,不论菜肴还是主食,一律分给每位用餐者等量的一份,然后大家围坐在一起,使用各自专用的餐具、器皿独享自己的食物。显而易见,它的优点是既卫生又公平。举行正式宴会时,它往往被视为一种最佳选择。

其三,"自助式"。"自助式"就餐,一般也叫自助餐。国外所流行的酒会、茶会、咖啡会、冷餐会与其大同小异。"自助式"就餐的具体做法是:所有食物被分类摆放在一起,然后任由就餐者根据本人口味取用。在用餐时,人们可站可坐,但一般不排座次。它的长处主要是节省开支,节省人力,不排座次,不拘礼仪。举行较大规模的招待会时,通常可选此种方式。

其四,"公筷式"。它实际上是"混餐式"的一种特殊形式,用餐时人们围坐在一起,先用公用的餐具取被放置在同一器皿内的食物,再以各自专用的餐具享用。此种方式既文明卫生,又有中式家庭的亲密氛围,适宜在为外方来宾举办家宴时采用。

3. 菜肴的选择。不论请谁吃饭,菜肴永远都是主要内容之一。在安排外方来宾用餐时,必须对菜肴的选择问题高度重视。在为对方准备菜单时,除了要量力而行之外,关键是要对对方爱吃与不爱吃的东西心中有数。

第一,必须在菜单上排除外方来宾忌食之物。一般而言,外方人士的饮食禁忌可以分为以下五类:

其一,宗教禁忌。许多宗教都有其特殊的饮食禁忌。并且绝对禁止其信徒违反。例如,伊斯兰教禁食猪肉,印度教禁食牛肉,犹太教禁食无鳞、无鳍的鱼,等等。在所有各类饮食禁忌中,宗教禁忌是最严格的。

其二,民族禁忌。不少民族都有各自的饮食禁忌。例如,美国人不吃鲤鱼,俄国人不吃海参,英国人不吃狗肉,日本人不吃皮蛋,等等。出于对外宾所属民族习俗的尊重,我方人员对此须熟记于心。

其三,职业禁忌。一些特殊的工作岗位,对其工作人员的饮食往往也有所限制。例如,在世界各国,司机都不准饮酒,法官与检察官一般也不得出席有碍其正常执行公务的宴请。

其四,健康禁忌。对于某些身体条件欠佳者,在为其安排用餐时一定要给予照顾。例如,糖尿病患者宜用无糖餐,高血脂患者宜用低脂餐,高血压患者忌饮酒。此类限制,是绝对不能违反的。

其五,口味禁忌。有些人的饮食禁忌并无规律,而仅仅出自其个人口味。例如,有人不食荤,有人不食鱼,有人不吃大蒜,有人不吃辣椒,等等。对这些个人口味方面的禁忌,亦不得疏忽大意。

有时,为使外宾不至于在就餐时感到难堪,带骨、带刺、带筋、带皮、带核的菜肴也不宜上桌。

第二,除排除外方来宾忌食之物外,还理当尽量在菜单上安排受外方来宾欢迎的食物。依照一般经验,外宾主要欣赏下述三类菜肴:

其一,具有民族特色的菜肴。为外方来宾安排中餐时,自然应当突出中华民族的特色。主食之中的春卷、云吞、肉夹馍、炸元宵、兰州拉面、扬州炒饭,菜肴之中的咕咾肉、狮子头、糖醋鱼、宫保鸡丁、鱼香肉丝、清炒豆芽、麻婆豆腐等,往往深受外宾欢迎。

其二,具有本地风味的菜肴。中华饮食,讲究"南甜、北咸、东辣、西酸。"各地菜肴,各具不同风味,而且有着各自颇负盛名的"代表作"。例如,北京的"全聚德烤鸭",上海的"大壶春生煎",天津的"狗不理包子",云南的"过桥米线"等。它们通常都是宴请外方人士的适宜之选。

其三,外宾本人偏好的菜肴。在以中餐的特色菜、风味菜招待外方来宾时,必须考虑到外方人士尤其是外方主宾的个人口味偏好。应该承认,有人爱吃中国菜,有人对其却未必习惯。因此,在力所能及的时候,应为对方备上一些其本国菜、家乡菜,特别是对方本人爱吃的菜肴。

4. 位次的排列。在安排外方来宾用餐时,对其位次排列必须予以重视。越是正式的宴请,就越应重视其位次的排列。鉴于我方多以中餐待客,故此安排外宾用餐的位次,主要是指其用中餐时的位次排列。

在一般情况之下,安排中餐的用餐位次,往往涉及桌次与席次等两个方面。它们的排列,各有其一定之规。

第一,中餐的桌次排列方法。举行正式的中餐宴会时,若所设餐桌不止一桌,便存在桌次的尊卑之别。排列桌次时,主要应遵守如下三项规则:

其一,"以右为上"。当餐桌有左右之分时,应以位于右侧的餐桌为上桌,此即所谓"以右为上"。应当说明的是,此刻的左右,是按照"面门为上"的规则来确认的(见图3-30)。

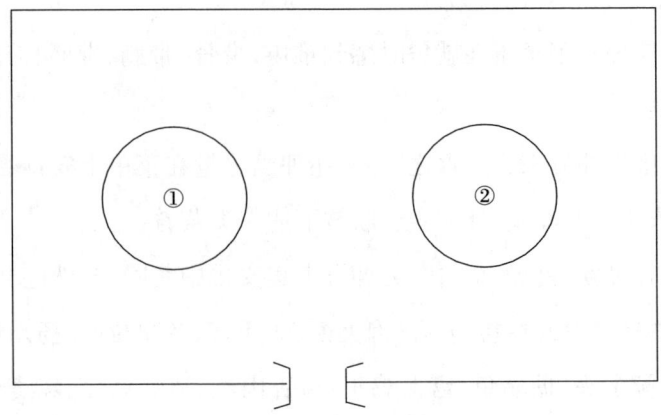

图 3-30 桌次排位之一

其二,"内侧为上"。当餐桌距离餐厅正门有远近之分时,一般以距门较远的餐桌,即靠内侧的餐桌为上桌,此即所谓"内侧为上",有时又叫作"以远为上"(见图 3-31)。

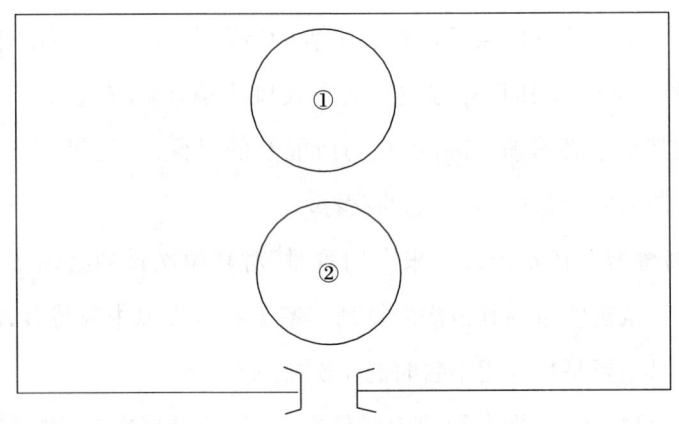

图 3-31 桌次排位之二

其三,"居中为上"。多张餐桌排列在一起时,通常以居于其中央的餐桌为上桌,此即所谓"居中为上"(见图 3-32、图 3-33)。

许多时候,以上这三项规则往往是交叉使用的。除此之外,在排列桌次时,还须注意到:除主桌外,其他各桌一般距主桌越近,桌次便越高;距主桌越远,桌次便越低(见图 3-34、图 3-35、图 3-36、图 3-37)。

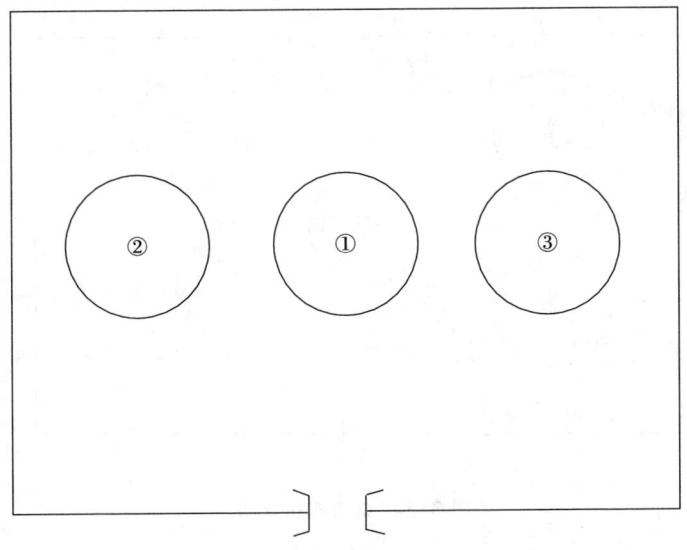

图 3-32　桌次排位之三

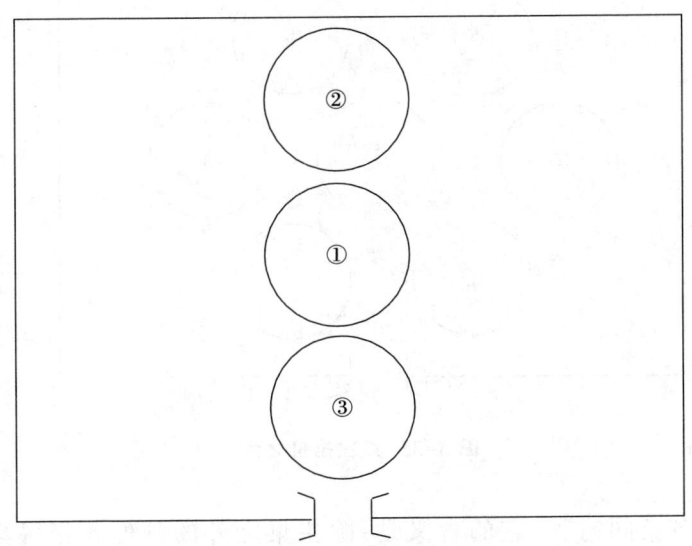

图 3-33　桌次排位之四

第二，中餐的席次排列方法。在中餐宴会上，相同一张餐桌上的具体席位往往亦有尊卑之别。进行席次的具体排列时，有下述四项规则必须恪守。

其一，"好事成双"。它要求：每张餐桌上用餐者的具体人数宜为双数，因为中国人以双数为吉祥之数。

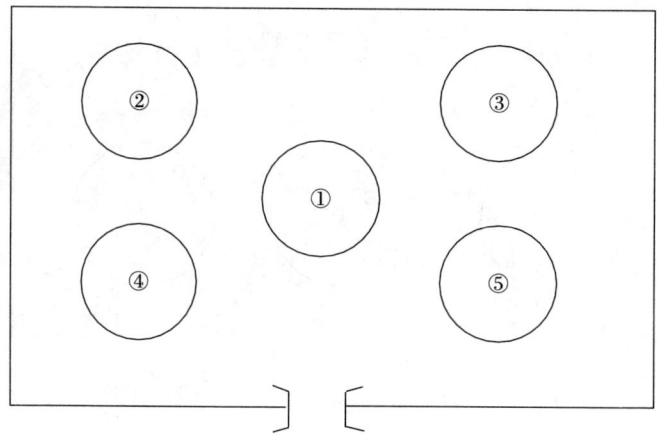

图 3-34 桌次排位之五

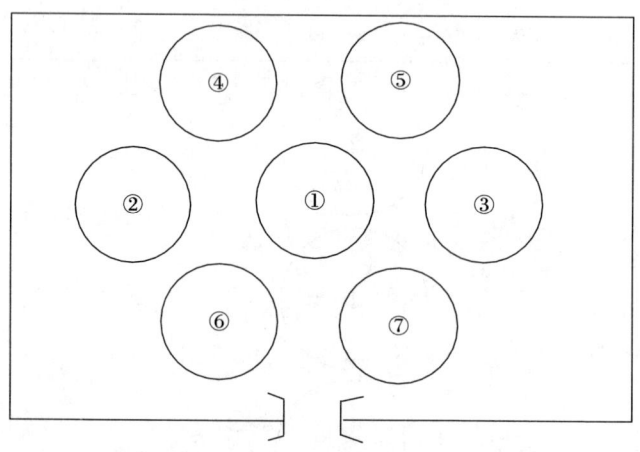

图 3-35 桌次排位之六

其二,"各桌同向"。它的含义是:除主桌之外的其他各张餐桌,可以采用与主桌一致的排位方式。届时,各张餐桌上的具体席位顺序应当基本相同。

其三,"面门为主"。它规定:在一般情况下,主人之位应当面对餐厅正门。需要设第二主人之席时,则应令其在第一主人对面就座。

其四,"主宾居右"。它是指主宾一般应挨着主人,并在其右侧就座。除主人

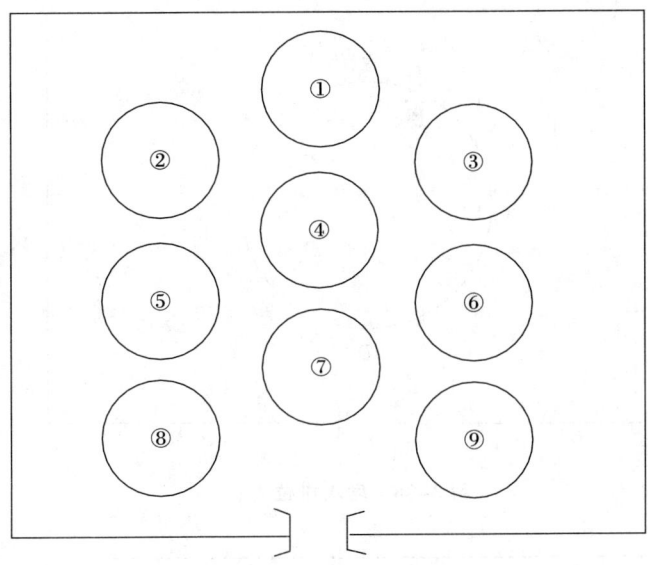

图 3–36 桌次排位之七

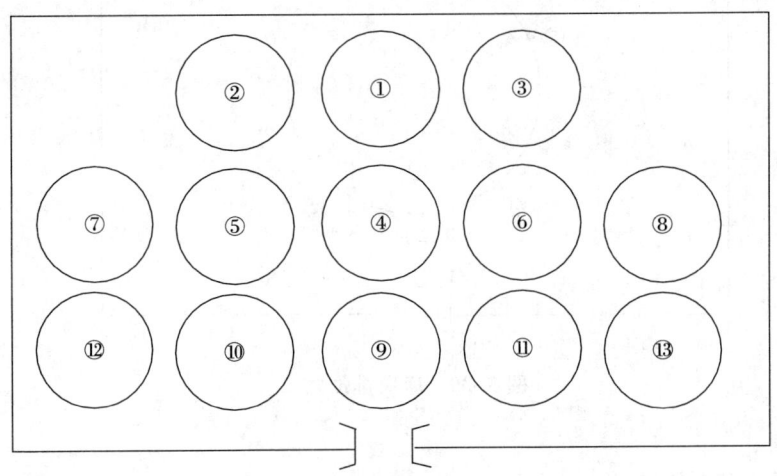

图 3–37 桌次排位之八

与主宾之外,双方的其他就餐者应分为主左客右,分别在主人、主宾一侧依其身份的高低顺序就座。

在具体的操作之中,上述四项规则通常会交叉在一起使用,而很少单独使用(见图 3–38、图3–39、图 3–40)。

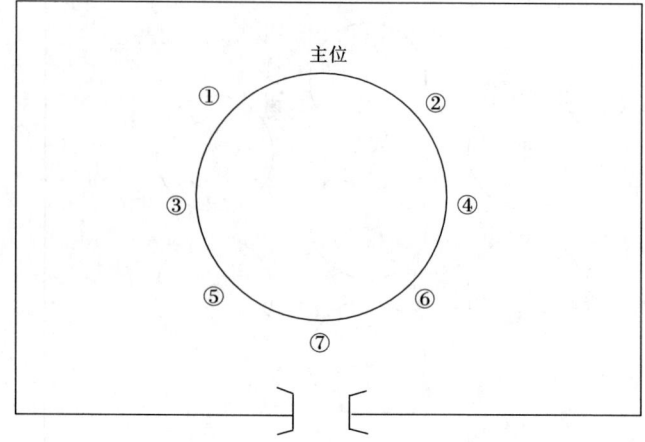

图 3-38 席次排位之一

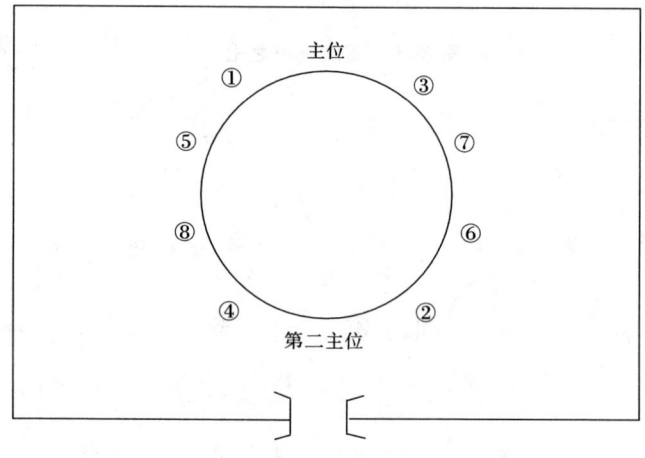

图 3-39 席次排位之二

（三）住宿安排

接待远道而来的外方人士，往往要为其安排住宿。严格地讲，来宾住宿问题的解决可采用以下两种方法：其一，来宾自行解决。主人所要做的，只是在必要时给予对方一定程度的协助。例如，代为预订，或为其提供建议、咨询。其二，主方负责解决。它要求接待方全面负责解决与来宾住宿相关的一切问题。至于究

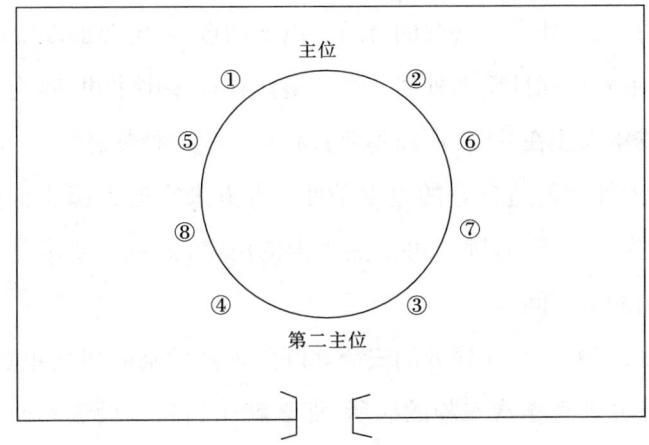

图 3-40 席次排位之三

竟应采用何种方式,通常由宾主双方提前商定。

当主方负责解决外方来宾的住宿时,主要应当考虑如下三个方面的问题。

1. 慎选外宾的住宿地点。根据惯例,目前国内在接待外方来宾时,通常都会将对方安排在条件优越、设备齐全、服务与国际水准接轨的涉外饭店住宿。在一般情况下,因公正式接待外方来宾时,不宜将其安排在条件、设备、服务稍逊一等的民宿、旅馆、招待所住宿,也不宜在自己家中随便留宿对方。

在选择适合外方来宾住宿的涉外饭店时,除考虑外宾的个人习惯与要求之外,对下述八点应当特别予以注意:

第一,拟请外宾住宿地点的口碑。

第二,拟请外宾住宿地点的服务质量。

第三,拟请外宾住宿地点的接待能力。

第四,拟请外宾住宿地点的周边环境。

第五,拟请外宾住宿地点的交通条件。

第六,拟请外宾住宿地点的配套设施。

第七,拟请外宾住宿地点距接待单位、机场、港口、车站及工作地点路程的远近。

第八,接待单位用以安排外宾住宿的经费预算状况。

2. 尊重外宾的生活习惯。 在为外方来宾安排住宿地点时，应当对对方独特的生活习惯有所了解，并予以必要的尊重。以下四点，一定要加以特别注意：

第一，尽量不安排同性别的外宾共居一室。在很多国家里，唯有同性恋者才会与同性别的成年人住在一起，所以不要冒犯对方的此种禁忌。

第二，努力为外宾创造良好的卫生条件。外方来宾通常都非常重视个人卫生。他们不仅需要住处配有随时可洗热水澡的浴室，而且还要求住处必须配有可供其单独使用的卫生间。

第三，充分保证外方来宾住处的安静。既然外宾的临时居所主要用于休息，而且绝大多数外方来宾喜欢安静的居所，那么就应当想方设法不使对方为噪声所骚扰。

第四，严格做到外方来宾的休息不被干扰。根据国际惯例，通常不宜在饭店的客房之内会客。因此，我方人员尽量不要进入外宾临时下榻的客房，以免干扰对方。

3. 照顾外宾的生活需要。 在安排外方来宾住宿时，在力所能及的前提下，我方人员应当善解人意，对对方体贴入微，尽量满足对方的合理生活需要。

第一，安排外方来宾就近住宿。若需要为之安排住宿的外宾不止一人，应尽量安排其在同一饭店、同一楼层或相邻楼层住宿，以便其相互关照或集体行动。

第二，为外宾安排好闲暇活动。在不影响外方来宾个人休息或整体接待计划的前提下，应当在对方的闲暇时间为之安排一些文艺、娱乐、健身、游览、购物之类的活动项目。此类项目通常为外宾所欢迎，但不宜安排过多。

第三，照顾来宾应当"主随客便"。在照顾外方来宾的生活时，必须同时注意不要适得其反，不要因此而限制了对方的个人自由，为对方平添了麻烦。

第四，满足外宾合理合法的需要。对于外宾在生活方面所提出的要求，理当予以满足。但是，其所提要求必须合情合理，而且必须符合我国法律和有关规定。

十三、交通往来

在外事活动中,不论我方所接待的外方人士来自何处,都存在着具体的交通往来问题。交通,一般指的是人们平时的通达往来。对外事接待工作而言,在此主要是指外方人士的入出境、在华居留期间常规交通工具的使用。

从总体上讲,我方人员在考虑外事接待过程中外宾的交通往来问题时,对下述三项基本规则必须严格地加以遵守。

第一,维护主权。世界上的任何一个主权国家,都不会听任外国人在本国国境之内"我行我素"。为了维护国家主权,各国都会对外方来宾在本国境内的交通往来有所规定。

第二,安全至上。有道是"走马行车三分险"。对于来自异国他乡又不熟悉中国的交通状况的外方人士而言,更增添了"险"的成分,所以必须自始至终在外宾的交通往来问题上坚持"安全第一"。

第三,方便来宾。在维护国家主权、坚持"安全第一"与量力而行的同时,我方在正式接待外方来宾时,应当在交通往来问题上尽可能地方便对方。

从具体上讲,我方人员在考虑外事接待过程中外宾的交通往来问题时,主要应当重视外方人士的手续是否合法与交通工具的安排是否周到两大事项。

(一)手续合法

按照国际惯例,任何外方来宾在中国境内行动时,都应拥有合法手续。这一问题主要涉及其身份是否合法与使用交通工具是否合法两个方面。

1. 外方人士的身份必须合法。在任何情况下,如果我方所接待的外方人士不具备在华的合法身份,那么我方就根本不应当接待对方,更不要说给予对方在华期间的交通自由了。

具体来说,外方人士在华期间身份合法与否的问题,实际上主要是指外国人入境、出境是否合法,外国人在华旅游是否合法,以及外国人在华居留是否合法。

第一,外国人在中国入境、出境、过境必须合法。中国现行的主要有关规定有:

其一,外国人入境、出境、过境,必须经中国政府主管机关许可,必须从对外国人开放的或者指定的口岸通行,并接受边防检查机关的检查。

其二,外国人入境,应当向中国的外交代表机关、领事机关或者外交部授权的其他驻外机关申请办理签证。在特定情况下,依照国务院规定,外国人也可以向中国主管机关指定口岸的签证机关申请办理签证。持联程客票搭乘国际航班直接过境,在中国停留不超过24小时并且不出机场的外国人,可免办签证。要求临时离开机场的外国人,则需要经过边防检查机关批准。

其三,外国人申请各项签证,应当提供有效护照,并在必要时提供有关证明。

其四,应聘或者受雇来中国工作的外国人,在申请签证时,应当持有应聘或者受雇证明。

其五,来中国定居的外国人,在申请签证时,应当持有定居身份确认表。定居身份确认表,通常应由申请人向申请定居地的公安机关申请领取。

其六,中国政府主管机关根据外国人申请入境的事由,发给其相应的签证。

其七,从事国际航运的航空器或者船舶抵达中国口岸时,机长、船长或者其代理人必须向边防检查机关提交旅客名单,外国的飞机、船舶还必须提供机组、船员的名单。

其八,被确认入境后可能危害中国国家安全、社会秩序的外国人,不准入境。

其九,外国人出境,必须凭本人有效护照或者其他有效证件。

其十,有下列情形之一的外国人,不准离开我国国境:刑事案件的被告人和公安机关或者人民检察院或者人民法院认定的犯罪嫌疑人;人民法院通知有未了结民事案件者;有其他违反中国法律的行为尚未处理,经有关主管机关认定需要追究者。

其十一,有下列情形之一的外国人,边防检查机关有权阻止其出境,并可对其予以依法处理:持用无效出境证件者;持用他人出境证件者;持用伪造或者涂改的出境证件者。

第二，外国人在华旅游必须合法。中国欢迎外国人以私人身份来华旅游观光，但来华旅游观光的外国人必须办理合法手续。

外国人来华旅游，一般均由中国国际旅行总社驻外办事机构办理旅游手续，然后根据国内旅游的有关规定，分别组成旅游团前来我国观光游览。

除上述纳入旅游接待计划的外国旅游团体外，还有一些未纳入计划的临时自费来我国各地旅游的外国人。他们亦须办理有关手续。

目前，外国人持有效的签证或居留证件，可前往中国政府规定对外国人开放的地区旅行。

外国人若希望前往目前尚不对外国人开放的市、县旅行，必须事先向所在市、县公安局申请旅行证。获准之后，方可前往该地区。

外国人在华申请旅行证时，必须履行下述规定手续：一是交验护照或居留证件；二是提供与旅行事由有关的证明；三是填写旅行申请表。

外国人旅行证的有效期为一年，但不得超过其所持有的签证或居留证件的有效期。在领取旅行证后，外国人如要求延长其有效期、增加不对外国人开放的旅行地点或偕行的人数，必须向公安局申请延期或变更。

按照国际惯例，外轮上的外国旅客在外轮停泊我国港口期间，可申请临时登陆参观游览，但届时必须填写每人一份的《外国旅客登陆申请表》。此手续可由当地外轮代理公司或中国国际旅行总社的办事机构代为办理。经公安部门同意登陆者，由当地公安局在对方的《外国旅客登陆申请表》的核准机关项内加盖"准予登陆"的签证章与刻有我国国徽的公章。

外国旅客可凭该申请表申请登陆，并在港口城市的市辖区之内参观游览。当外国旅客返船时，须向边防检查机关缴销此申请表。我国规定：《外国旅客登陆申请表》的登陆有效期最长不超过5天。

第三，外国人在华居留必须合法。在中国对外开放进一步扩大的形势下，已有越来越多的外国人在华居留。但是，外国人在华居留一定要符合中国政府的下述有关规定：

其一，外国人在中国居留，必须持有中国政府主管机关签发的身份证件或者居留证件。身份证件或者居留证件的有效期限,根据其入境的事由确定,在中国居留的外国人,应当在规定时间内到当地公安机关缴验证件。

其二,依照中国法律在中国投资,或者同中国的企业、事业单位进行经济、科技、文化合作以及其他需要在中国长期居留的外国人,经中国政府主管机关批准,可以获得长期居留或者永久居留资格。

其三,对不遵守中国法律的外国人,中国政府主管机关可以缩短其在中国居留的期限或者取消其在中国居留的资格。

其四,外国人在中国境内临时住宿,应依照有关规定,办理住宿登记手续。

其五,持居留证件的外国人在中国变更居留地点,必须依照规定办理迁移手续。

其六,未取得居留证件的外国人和来中国留学的外国人,未经中国政府主管机关允许,不得在中国就业。

2. 外方来宾在中国境内使用交通工具必须合法。当外方人士在中国入出境与停留期间,交通工具的使用是必需的,在中国国境之内,外方人士使用一切交通工具都必须符合中国法律与我国政府主管机关的规定。下列六点,特别应当予以强调:

第一,外国的交通工具无权任意出入中国国境或者随意在中国过境。外国交通工具如确有必要在中国入境、出境、过境,必须事先经过中国政府主管机关批准。

第二,外国的交通工具在中国入出境或过境限定于我方所规定的特定地点。一般而言,外国交通工具必须从对外国人开放的口岸或指定的口岸入境、出境、过境。

第三,通过中国的外国交通工具必须接受检查。在正常情况下,外国交通工具在中国入境、出镜或过境时,必须接受中国边防检查机关的检查与监护。

第四,外国交通工具在中国境内的使用被限定了活动区域。在任何情况下,外国交通工具都不可能在中国国境之内畅行无阻。其使用被指定在规定的区域之内,而且事先须经中国政府主管机关批准。

第五,在中国境内所使用的外国交通工具必须达到安全标准。出于维护中国交通安全与外方人士生命安全的考虑,中国要求在华使用的外国交通工具必须达到已正式公布的有关安全标准。

第六,外方人士在中国境内使用交通工具时,必须具备符合中国法律法规的准驾资质。对中国现行的相关交通规则,外方人士不但必须熟知,而且必须遵守。

此外,尚未开放的区域、危险的区域、军事禁区等,按国际惯例,外国人亦不得擅自前往。

(二)安排周到

在许多时候,需要由我方直接出面,为我方所接待的外方来宾安排其在华活动期间所使用的交通工具。对具体从事此项工作的外事人员而言,安排周到乃是第一位的要求。

所谓为外方来宾所使用的交通工具进行周到安排,主要是要求有关人员注意方便、舒适、安全以及座次等四个方面的具体细节。

1. 方便外宾。在为外方具体安排供其所使用的交通工具时,一定要坚持"主随客便"的原则,在符合法律、保障安全的前提下,一定要首先考虑我方的具体安排是否方便于外方来宾。

具体而言,在安排交通工具时方便外宾,主要应当体现在如下三个方面:

第一,在时间上方便外宾。在为外方来宾安排交通工具时,必须优先考虑对方在时间方面所提出的要求,并努力予以满足。

第二,在选择上方便外宾。在具体选择为外方来宾所服务的交通工具时,须确保其能为对方提供一定程度的便利。

第三,在乘用上方便外宾。简言之,要使外方来宾在乘用我方为其提供的交通工具时感到方便,不能因交通工具给对方平添麻烦。

2. 使用舒适。为外方来宾安排交通工具时,其舒适与否的问题往往是不可回避的。如果不能令外方来宾在乘用我方为之安排的交通工具时感到舒适惬意,往往就有可能影响我方接待工作的整体效果。所以,在为外方来宾安排交通

工具时,我方人员主要应当注意下列两点:

第一,优先选择较为舒适的交通工具。在诸多交通工具之中,其舒适程度或多或少总是存在着一定的差别。即使同一种交通工具,其不同的舱位、车厢、座位亦存在着舒适程度的差异。所以在条件允许时,我方应当尽可能地为外方来宾选择较为舒适的交通工具。

第二,努力为外方来宾乘用交通工具时创造较为舒适的环境。当确定外方来宾所使用的具体交通工具之后,我方人员应采取必要的措施,为外宾乘用交通工具时创造较为舒适的环境。

3. 安全第一。在为外方来宾安排交通工具时,我方人员必须自始至终地坚持"安全第一"的原则,保证交通工具的安全使用,并保证外方来宾的生命安全。

具体来说,我方所应采取的安全措施主要有下述五方面:

第一,选择较为安全的交通工具。当拥有多种交通工具可供选择时,必须优先考虑安全系数最高的交通工具,拒绝尝试使用安全系数较低的交通工具。

第二,选择较为安全的交通路线。在确定具体的交通路线时,影响我方做出最后选择的关键性因素,应是交通路线的安全性。

第三,选择口碑良好的驾驶人员。为了确保外方来宾的交通安全,我方必须为之配备责任心强、经验丰富、技术娴熟、口碑良好的驾驶人员。当对交通工具的所属单位存在多种选择时,亦应择其信誉较佳者。

第四,认真做好交通工具的维护保养。对于供外方来宾使用的交通工具的维护保养问题,我方人员必须高度重视,应做到一丝不苟。

第五,采取必要的安全保卫措施。当外方来宾级别较高,或者人数较多时,我方可在有关部门的配合下,为外方交通工具的安全使用采取必要的措施。

4. 座次排列。在正式场合使用交通工具时,其具体的座次排列往往为外方来宾所重视。因此,在必要时,我方人员应按其尊卑为外方来宾安排座次。

具体而言,飞机、客轮、火车与汽车的座次尊卑,各有其特殊之处。

第一,飞机的座次。目前,世界各国所使用的客机多为喷气式飞机。通常认为,喷气式飞机体积越大,就越为安全舒适。

第三章 外事接待的常规礼仪

在喷气式飞机上，一般舱位越是靠前，乘坐者就相对要舒适一些。所以在一架客机上，档次最高的头等舱设在其前端，档次最低的经济舱设在其后端，档次居中的公务舱则设在其中部。在有些航班上，还设有超级经济舱，其具体位置，通常在公务舱与经济舱之间。一般认为，在一架喷气式飞机上，座位越靠前，越不易晕机。

在同一档次的舱位安排上，应因人而异。喜欢在飞行中欣赏窗外景致者，可为之安排靠近舷窗的位置；喜欢活动者，则可为之安排通道两侧或靠近应急出口的位置。

第二，客轮的座次。与选乘飞机一样，在选择客轮时，一般应当优先考虑船型先进、吨位较大的客轮。

在国内，客轮都是对号入座的。在客轮上，其舱位通常有头等、一等、二等、三等、四等、五等之分。一般而言，等级越高，乘坐时便越舒适。

在条件允许时，应当尽量为外方来宾选择高于吃水线的舱位。因为它不易使人晕船，又能够观赏船外的风景。与此同时，还应当考虑尽量安排外方来宾使用专舱，以免中外乘客混杂在一舱之内，使得彼此之间均有不便。

第三，火车的座次。与飞机、客轮相同，火车的座次问题其实并非具体位次的高低，而是指其车厢等级的划分。

根据惯例，在火车上，如果有必要选择所谓"上座"时，不妨考虑以下原则：

一是舒适之处为上。较为舒适的车次、车厢与座位，理当视为上座。例如，特快较普快为佳，卧铺较座席为佳，软席较硬席为佳，空调车厢较非空调车厢为佳，高铁、动车上的商务座或特等座较普通座为佳。

二是方便之处为上。火车上行动方便的位置，自然被视为上座，就座席而言，内侧位置高于外侧位置。就卧铺而言，下铺高于中铺，中铺则又高于上铺。有必要时，还可为外方来宾安排专用车厢或专用包厢。

三是面向前方为上。不论座席还是卧铺，通常均以面对火车行驶方向为上位，而以背对火车行驶方向为下位。其原因，主要在于前者令人感觉较为舒服。

四是临窗之座为上。在火车上靠近车窗就座，不但视野开阔，便于饱览湖光山色,而且空气清新,使人免于晕车之苦,因此这一位置被视为上座。

第四,汽车的座次。在外事接待过程中,我方使用的最普通的交通工具当推汽车。而在轿车、卡车、吉普车、商务车、旅行车、工具车等众多的汽车类型之中,常用来接待外方来宾的只有轿车。以下对轿车座次的尊卑问题,进行简要的介绍。

排列轿车的座次时,首先必须明确,座位数量不同的轿车排列座次的方法往往有所不同;而在乘坐同一种轿车时,驾车者的具体身份也会对排列座次产生一定影响。下面,综合上述两个因素,然后来具体说明在我国内地常用类型轿车的座次排列。

其一,双排五座轿车。此种轿车,在外事接待中使用最多。当主人驾车时,其座次自高而低依次为:前排右座、后排右座、后排左座、后排中座。当专职司机驾车时,则其座次自高而低依次为:后排右座、后排左座、后排中座、前排右座(见图3-41)。

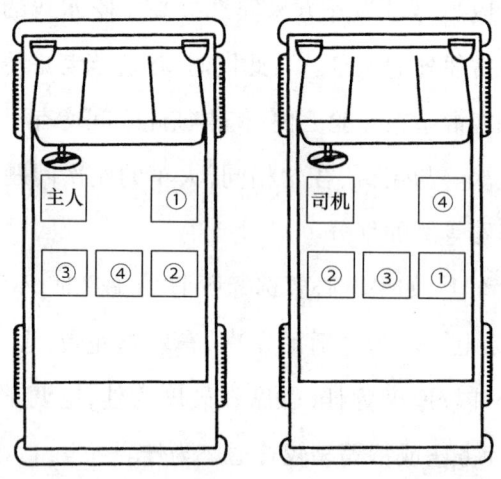

图3-41 双排五座轿车的排位

其二,双排六座轿车。当主人驾驶此种轿车时,其座次自高而低依次为:前排右座、前排中座、后排右座、后排左座、后排中座。当专职司机驾车时,则其座次自高而低依次为:后排右座、后排左座、后排中座、前排右座、前排中座(见图3-42)。

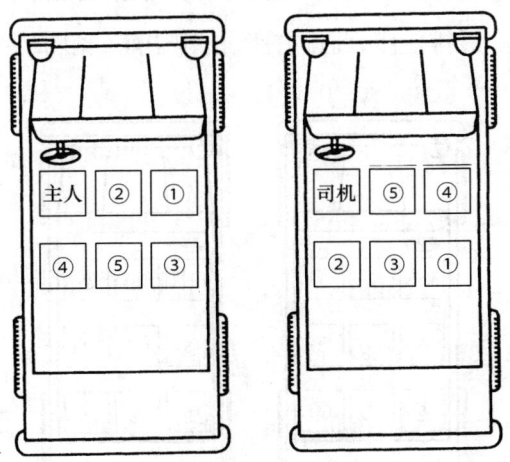

图 3-42 双排六座轿车的排位

其三,三排七座轿车。当主人驾驶这种轿车时,其座次自高而低依次为:前排右座、后排右座、后排左座、后排中座,中排右座、中排左座。当专职司机驾车时,则其座次自高而低依次为:后排右座、后排左座、后排中座、中排右座、中排左座、前排右座(见图 3-43)。

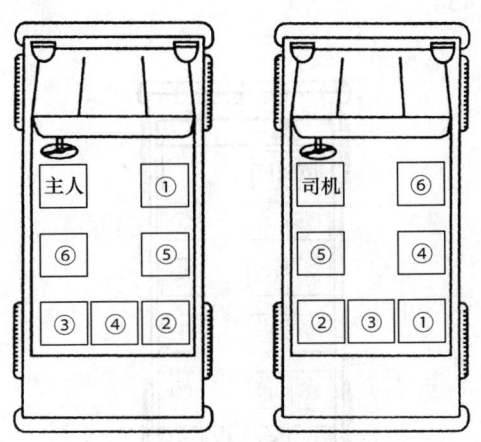

图 3-43 三排七座轿车的排位

其四,三排九座轿车。当主人驾驶此种轿车时,其座次自高而低依次为:前排右座、前排中座、中排右座、中排中座、中排左座、后排右座、后排中座、后排左座。当专职司机驾车时,则其座次高低依次为:中排右座、中排中座、中排左座、后排右座、后排中座、后排左座、前排右座、前排中座(见图3－44)。

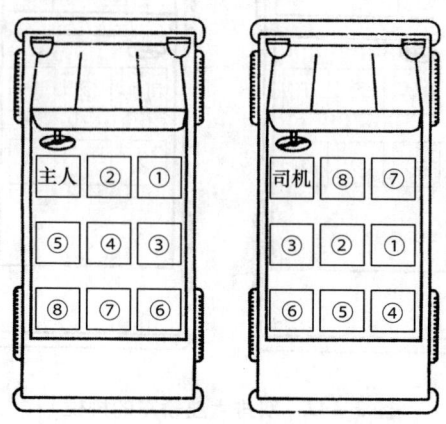

图3－44　三排九座轿车的排位

其五,多排多座轿车。多排多座轿车,在此特指四排座或者四排座以上座位排数的轿车。不论由何人开车,多排多座轿车的具体座次均应由前而后,自右而左,依其距轿车前门的远近而依次排列。其原因主要是考虑乘车之人上下轿车的方便与否(见图3－45)。

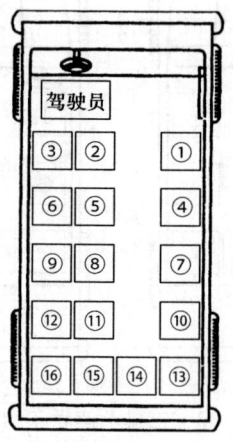

图3－45　多排多座轿车的排位

第四章
外事访问的一般礼仪

自从中国实行改革开放政策以来,越来越多的中国人走出国门,走向了世界各地。因此,除专职外交、外事人员外,普通中国人往往也有机会涉足于外事访问。

与一般的出国旅游、探亲、留学有所不同,所谓外事访问通常是指因公出访外国。在外事访问中,每一位中国人既代表自己所在的单位,又代表自己的国家。有鉴于此,参与外事访问的有关人员,必须对相关的礼仪规范有所了解。

从总体上讲,外事访问的一般礼仪主要包括下列三个方面的内容:第一,与出访相关的事务性问题。第二,出访对象国所特有的礼俗。第三,国际社会所通行的交际规则。掌握了这三个方面的礼仪规范,出访人员就应该能够堂堂正正地"有礼走遍天下"了。

考虑到外事人员的实际需求,以下将着重对与出访相关的事务性问题、国际社会活动的主要规则等两个方面的内容进行介绍,以期使外事人员在出访时能够明辨"大是大非",不至于出现重大失误。

一、外交特权

在国际交往中,作为本国中央政府的正式代表,职业外交官向来都备受人们的尊重与各国的优遇。为了确保职业外交官得以合法有效地行使职责并且维护其人身安全,国际法规定,给予其特定的外交特权与豁免。

外交特权与豁免,简称外交特权,又称外交优遇。它是为了使职业外交官以及外交使团作为派遣国的代表能够独立、合法、有效地履行职务,而使其在接受国之内享有特殊的、规范的国际法地位,即给予其一定的特殊权利,并免除其某些接受国本国公民所应尽的义务。从本质上看,豁免亦为特权,故此外交特权包括豁免在内。

从本质上来讲,职业外交官以及外交使团之所以享有外交特权与豁免,主要是为了使其得以独立、合法而有效地履行职务,同时也是因为作为国家与政府的正式代表,其尊严理当被维护。

在正常情况下,职业外交官以及外交使团所享有的外交特权与豁免,都必须基于相互与对等的原则。同时应当指出的是,按照外交特权与豁免的规定,职业外交官以及外交使团免于适用其接受国的属地管辖权,并不意味着他们可以完全无视其接受国国内的法律秩序,可以在接受国国内无法无天,为所欲为。实际上,不论是派遣国还是接受国都不会允许职业外交官以及外交使团滥用外交特权与豁免。在接受国内,职业外交官与外交使团均须恪守成规,好自为之。在一般情况下,外交特权与豁免不得由其享有者个人放弃,而只能由其派遣国决定是否放弃。

从外事礼仪的角度来讨论外交特权与豁免,关键是需要具体界定其明确的适用范围,并了解其规范的基本内容。

(一)适用范围

为了保证外交特权与豁免不被滥用,必须明确其特定的适用范围。根据有关国际法规定,外交特权与豁免的适用范围是十分明确的。只有在规定的适用范围之内,外交特权与豁免方能生效。

具体而言,外交特权与豁免的适用范围,包括适用对象、适用时间、适用地点等三个方面。对这三个方面,国际法都有明确的规定。

1.适用的对象。外交特权与豁免的适用对象,是指哪些人员享有外交特权与豁免。

根据《维也纳外交关系公约》的规定,外交特权与豁免的主要适用对象是所谓外交代表。按照该公约所做的解释,外交代表特指使馆馆长或使馆外交职员。所谓使馆馆长,在此指的是大使、公使或代办等使馆负责人。而使馆外交职员,则是指拥有外交官职位的使馆职员。

除此之外,依照国际惯例,下述人员往往也可完全或部分地享有外交特权与豁免:

一是所有同使馆馆长或使馆外交职员构成同一户口的家属,即其配偶及未成年的子女。

二是一个主权国家的国家元首、政府首脑以及外交部部长出国之时。

三是使馆的行政及技术职员。但其执行职务范围以外的行为,不能豁免民事和行政管辖。对其关税的豁免,也仅限于其赴任时所运入的物品。

四是使馆的事务职员。他们是指派遣国政府所雇佣的司机、厨师等人。除其执行公务的行为豁免管辖外,其受雇所得报酬免除捐税和免于适用接受国保险办法。

五是使馆人员的私人仆役。该类人员的受雇所得报酬免除捐税。其他方面,仅在接受国批准的范围内享有特权与豁免。

六是行政及技术职员的家属。他们可分别享有与行政及技术职员相同的特权。但承认这一特权,要以他们不是接受国国民为前提。

除上述常驻使馆人员之外,由派遣国与接受国双方同意,临时派遣的代表一国就特定任务进行交涉的特别使团人员、派往国际组织的各国代表团成员、国际组织的高级职员等,也可根据有关国际公约享有类似的外交特权与豁免。

2.适用的时间。外交特权与豁免的适用时间,又称其适用期限。具体而言,它指的是外交特权与豁免的享有者享有外交特权与豁免的有效时间。

《维也纳外交关系公约》规定,外交特权与豁免的适用时间为:外交特权与豁免享有者自其赴任进入接受国之时起,至其职务终止离开接受国之时止。该公约进一步规定:对已在接受国之内,尚未享有外交特权与豁免者,自派遣国将其委任通知送达接受国外交部之时起,即享有外交特权与豁免。

若外交代表和其他使馆人员死亡,其家属应继续享有应享有的外交特权与豁免,直至其离开接受国国境的合理期限终了为止。

3. 适用的地点。外交特权与豁免的适用地点,一般是指其合理生效的具体空间。在其适用地点之外,外交特权与豁免便会成为一纸空文,变得没有任何意义。

依照国际惯例,外交特权与豁免的适用地点,对外交代表及其家属而言,主要是在其接受国国境之内。不过在一般情况下,他们在第三国境内通常亦享有外交特权与豁免。

对于在外交级别上高于外交代表的一国国家元首、政府首脑、外交部部长而言,在国外活动时,一般均享有外交特权与豁免。

应当指出的是,为了维护本国主权,各国政府大都对外交特权与豁免及其适用范围有着各自的解释与特殊的规定。

中国规定,经中华人民共和国外交部核准,下述人员在中国国境之内,可享有若干外交特权与豁免:

其一,各国政府派来中国的高级人员。

其二,外国派来中国出席国际会议的代表。

其三,途经中国或者临时停留于中国境内的各国驻第三国或国际组织的外交代表。

其四,依照国际公约享有外交特权与豁免的人员。

其五,上述各类人员的配偶及其未成年之子女。

此外,中国对于根据民间协定而设立的外国驻华商务代表机构也给予有限度的外交特权与豁免。

(二)基本内容

在《维也纳外交关系公约》等一系列重要的有关国际法文献中,对外交特权与豁免的基本内容做出了正式而明确的规定。这些规定,已为国际社会所普遍接受。

从操作性层面来讲,依据具体对象的不同,外交特权与豁免的基本内容又有给予职业外交官的外交特权与豁免和给予外交使馆的外交特权与豁免之分。

1. 职业外交官外交特权与豁免的内容。 总的来看,给予职业外交官的外交特权与豁免的基本内容,主要包括确保其个人人身安全,以及给予其在经济方面的适度照顾。

具体而言,职业外交官所享有的外交特权与豁免主要有如下六项基本内容:

第一,职业外交官的人身不可被侵犯。它的基本含义是:接受国当局对职业外交官不得加以逮捕或拘留,不得对其施加直接的强迫措施。但此项原则并不排除由于职业外交官本人的挑衅行为而引起他人的正当防卫,或在其破坏法律规章以及进行犯罪活动时采取必要的措施予以制止。

第二,职业外交官的安全必须被确保。凡有证据表明某一职业外交官的个人安全受到威胁,其派遣国可要求接受国提供特别的保护。至于具体的保护措施,则应由双方视具体情况而定。

第三,职业外交官享有行动及旅行自由。行动及旅行自由,与职业外交官的本职工作直接相联系,是其履行职务的必要条件。《维也纳外交关系公约》规定:除接受国为国家安全设定禁止或限制进入区域另订法律规章外,接受国应确保所有外国职业外交官在其境内行动及旅行自由。

第四,职业外交官享有管辖豁免。这里所讲的管辖豁免,主要包括:刑事管辖豁免,它是完全的,即接受国法院在任何情况下都不得对职业外交官进行审判或惩罚;民事管辖豁免;行政管辖豁免。后两项豁免,通常都带有一定的条件。此外,职业外交官无出庭作证的义务。

第五,对职业外交官可免除个人捐税。《维也纳外交关系公约》规定:接受国应对职业外交官免征一切对人或对物的国家、区域或地方性捐税。至于职业外交官被免征的个人捐税的具体内容,通常应由国际公约、双边条约与接受国国内法来调整。

第六,对职业外交官可免除关税和免受查验。在一般情况下,职业外交官的私人财物、供个人使用或消费的物品,在其接受国可免纳关税。对于职业外交官的个人行李、邮购或寄运的物品,通常亦可在接受国免受查验。

2. 外交使馆的外交特权与豁免的内容。一般而言,给予外交使馆的外交特权与豁免的基本内容,总的来说是要维护其国家尊严,并且有利于其执行公务。

具体说来,外交使馆所享有的外交特权与豁免的基本内容主要有如下六项:

第一,使馆馆舍不可侵犯。《维也纳外交关系公约》规定:使馆馆舍,具体是指供使馆使用及供使馆馆长寓邸之用的建筑以及所附属之土地。使馆馆舍不可侵犯的具体含义包括:未经同意,接受国当局不得进入使馆馆舍;接受国负有特殊责任,保护使馆馆舍;使馆馆舍免予征用。

第二,使馆档案和文件不得侵犯。外交使馆的档案与文件涉及国家机密,亦属国家财产,故此不受侵犯。不论是在使馆之内,外交邮袋之内还是在其他地方,使馆档案和文件都应被保护。接受国当局无论在何时何处,均不得对其搜查或抽取,不得开拆、检查、扣留、查封或毁坏使馆的来往公文。但非官方文件、物品亦不得存放于使馆档案与文件之内。

第三,通讯自由。没有通讯自由,使馆就无法进行工作,故使馆必须享有通讯自由。它的具体含义有:接受国应准许使馆为一切公务目的开展通讯活动;使馆可使用一切适当的通讯方法;接受国应保护使馆通讯自由。

第四,使用国旗与国徽。依照国际惯例,外交使馆有权在接受国使用本国的国旗与国徽。外交使馆所使用的国旗、国徽以及馆牌,被视为使馆尊严的象征,接受国应当予以保护。

第五,免税。在一般情况下,外交使馆免税具体是指:使馆不动产免税;使馆动产免税;若干规费和手续费收入款项免税。

第六,免除关税和免受查验。在一般情况下,接受国应依照本国法律规章,准许使馆公用物品入境并免除一切关税和其他捐税。对于使馆运进运出的公用物品,各国通常按照对等原则免除查验。但使馆免税运进的物品原则上不得转让。

3.职业外交官与外交使馆承担的义务。在明确了上述职业外交官、外交使馆外交特权与豁免基本内容的同时,还必须明确职业外交官与外交使馆应承担的下列义务:

第一,尊重接受国的法律与规章。

第二,不得干涉接受国的内政。

第三,使馆馆舍不得用于与其职务不相符的用途。

第四,使馆官员不得为私人利益从事任何职业或商业活动。

二、乘坐飞机

作为最现代化的交通工具,飞机的优点是快速方便、安全可靠、轻松舒适,这些都是其他交通工具所难以比拟的。在现代生活中,尤其是出国访问时,乘坐飞机已成为越来越多的人士的选择。

乘坐飞机,必须遵守有关的乘机礼仪。唯有如此,才能使自己的旅行既不减兴致,又不会有失身份。外事礼仪对乘坐飞机的有关规范主要涉及先期准备、登机手续与乘机表现等三个方面。

(一)先期准备

出国访问选乘飞机时,为了确保平安、舒适、顺畅、准时地抵达目的地,必须具有一定的乘坐飞机的知识,并据此提前做好准备。

为乘坐飞机而提前进行的准备工作,主要有选择航班、购买机票、打点行李等。

1.选择航班。所谓航班,是指飞机定期从始发地点按规定航线起飞并到达终点的运输飞行。飞行于国内航线上的航班叫作国内航班,飞行于国际航线上的航班则称为国际航班。选择自己所乘飞机的航班,在可能的前提下,应考虑如下几点。

第一,选择直达的航班。为了节省时间、费用,减少中转飞机所带来的人力、物力的消耗,在选择航班时,应尽量选择直达自己目的地的航班,而不要选择异地中转的航班。

第二,选择白天抵达的航班。在绝大多数城市,飞机场都设在远郊区,因此应尽量挑选白天抵达目的地的航班,并在时间上为自己留下充分的余地,从而保证顺利地到达自己要去的地方。当航班在晚上,尤其是半夜抵达目的地时,将会有很多不便。

第三,选择安全舒适的航班。选择航班时,安全与舒适自然应当兼顾。要做到这一点,一方面是要选择声誉好的大航空公司的航班,另一方面则是要选择拥有大型、先进机型的航班。一般说来,大型、先进机型的客机空间大、科技含量高,所以相对更舒适、更安全。

2. 购买机票。飞机一律按座位数售票,并预先售票。购买飞机票,可以预订,也可以临时购买。购票时,应注意的主要事项有以下六项:

第一,持证件购票。在中国,购飞机票时,必须出示居民身份证或其他有效证件。无证件或证件不合乎要求者不能购票。购票时,按规定还要填写《旅客订票单》。在一些国家,也往往有类似规定。

第二,分等级购票。机票通常分为三个等级,它们的价格各有不同。其中,经济舱机票最便宜,头等舱机票最贵,公务舱机票的价位居于二者之间。使它们售价不同的原因,主要是其舒适程度等方面的差异,而与安全无关。在购票时,最好量力而行。目前,国内外一些航空公司的机票可打折销售,有的折扣还较大。但要注意的是,折扣机票通常有许多附加条件,如不准退票、不准签转等。

第三,机票有效期一年。很多国家都明文规定:标价的机票有效期为一年。在此期限之内,一般可按规定变更旅行日期或者退票。一旦过期,机票将被视作无效。在有效期内,机票可进行变更,但以一次为限,并须在航班规定离站前24小时提出。

第四,机票不得转让。在机票上均有旅客的姓名,按规定只供旅客本人使用,不得擅自涂改或退让他人。

第五,必要时机票要再证实。旅客持有订妥座位的联程或回程机票,如在该联程或回程地点停留72小时以上,须在该联程或回程航班飞机离站前两天中午12点以前,办理座位再证实手续。否则,原定座位将不予保留。

第六,退票。中国民航规定,在机票上列明的航班规定离站前24小时之前退票,收取客票价5%的手续费;在航班规定离站时间24小时之内、2小时之前退票,收取客票价10%的退票费;在航班规定离站时间前2小时以内退票,收取客票价20%的退票费;在航班规定离站时间后退票,按误机处理,收取客票价50%的退票费。误机是指旅客未按规定时间办理乘机手续,或是因其旅行证件不符合规定而未能乘机。

3. 打点行李。因为飞机载重有限,故对乘客所携带的行李有明文规定。不同的航空公司,对此的具体规定往往有所不同。收拾行装时,对此应有所了解,并比照规定办理,以防届时手忙脚乱,因行李不合规定而耽误行期。有关乘客所携行李,国内航空公司的现行规定有以下四点:

第一,随身携带的行李。持头等舱票的旅客,每人可随身携带两件物品,持公务舱或经济舱票的旅客,每人只能随身携带一件物品。每件物品总重量不得超过5千克,其大小则限制在长55厘米、宽40厘米、高20厘米之内,否则不准带入机舱。

第二,免费托运的行李。乘坐飞机时,每位旅客可免费托运一定数量的行李。若将随身携带的行李重量包括在内,其免费额为:头等舱40千克,公务舱30千克,经济舱20千克。超额的行李应付费托运。可能的话,行李最好交付托运。这样可使自己行动方便,省时、省力、省心。

第三,托运行李的规格。交付托运的行李,每件重量不得超过50千克。其大小应限制在长100厘米、宽60厘米、高40厘米以内。此外,还应包装完好、捆扎牢固、锁闭严实,并能承受一定压力。

第四,禁止托运的物品。按照规定,国家规定的禁运物品、限制运输物品、危险物品以及具有异味或容易污损飞机的其他物品,不准托运或随身携带。重要的文件资料、外交信袋、现金、证券、汇票、贵重物品、充电宝、易碎和易腐蚀物品,以及其他需要专人照管的物品,也不宜交付托运。枪支、弹药、刀具、利器等,不准随身携带乘机。不准随身携带登机的物品还有动物、磁性物质、可聚合物质、放射性物质等。

（二）登机手续

中国民航规定：旅客必须在机票上列明的航班规定离站前90分钟到达指定机场，办理登机手续。在航班规定离站前30分钟，登机手续将停止办理。此刻抵达机场者，将难以登机。外航也大都有此类规定。

办理登机手续，既要早些抵达机场，留出充裕时间，又必须处处符合有关规定，以保证按时登机。除托运行李之外，需要办理的登机手续主要有换取登机牌、接受安全检查等几项。

1. 换取登机牌。每一位乘坐飞机的旅客在登上飞机之前必须在机场内的指定之处换取登机牌，然后凭登机牌登机。直接持机票登机是不允许的。

在换取登机牌的时候，应当关注下述几个环节：

第一，换取登机牌所需的资料。换取登机牌时，必须向工作人员出示机票、身份证或其他有效证件等，它们缺一不可，换取登机牌之后，应对其加以妥善保存。若其丢失，将难以登机。应当牢记的是，切勿使用假冒或过期的身份证。

第二，确定座位。换取登机牌的实际意义有：其一，是确认乘客的身份，严防冒名顶替。其二，是要清点一下最终将要登上飞机的实际人数。其三，是要替乘客确定其在本等级客舱内的具体座位。

乘客在换取登机牌时，可根据本人的实际情况和座位的剩余情况，提出自己的要求。对此，通常都会被予以满足。喜欢欣赏苍茫云海的人，可要求紧靠舷窗的座位；乐于活动的人，则可要求过道两侧的座位，或是靠近应急出口的座位；害怕晕机的人，则可要求尽可能靠前一些的座位。要求具体座位时，应诚恳、客气，切勿胡搅蛮缠，要求过高，更不要得寸进尺。

网上办理登机牌或在机场自助办理登机牌时，亦须遵守相关的规定。

第三，托运行李。在换取登机牌的同时，可办理托运行李的手续。此处不再重复有关事项。要强调的是，托运行李的票据一定要保存好，不然提取行李时就会有麻烦。

2. 接受安全检查。为了保证国家财产和人民生命财产的安全,在每位乘客登上飞机之前,均须接受例行的安全检查。安全检查的对象,是所有乘客及其随身携带的行李物品。接受安全检查时,应注意以下三点:

第一,接受技术检查。接受此种检查时,乘客必须通过特制的安全门,或接受手提式金属探测器的检查。在检查之前,应取出自己身上全部的金属制品,以保证检查的顺利进行。

第二,接受手工检查。手工检查,即旅客人身或其随身携带的行李由专门的安全检查人员进行手工触摸。进行人身检查时,通常由同性别的安检人员担任。这种检查,目前多为技术检查的辅助形式。

第三,自觉进行配合。接受例行的安全检查时,务必主动、自觉地合作。不要以为事不关己,拒绝配合,或是态度粗暴,表现得极不耐烦,甚至对安检人员冷嘲热讽,恶语相伤。在接受检查时若胡言乱语,或携带违禁物品,则有可能会吃官司。

(三)乘机表现

乘坐飞机期间,尤其是在国外乘坐飞机期间,外事人员一定要注意约束个人行为,检点个人表现,在严格要求自己、尊重乘务人员、善待其他乘客等诸方面做到合乎礼仪规范。

1. 严格要求自己。在任何情况下,严于律己、宽以待人都是做人的一种美德,乘机之时自然也不例外。特别要在以下几方面好自为之:

第一,不侵占别人的位置。上飞机后,即应在属于本人的座位上就座。不要前去高档座舱或空闲的座位抢占不属于自己的位子。坐好之后,腿、脚不要乱伸,尤其是不要伸到通道上,或是别人的座位上。不要将自己的行李放到他人的行李箱里,或是他人的座位底下。

第二,不乱占小便宜。不要贪图小便宜,顺手牵羊,偷拿不属于自己的公用物品。例如,进餐所用的刀叉、阅读用的书刊、洗手间里的卫生纸、座位底下的救生衣、座位上方的氧气面罩等,均不可取走。否则既不讲公德,还有可能触犯法律。

第三,不乱动乱摸。对于飞机上的一切禁用之物、禁动之处,都要"敬而远之",不可出于好奇而乱摸乱动,甚至因此而危及飞机上全体乘客的生命安全。这一点尤为重要。

第四,不使用违禁物品。在飞机上,切勿吸烟、酗酒。此外还要牢记飞机上禁用移动电话、激光唱机、手提电脑、调频收音机、电子游戏机以及电子玩具等有可能干扰无线信号的物品。切勿铤而走险,危害自己和他人的生命安全。

第五,不破坏环境卫生。在飞机上绝不能乱扔、乱吐东西。万一因晕机而呕吐,应使用专用的呕吐袋。不要当众更换衣服。不要脱去鞋袜,因而"散发"脚臭。

2. 尊重乘务人员。登上飞机之后,应对乘务人员平等相待。要尊重、支持、配合对方的工作,不要为对方出难题。

第一,回答乘务人员的问候。上下飞机时,均有机组乘务人员在机舱门口列队迎送。当对方主动打招呼、道问候时,不要置之不理,而应予以友善的回应。

第二,感谢乘务人员的服务。每逢乘务人员送来饮料、食物、报刊,或是引导方向、帮助搬放行李时,要主动向对方说一声"谢谢",不要熟视无睹,安之若素。当飞机安全着陆后,应当鼓掌,以示对全体乘务人员的感谢之意。

第三,服从乘务人员的管理。飞机升空或降落前,乘务人员都要巡视、检查每位乘客的安全带是否扣好,座位是否端正,身前小桌板是否收起,此刻务必要服从其指挥。对其他方面正确的管理,也要无条件服从。

第四,体谅乘务人员的难处。万一遇上飞机晚点、停飞、返航或改降其他机场,应从大局着眼,不要拿乘务员出气。尤其是不要骂人、打人、侮辱人,更不要动辄聚众闹事,甚至拦截飞机起飞,或是飞机降落后拒绝下飞机。不要因为细枝末节,而向乘务人员大发脾气或使用武力。

第五,尽量少给乘务人员增添麻烦。乘务人员的工作很辛苦,因此要尽量少给他们增加麻烦。不要动不动就摁呼叫按钮,让他们跑来跑去。不要跟漂亮的空中小姐插科打诨、动手动脚,不讲自尊自重。对乘务人员信口开河、危言耸听,有时是会惹火烧身的。

3. *善待其他乘客* 。在飞机上,应当同其他乘客和睦相处、友好相待。不要妄自尊大、目中无人。

第一,别不守秩序。在上下飞机以及使用卫生间时,假如人数较多,应自觉排队等候。不要不守秩序,不讲先来后到。下飞机之后领取本人行李时,也要注意这一点。使用公用物品时,要尽量快一些,以方便后来者。

第二,别高声谈笑。在飞机飞行期间,尤其是在飞机夜间飞行或身边有人休息时,切勿喋喋不休、高谈阔论,影响其他乘客的休息。

第三,别吓唬别人。与周围之人交谈片刻是允许的,但不要随意谈论有关劫机、撞机、坠机一类的不幸事件。不要对飞机的性能与飞行信口开河、随便乱讲,从而增加他人的心理压力,制造恐慌。

第四,别窥视他人。对外国人以及女士,尤其不应当这样做。这种失礼的做法,往往会令对方感到不适。

第五,别摇摇晃晃。在座位上休息时,不要晃动不止,摇摇摆摆,自己可能自得其乐,但却可能妨碍了他人。不要把椅背调得太靠后,从而使身后之人活动不便。不要把身前的小桌板反复支起来、放下去,让身前之人由此大受"牵连"。

三、住宿酒店

在现代人的日常生活中,酒店往往扮演着十分重要的角色。出门在外,尤其是出国时,酒店经常成为人们的下榻之处。有时,它甚至还会成为一些公司、企业的办公地点。

酒店,又叫饭店、宾馆,它是指规模较大、设备较好、档次较高的旅馆。不论去酒店访友、娱乐、用餐,还是去酒店办公、住宿,都必须遵守酒店通行的特殊礼仪。

从广义上讲,酒店属于公共场所,因为它拥有广大的公众活动的空间。从狭义上讲，酒店也可以算作私人居所，因为每间客房仅供其住宿者专用，他人概莫能入。酒店礼仪，实际上就是对客人在酒店之内这两种不同的活动空间的具体要求和行为规范。

（一）客房休息

客房，是酒店的基本组成细胞，是指供客人付费享用的、主要用作休息的房间。客人在客房内休息时，虽然拥有极大的个人自由，无须在意外人的反应，但是依然不能忘乎所以，随心所欲。

在客房之内，住宿的客人应当遵守的礼仪，主要包括如下三个方面。遵守这些礼仪，既有助于展示个人的良好教养，也有助于使个人更好地享用酒店所提供的服务。

1. 搞好人际关系。客人在客房这一私人空间之内休息，仍须面临种种特殊的人际关系。它主要包括客人有可能与之相处或接触的酒店服务员、同屋室友、来访客人、周围邻居等。在处理与这些人的人际关系时，应勿忘敬人为先，克己自律。

第一，服务人员。在进入客房的前前后后，会遇到提供不同服务的酒店服务人员。对他们应注意平等相待，处处尊重其人格。

出入酒店大门时，经常会碰上门童、保安人员。当门童为自己开启大门或向自己问好时，要表示感谢，或予以回应。保安人员因职责所在，往往会对每位进入酒店的人士倍加关注。碰上对方打量或者盘问自己时，要进行合作，不应怒目而视，口有微词，或者拒绝进行合作，扬长而去。

在总服务台登记客房或咨询问题时，不必低声下气、战战兢兢，但也不要趾高气扬、咄咄逼人。届时应当出示完备的证件，并且表现得友好而有耐心。若要求住某间客房或换房时，应以协商的方式，与对方相互通融。

搭乘有人服务的电梯时，应口齿清晰地报出自己欲去的楼层，并随后道一声"谢谢"。不要自己下手去操作，无视对方的存在。

有行李员到自己房间送行李或取行李时，应对其表示谢意。在国外，往往还要给对方小费。不要对对方不屑一顾,爱答不理,或提出过高要求。

当客房服务员进入客房打扫卫生、送开水、报刊时,应表示欢迎,并且道谢。在走廊里遇上了客房服务员,尤其是对方首先向自己打招呼时,应向对方问好。

打总机人工接转的电话时,要记住向接线员小姐问好或者道谢。不要口气生硬粗暴而无礼貌用语。

万一客房之内个别设备出现故障,应表现大度。当维修工人出现后,要得理让人,不要刁难对方,或是小题大做。

需要送餐服务时,可打电话通知餐厅。当自己所订的餐饮送到后,对其质量不应吹毛求疵。

第二,同屋室友。有些时候,有可能与家人、同事同住于一间客房之内。与他人同住一间客房时,要注意相互适应、相互理解。切勿以我为尊,目中无人。

与配偶一起住宿时,要相互关心、相互爱护,不要打打闹闹、无事生非。

带小孩一起住宿时,要对其严加管束。不要听任其自由行动,免得损坏酒店设施或造成自伤。不要在客房内打孩子,或任其大哭大叫,更不要让孩子跑出房门,东跑西串。

与长辈一起住宿,对对方要多加照顾,使用客房设备、用具时,应长辈优先。在作息时间上,应以长辈的个人习惯为准。

与同事一起住宿,最重要的是要互谅互让,尊重对方。有事要彼此商量,作息时间应大体保持一致。

第三,来访客人。所住客房倘若不是公司、企业用作办公之用,一般不提倡在客房之内会晤来访的客人。若有必要,酒店大堂与咖啡厅是接待访客的最佳之所。当然,在一般情况下,偶尔在客房之内见一见来访的客人,也是允许的,但以下几个戒条万万不要忽视:

其一,在客房之内,接待的客人数目不宜过多。若数量太多,人声鼎沸,会破坏酒店的肃静,影响他人。

其二,在客房之内,待客的时间不宜过久,否则大家彼此疲劳,而且还会让外人产生误会。

其三,不要让来访的客人在客房之内留宿,或使用客房内的各项设备,这种贪占小便宜的做法是酒店不许可的。

其四,最好不要在客房内接待普通关系的异性客人。万一确有必要,最好不要关闭房门,时间也不要长于半小时,以防别人误会。

其五,不要邀请刚刚结识的人前往自己所住的房间做客,以免"大意失荆州",造成不必要的麻烦或损失。

其六,不要请来历不明、态度暧昧的异性到自己房间玩,尤其是夜间切勿这么做。在客房内,不要让按摩、保健人员上门服务。

第四,周围邻居。进出自己的客房之际,碰上周围的邻居,可向对方先打一下招呼。若对方向自己打了招呼,应予回应。一旦与对方相识,此后再见面时,应先向对方问候。

周围邻居万一因故求助于自己,如有条件,应尽力相助,不要事不关己,高高挂起,懒于相助。

一般没有必要请刚认识的周围邻居来自己客房里做客,自己也不宜前去打扰。有必要前去时,不要推门而入,要先按门铃,一定要得到允许后再入内。晚上10点之后,早上9点之前,一般不应前去打扰。午休时刻,也不要登门拜访对方。在拜访对方时,若已先有他人在座,应改时再去,不要主动介入,免得有碍主人的交际。

经过周围邻居的客房时,不要窥视。对不认识的人的房间,更不能这么做。

2. 享受常规服务。在国外,住宿酒店,自然主要是为了能够享受它所提供的高档次的服务。国外的高档酒店,一般都标有星级。星级越高,档次越高,费用亦随之水涨船高。而要充分享受酒店为客人所提供的常规服务,其前提是必须对其有一定程度的了解。要想做到这一点,一是要进行学习,二是要不懂就问。千万不要自以为是,不懂装懂,硬充内行,以免贻笑大方。

在一般情况之下,要享受酒店为其客人所提供的常规服务,需要注意如下几点:

第一,遵守规章。每个酒店为严格管理,都制定有自己的规章制度。例如,国外的星级酒店通常都不允许在其室内做饭,或在其窗外晾晒衣物。入住酒店以后,一定要首先了解这些事关个人利益的规章制度,并且认真自觉地遵守。

第二,阅读介绍。在客房之内,大都备有客人须知、业务介绍等各种资料。入住以后,一定要对此详细阅读,以便全面地了解酒店为客人所提供的各项业务,并酌情享用。不懂这一点,往往会使自己在酒店里疑难丛生,"举步维艰"。

第三,爱护公物。对酒店里的公共财产要爱护,不要有意加以损坏。若无意之中损坏了,要主动声明,并进行赔偿。对于酒店提供给客人使用的物品,要注意节约使用。不要在离开酒店时偷带不准带走的物品。

第四,注意安全。在每间客房正门背后,通常都张贴着酒店内部构造示意图。一定要抽出时间认真阅读,对此有所了解。要熟记应急通道的具体位置,以备发生紧急情况时逃生。

万一在住宿期间遭遇突发事件,要服从酒店工作人员的安排,不要东躲西藏、乱冲乱撞、自行其是。

第五,财物存放。在一般情况之下,不应将贵重物品、现金、有价证券存放于客房之内。许多酒店大都有为住宿的客人免费提供存放贵重物品的业务,因此一定要在入住之后,将自己的贵重物品交予酒店方面代为存放,不要因为怕麻烦而造成财物损失。

一旦发现个人物品丢失或被盗,应尽快通知酒店保卫部或公关部,请对方协助查找。

第六,不耻下问。不论碰上何种疑问、难题,客人都可以向客房服务员、客房服务中心、总服务台或公共关系部门咨询或求助,对方将会鼎力相助,尽一切可能为客人排忧解难。可以毫不夸张地说:只要客人不耻下问,其绝大多数的疑问、难题都会迎刃而解。

第七,利用电话。酒店的客房里,一般都有电话。利用电话,将会对自己帮助极大。不论是有事找客房服务员、总服务员,还是找其他部门,都不必亲自前去,打一个电话即可。需要早点儿起床,或是需要帮助提醒某件事情,可以告知酒店电话总机,届时对方一定会进行电话提示。

当总服务台有客人的信件、留言时,总服务台会通过电话进行及时的通知。

第八,避免打扰。进入客房后,一般均应立即关闭房门。大敞其房门,不仅有碍个人安全,而且往往有碍观瞻。休息时,还须拴上保险栓或保险链。若不想被酒店工作人员所打扰,可在门外把手上悬挂专用的"请勿打扰"告示牌,或者开启"请勿打扰"指示灯。

若离开房间时,则应取下此牌或关闭此灯。必要时,还须在门外把手上悬挂"请打扫房间"的告示牌,或开启"请打扫房间"的指示灯,以便客房服务员进行工作。

第九,衣物洗涤。住宿酒店之后,如需清洗衣物,最好交付洗衣房代劳。具体做法是:将衣物装入专用的洗衣袋放在客房内,或交给客房服务员。若需要快洗,不仅要事先说明,还要多付费用。

在国外,通常不允许在客房内洗衣服。即便洗了一些衣服,也不许挂在窗外、屋内、走廊上,或晒到阳台上,只许晾在浴室里边。

第十,预约预订。需要购买物品、递发信件、购买演出票,可请总服务台代为办理。需要预订出租车、机票、船票时,也可以请其代办。

3. 保持客房卫生。入住客房之后,理应自觉保持卫生。这不仅对自己有益无害,而且也是对客房服务员辛勤工作的一种尊重。保持客房卫生,应该注意的大致有下列几项:

第一,放好个人物品。客房好比客人临时之家一样,在这个"家"里,个人物品一定要分类、定点摆放。这样用起来方便,看起来也舒服。

大件物品最好放壁橱里,小件物品最好放在抽屉里。尽量不要将小件物品,如钱包、钢笔、记事簿等乱扔在桌子上,或放在枕头下面、毛毯之中。弄不好,它会被客房服务员当作无用的物品扔掉。

第二,保持房间整洁。休息之后,应将被子、毛毯叠好,并摆放整齐。脱衣休息时,衣服、鞋袜亦应分别放好,不要信手乱抛、乱丢。退房之前,宜对房间稍事整理。

在客房内吃水果、糖果、点心之后,不要将果皮纸屑乱扔一地。最好将其装入果盘,或倒入垃圾桶内。

第三,讲究浴室卫生。在浴室内洗脸、洗澡时,要采取必要的措施,如使用防水帘、减少水量等,以防止地上水流成河。

洗脸、洗澡之后,要将水放掉,不要留待客房服务员前来处理。

大小便之后,一定要立即放水冲洗干净。不要不拘小节,对此不管不顾。

第四,防止空气污染。在客房内,尤其是在使用空调的客房内,最好不要吸烟。即使是吸烟,也要避免乱弹烟灰、乱扔烟头,搞得地上肮脏无比,甚至烧毁地毯。

不要在室内吃气味难闻的食物、水果,不要存放腐烂的食物、水果。

衣服要勤换,身体要清洁。不要让衣服味、体味浓重混杂,令人窒息难忍。

第五,禁止开火造饭。在国外,一般的酒店都不准在客房之内自行开火造饭。需要用餐的话,既可以请餐厅派人前来送餐,也可以自己前往餐厅用餐。

之所以禁止客人在客房内开火造饭,主要是因其有碍环境卫生,而且使用电炉、电热杯等工具做饭时,还有可能使电路超过正常负荷,从而有可能造成火灾、短路等危险或不便。

(二) 内部活动

在现代化酒店之内,均建有许多娱乐、餐饮、购物、通讯、办公设施。因此,不仅住宿于酒店的客人可享受酒店所提供的便利,而且非住宿者往往也会到此会友、娱乐、消闲。不管是谁,在酒店内活动时,都应遵守下述礼仪规范。

1. 着装。在酒店内活动时,着装既要与周围的环境相协调,又要文明得体,不失身份。在这方面,对住宿者与非住宿者的具体要求略有不同。

第一,对住宿者的要求。住宿者在客房之内活动时,着装可相对自由一些。但是,无论如何,住宿者都不能身着睡衣、内衣、拖鞋之类的室内装出现在酒店的公用、共享空间之内。至于光着膀子出行,更在禁止之列。

第二,对非住宿者的要求。对于外来之人,在着装方面总的要求是着装文明,力戒衣冠不整。具体而言,酒店不欢迎衣衫不整者、不修边幅者入内。穿背心、短裤、拖鞋的男士,穿泳装、三点式、睡衣的女士,均会被禁止入内。

2. 活动。在酒店之内活动,既要不超出规定的活动范围,又要注意使自己的行为举止不妨碍别人。

第一,禁区。在酒店内部活动的主要范围,对一般人而言,主要是酒店所划定的公用、共享空间,例如大堂和餐饮、娱乐、购物、通讯场所。这些地方,一般人均可遵照指路牌的引导畅行无阻。

非公用、共享的内部空间以及危险之处,例如公司企业的办公室、其他客人的客房、酒店服务人员的休息室、配电室、楼顶等处,均是一般客人的活动禁区。除有必要外,均不宜前去。

第二,走动。在酒店内部走动时,要保持一定的正常速度,并要显得落落大方、不忙不慌。若无特殊原因,不要在酒店内狂奔乱跑、四处乱窜,以免让人觉得形迹可疑。

不要尾随其他人,在无人之处尤其要注意这一点。单身的女士最好不要长时间独自一人在酒店内的公共场所久久停留,因为在一些人眼中,具有这种行为的女士往往会被人当成非良家妇女。

走动的时候,尽量不要有意无意地弄出声响。穿硬底鞋的人,穿钉有金属鞋跟、鞋掌的人,对此更应切记。

第三,交谈。在酒店内的走廊、电梯、楼梯等处,除打招呼之外,不适合逗留过久,与人交谈。若打算与他人在客房之外、酒店之内找个地方好好聊一聊的话,最佳的地点有大堂、咖啡屋或酒吧。在娱乐场所虽允许交谈,但其氛围是不适合深谈的。

在大堂、咖啡屋、酒吧与其他人交谈时,应注意压低音量。不要大吵大闹,大声说笑,影响别人。一边与熟人交谈,一边窥视陌生人,也很不合适,极易给人以轻浮之感。

3. 用餐。在酒店之内,通常都设有专供客人使用的餐厅。大一些的酒店里,餐厅通常不止一个。除餐厅之外,咖啡屋、酒吧也可以向客人提供餐饮。在酒店之内用餐时,应注意以下几点:

第一,保持耐心。有些热门的餐厅,因其名声在外,往往宾客如云。要想前去用餐,最好提前打电话预订座位。如果临时决定前去,碰上人多的情况,则要遵守先来后到的顺序,耐心地排队等候。不要以任何理由搞特殊化。

进入有空座的餐厅,应在引位员的指定之处就座。有特殊要求可向其提出,但不应与其他人争座、抢座。

酒吧里的座位往往不甚讲究。与其他人可以同坐一桌,但就座前,先要征得对方同意。

第二,尊重侍者。在点菜、用餐、要饮料时,对侍者态度要平等、和蔼,不要拿腔拿调,有意显得高人一等。当对方是年青女性时,讲话要文明得体,不要调侃、取笑对方,或是纠缠、麻烦对方。为难、捉弄或过分支使对方,也只会显得自己没见过什么世面,心态不大平衡。

若对菜肴、酒水有要求、有意见,可向侍者提出,但不要要求过高。当自己的要求难以满足时,要保持克制态度,不要怒发冲冠,拍桌子砸碗,辱骂侍者。

第三,禁止酗酒。在餐厅、酒吧内饮酒,应注意控制酒量,不要毫无节制地酗酒,更不能在那里大发酒疯。

不要饮酒时与人猜拳行令、大声喧哗、有意招摇,更不能借此机会聚众赌博。

4. 娱乐。设施完善的大酒店内通常会设有歌厅、舞厅、氧吧、游泳池、球厅、桑拿浴等娱乐、健身场所。在这些地方进行娱乐时,亦须遵守相关礼仪。

第一,打扮。在酒店之内娱乐、健身时,没有必要穿着打扮得像是前去办公、赴宴,否则自己不舒服,别人看着也不顺眼。总的说来,在娱乐、健身时的打扮,只要行动方便,便于娱乐,吻合环境,即为得体。

以下两点应当强调:其一,娱乐、健身场合的着装只适用于娱乐、健身场合,切勿穿着去其他地方招摇过市。其二,娱乐、健身时的打扮不要过于怪异,例如,女士不要化艳妆,穿黑皮短裙、黑色网眼丝袜,男士不要打扮得像"暴走族""同性恋"一样,这些行头,往往会让人觉得其着装者身份可疑,因为他们在常人的印象里,往往与娼妓、窃贼、吸毒者联系在一起。

第二,合作。在娱乐、健身时,有时需要与他人共同使用某种设施,有时则需要与其他人进行合作。

使用某种设施时,不要一人独霸。若他人打算加入合用时,应表示欢迎。若打算与他人合用时,不要一厢情愿,而应先礼貌地征得对方的同意。

需要与他人合作时,发出的邀请要彬彬有礼,不要勉强对方。若他人邀请自己合作时,有可能的话,最好不要拒绝。万一打算拒绝,要先讲"对不起",并说明理由,让对方有台阶可下。

第三,异性。在娱乐、健身场所,邀请异性合作无可厚非,但对对方必须尊重,不可调戏对方。

男士对女士要有绅士风度,要多加优待与关照。但是,对初次相识者要保持适当的距离。

女士对男士也要保持适当的距离,不可利用男士对自己的照顾而发嗲撒娇,耍贫耍赖。

5. 购物。在酒店里,大都设有商品柜台,供客人选购。一些大型、高档的酒店里,还设有商场、超市和著名品牌的专卖店。在这类地方购物时,有以下四点注意事项:

第一,存包。进入自选的超级市场购物,如要求存包,应自觉遵守。没有必要的话,不要携带其他商品进入自选商场,省得没事找事,生出麻烦。

第二,挑选。挑选商品时,不要漫无目标,随手乱指。不要过分苛刻,百挑不厌。对未选定的商品,不要乱动、乱拆、乱试、乱抠、乱摸,以免造成损坏。

第三,付款。在付款时,要当面与售货员做到货、款两清。接过找回的钱款,一定要点一点。酒店内的商品大多较贵,付款前要看清楚,不要届时捉襟见肘,当众出丑。

第四,退货。购买商品之后,应保留发票,以供退、换商品之用。在退、换商品时,理由要充分,说明要客气。不要因此指责售货员或是冤枉对方。

6. 办公。前往公司、企业设在酒店内的办公地点洽谈公务时,应遵守必要的礼仪规范。因为它与一般的私人拜会毕竟有很大的不同。

第一,预约。在此处洽谈公务,一般应提前进行电话预约,以便对方有时间接待,并为此早做准备。不要不约而至,充当打扰对方工作的不速之客。

第二,守时。拜会的时间一经约定,就必须严格遵守。通常,应当正点抵达或稍晚两三分钟到达。不要迟到太久或提前到达,更不能私自取消约定而又不通知对方。

第三,通报。到达约定地点后,应采用适当的方法,如打电话、按门铃、请秘书转达或递名片等,向被拜访者通报自己的到来,令其有所准备,不要不打任何招呼,推门就进。

第四,告退。由于位于酒店内的办公地点一般不大,因此不宜久留,一般性的拜访不应超过半个小时。不要在其室内乱逛,消磨时间。

四、应对媒体

当今的世界,已进入了信息化时代。在国外,尤其是在西方发达国家中,大众传媒非常发达,并且在现实生活里几乎无处不在,无孔不入,发挥着十分重要的作用。

作为一名外事人员,在涉外交往中,特别是在出访外国期间,自然难以回避媒体、应对问题。在应对媒体时,外事人员既要掌握政策、遵守纪律、注意分寸,又要沉着机智、落落大方、举止得体。因此,就必须遵守相关的礼仪规范。

一般而言,在应对媒体时,我方外事人员主要应当在了解媒体、有备而至、现场表现等三个方面加以注意。

(一) 了解媒体

孙子说过:知彼知己,百战不殆。在应对媒体时,亦须如此,要尽一切可能提前对自己即将面对的媒体有所了解。

此处的所谓媒体,指的是各种大众传播媒介。传播学权威麦克卢汉曾经指出:"媒介即信息"。要了解媒体,对外事人员而言,主要是要着重了解其政治倾向、实际影响、具体特征,以及其他一些方面的具体问题。

1. 政治倾向。在国外,虽说绝大多数媒体都一向标榜自己"政治中立",实际上在现实生活中它们无一例外地都会在一定程度上表现出自己的政治倾向。在接触境外媒体时,外事人员主要应当了解下述三点:

第一,其合法与否。在许多国家,媒体有合法与非法之分。在接触国外媒体之前,务必要对此有所了解。对于非法媒体,切勿与之接触。对于合法媒体,则不必再三回避。

第二,其所属势力。毋庸讳言,任何媒体的发展,都离不开财力支持,所以在各国各式各样的媒体背后,都有一定的政治势力或党派作为其后台或靠山。而各种媒体就其本质而言,往往是一定的政治势力或党派的喉舌。疏忽此点,就会犯应对媒体之大忌。

第三,其新闻检查制度。由于媒体在现代生活里影响巨大,各国都要对其进行一定程度的管制。为此,许多国家还专门制定了自己的新闻检查制度。对访问国的新闻检查制度如能有所了解,将深化我方人员对该国各种媒体政治倾向的认识。

2. 实际影响。在任何一个国家里,各种媒体所发挥的实际影响通常不尽相同。各种媒体的实际影响,除了主要受制于其社会认知度、受众人数以及自身的实力等因素之外,本国政府及其新闻主管部门的支持与否,往往也发挥一定的作用。

接触国外媒体前,外事人员对其实际影响所进行的了解,主要应侧重于如下两个方面:

第一,了解其属于主流媒体还是属于非主流媒体。所谓主流媒体,一般指的是社会认知度高、受众人数众多、自身实力强大的媒体;所谓非主流媒体,则是指社会知名度较低、受众人数较少、自身实力较弱的媒体。接触外方媒体时,自然应当优先接触主流媒体,但对非主流媒体亦不应予以轻视。

第二,了解其属于官方媒体还是属于非官方媒体。所谓官方媒体,通常是指属于官方、由官方支持或控制、具有官方背景以及反映官方倾向的媒体。所谓非官方媒体,则指的是没有官方背景、不受官方支持或控制以及不直接从属于官方的媒体。相对于官方媒体而言,它有时亦称民间媒体。在政治形势不同的国度里,官方媒体与非官方媒体所发挥的实际作用往往大相径庭。

3. 具体特征。媒体的具体特征,从不同角度可以进行不同的描述。在此,它是指各种大众传播媒介在传播信息的过程中所客观体现出来的长处与不足。

第一,电视。在传统的媒体之中,电视对受众的实际影响最大。其主要优点有:真实感强;娱乐性强;艺术性强。它的主要不足之处则是:瞬间即逝,不宜记录与保留;受时空限制较大,观众选择余地较小;需要专门的接收设备,所需费用不菲。

第二,报纸。报纸作为一种印刷媒体,在传统媒体中,其作用仅次于作为电子媒体的电视。报纸的长处主要有:信息容量较大;获取信息便利;选择范围较广;便于储藏查阅;有一定针对性。它的不足之处则主要是:不够生动形象,感染力较差;读者需要有一定的文化知识,读者范围受到限制;印刷发售需要时间,信息传播速度较慢。

第三,广播。作为一种电子媒体,广播有其独特的存在价值。它的主要优点有:传播速度快;鼓动性强;受限制较少;费用较低廉。它的主要缺点则是:收听受到时间限制;听众难以选择节目;内容难以反复品味。

第四,期刊。作为印刷媒体之一,期刊有其他媒体所不能比拟的优点:种类繁多,形式多样;内容丰富,系统性强;印刷精美,有感染力。同样,期刊也有不足之处:出版周期长,时效性差;较之电子媒体,期刊稍显死板;有专业要求,限制读者。

第五,互联网。近年来,迅速崛起的互联网对传统媒体发出了挑战。它的主要优点有:信息量巨大;信息传播快;网友选择多;形式较活泼。它的主要缺点则是:内容真假难辨;需要网络覆盖与专用设备;要求专门知识。

(二)有备而至

作为一名训练有素、见多识广的外事人员,在对外交往中,尤其是在出访期间,必须正视外方媒体人员无处不在这一现实,做好必要而充分的准备工作,以求有备而至,在应对媒体时发挥正常。

具体而言,为应对媒体而应提前着手进行的主要准备工作大致包括下述三项。

1. 联络媒体。在任何情况下,与外方人士相处时,我方人员均应多交朋友,广结善缘。与媒体人员打交道,道理亦是如此。

在不违背外事纪律的前提下,我方应按照统一部署,主动与媒体进行联络,并在两相情愿的情况下,与之保持经常性关系。

与媒体保持联络至少有三重好处:一是可以在一定程度上得到媒体的理解与支持;二是可以与媒体进行良性互动;三是可以主动向媒体传播信息。

2. 方便媒体。如欲真正赢得媒体的支持,为其提供各种方便往往必不可少。方便媒体的主要措施有三个:

第一,主动提供有益信息。在条件允许时,应经常向与自己关系密切的媒体提供正确无误、时效性强的信息,以实际行动支持其工作。

第二,为其提供采访便利。在力所能及的前提下,我方一定要诚心实意地为前来对自己进行采访的媒体提供种种便利,在人员、设备、时间、场地诸方面给予其必要的支持。至少,也不应为之设置不必要的限制。

第三,充分尊重媒体人员。对于辛劳工作的媒体人员,外事工作者理当表示应有的尊重。必须指出,对媒体人员的尊重,实际上就是对媒体的尊重。离开了此点,方便媒体就会变为一句空话。

3. 统一口径。在外事活动尤其是在出国访问时,我方人员应对媒体的一言一行均事关重大,不可不慎。因此,要求我方人员在应对媒体时须统一口径。具体而言,主要是要求我方有关人员保守秘密、统一行动、专人发言、提供文稿。

第一,保守秘密。在应对媒体之际,我方有关人员必须遵守外事纪律与保密规则,绝对不允许擅自向外方泄露我方的秘密,绝对不允许信口开河,口无遮拦。

第二,统一行动。对于一些重大问题,我方应对有可能接触外方媒体的全体人员具体规定什么当讲、什么不当讲、应当如何讲,以便我方人员统一行动。

第三,专人发言。正式组团出国访问时,有条件者应提前指定某一位团员担任本团的"新闻发言人",由其出面应对外方媒体,统一回答对方感兴趣的问题。这样一来,我方人员就不至于在外方媒体面前"众说纷纭"了。

第四,提供文稿。在正式接受媒体采访时,为了防止对方曲解或误解我方所传递的信息,按照常规,均应向对方提供一份认真准备的、经过斟酌的、具有一定新闻价值的新闻稿,以供其发稿时核对与借鉴之用。

(三)现场表现

应对媒体,关键是要注意自己的现场表现。一般而言,外事人员在媒体面前的表现,主要应当做到泰然自若、谨言慎行、善待记者、弥补失误等四点。

1. 泰然自若。不论是"初出茅庐",还是"久经沙场",外事人员在应对媒体时,都应当努力做到泰然自若。

第一,不慌不忙。应对媒体时,切勿手忙脚乱,手足无措,胡言乱语,自毁形象。在任何时候,在媒体面前不慌不忙的人,都会赢得媒体与公众的好感。

第二,不骄不躁。不论自己求助于媒体,还是媒体有求于自己,外事人员在应对媒体时,都应当力戒骄傲自大、目中无人,避免急躁盲动、自乱阵脚。

2. 谨言慎行。应对媒体时,外事人员应当对自己的一言一行多加注意,力求谨言慎行、不出差错。如下几点,尤其值得外事人员高度重视。

第一,有问必答。应对媒体,自然少不了回答其各式各样的问题。对于媒体人员所提出的各种问题,外事人员必须做到有问必答。即使遇到正面难以回答或回答不了的问题,亦须换一种方式作答,而不可答之以"不清楚""不能答复"。

第二,真实无欺。回答媒体的提问时,我方人员必须坚持讲真话,不讲假话,力戒自欺欺人,力求真实无欺。有些问题难以事实作答,亦应委婉应对,而不能代之以假言假语。讲假话的人,永远不会为他人所信任。

第三,巧妙作答。在回答问题时,虚张声势或吞吞吐吐都会令人反感。善于巧妙回答媒体的问题,是外事人员必须练就的一项基本功。

第四,行为得当。由于目前各种各样的媒体已经渗透到生活的每个角落,出访之际,我方人员对自己的行为须多加检点。不论是当众演讲,还是私人行动,都要对自己的一切行为负责。不要忘记,自己的一举一动,都可能成为媒体所关注的"新闻"。

3. 善待记者。应对媒体时,每一位有教养的人士都懂得应当善待其工作人员,尤其是辛劳无比的新闻记者们。对对方待之以礼,往往会产生投桃报李之效。

具体而言,现场应对媒体时,善待记者的最佳表现主要有:

第一,主动合作。应对媒体时,有经验者往往会变被动为主动,主动接近对方,并认真与对方合作。这样一来,对方自然会对我方产生良好印象。

第二,态度友善。回答记者提问时,外事人员切勿打断对方,或以表情、举止、语气对对方表达不满。即便对方的问题带有偏见或挑衅意味,亦不应为此而激动或发怒。

第三,平等待人。在任何场合,我方人员与媒体人员在人格上都处于平等的地位,因此理当对其平等相待。

4. 弥补失误。现场应对媒体时,外事人员一方面应当一丝不苟,避免失误。另一方面则要及时地发现问题,并采取一切必要措施,以弥补我方的失误。其具体做法有三:

第一,现场弥补失误。现场应对媒体时,一旦发现自己出现某种失误,应想方设法尽快予以更正。切勿置之不理,一拖再拖,酿成事端。

第二,事后弥补失误。假如事后发现自己或我方应对媒体时有误,亦应在力所能及的前提下采取一切可能的措施进行补救。

第三,认真总结教训。每次应对媒体后,一定要认真收集相关媒体的报道,并对其进行分类分析。对于发现的问题,要探究原因,并设法予以弥补。

五、出席宴会

宴会,比较严格地说,是一种正式而且隆重的宾主在一起用餐的集会。根据礼仪规范,宴会应被视为一种高层次的社交活动形式。换言之,出席宴会,对于任何人来讲,都是"非专为饮食,为行礼也"。

在涉外交往中,外事人员经常会以宴会的形式款待客人,同时也会经常地应邀赴宴。不论去吃中餐,还是去吃西餐;不论宴会的具体形式是庄严隆重,还是轻松随意;外事人员届时都应当牢记:自己是置身于一种社交场合,而不是在自己的家中与家人一道用餐。出国在外,前去出席外方宴会时,尤须切记此点。在宴会上,勿忘交际、勿忘遵守礼仪、严于律己,才是我方人员应有的正确态度。

(一)餐前表现

所谓餐前的表现,泛指赴宴者在接到邀请后,直至用餐前,一切与宴会相关的所作所为。检点自己餐前的一切表现,努力使之文明礼貌、大方得体,是宴会礼仪的一项重要内容。下述各点,务必注意。

1. 应邀赴宴。依照惯例,正式的宴会应以请柬邀约客人。在一般情况下,请柬至少应当提前10天以上到达客人之手,以便对方提前进行安排。

如果宴会是专门为某些特定对象而举行的,例如,洗尘宴会、庆贺宴会、生日宴会、饯行宴会等,则主人在确定宴会的具体时间、地点与邀请对象时,需要与对方进行友好协商,并且在原则上应当"主随客便"。假如不征求对方意见,便自作主张地先把请柬寄给了对方的"对头",即便想要充当双方之间的"和事佬",也不会有谁领情。

接到邀请自己赴宴的请柬后,通常不论能否出席,都应当尽快决定下来,并尽量早一些向主人通报。在正式的宴会上,主人需要为全体出席者排定桌次与位次。若是届时有人临时缺席,使座位空置、酒菜浪费,对主人是极不尊重的。

一旦通知主人决定赴宴,此后就不宜再作变动。反反复复,或是告之以"定不下来,到时候再说",都是不礼貌的。

同一切正式约会一样,告诉主人自己决定赴宴,到时候又炮制各种借口缺席,会让主人十分寒心。绝对不要再说什么:"临时有重要的事情要办",出席宴会,会见主人,谁能说不是一件重要的事情呢?要是再讲自己还有更"重要的事情",等于告知主人:他的盛情邀请不够重要。

假如真的不能如约赴宴,务必早日告诉主人,并为此诚心诚意地进行道歉。如果临时不能出席的话,亦须尽快告诉主人。事后,还应当"负荆请罪",登门向主人亲口道歉。

主人在邀请客人出席宴会时,如果在请柬上或口头上通知有什么要求,诸如是否携带配偶、要不要穿礼服、应当何时到场等,客人应务必予以自觉地遵守。

规模盛大的宴会,尤其是西餐宴会,往往约请客人夫妇一同参加。假定一方的配偶不在本地,或是尚未成婚,应提前告知主人。如果有必要的应酬,请自己的子女、兄妹或秘书一同出席宴会是可以的,但是需要提前征得主人的同意。

比较正式的宴会,特别是举行于晚间的盛大宴会,对出席者的服饰大都有所规定。如果要求赴宴者穿礼服,通常男士应着黑色或其他深色的西装或中山装套装,女士穿旗袍或者其他应时、应景的高雅、端庄的裙式服装。尽管这么穿与国际上公认的礼服式样还有一定的不同,但从我国的具体国情出发,此亦不为过。

在普通的宴会上,对着装可能没有明确的规定。即便如此,赴宴者也不可对维护自我形象一事掉以轻心,赴宴时的着装不要过于随便。穿着T恤衫配牛仔裤、跨栏背心配西式短裤、宽松式上衣配健美裤等,在风格上散漫、休闲,都是不合时宜的。

在请柬上,对于举行宴会的具体地点与时间,多有明确的通知。若发现无此项内容,需要打电话事先了解一下,免得到时候"抓瞎"。

2. 抵达现场。一般都认为:宴会出席者抵达宴会现场的时间早晚,是与对主人和其他出席者的尊重与否密不可分的。从总体上讲,出席宴会不宜晚到,也不宜早到。晚到会让人久等,早到会令主人因准备未妥而措手不及、手忙脚乱。具体而言,出席宴会的主宾应正点到场,稍晚一点的话,至多也不要超过5分钟。其他的宴会出席者,如出席宴会作陪者等,按照礼仪规范不应当晚于主宾到场。通常,这些人应提前一两分钟或正点入场。

应邀赴宴,不一定非要给主人带去礼品。如果出席规模盛大、人数众多的宴会,更没有必要这样做。要是参加亲友举办的小型宴会,如家宴、生日宴会,则可以为主人预备上一份小礼品。此时此刻,既拿得出手,又让主人开心笑纳的礼品,当首推鲜花。除此之外,带上一瓶好一些的酒,也会大受欢迎。只是应当强调,即使是空手前往,也不要携带糖果、点心、水果、饮料、罐头、自己家中用不完的物品,或是亲手所烧的一两道菜肴,去充当赴宴的礼品。

到达宴会现场后,须先往专设的衣帽间去存一下自己的外套、帽子与皮包。在衣帽间脱下外套时,男士有义务协助自己的配偶或其他与自己一起入场的女士。有时,当贵宾脱外套时,男主人还会亲自动手予以协助。碰上这种情况,被协助者应表现得落落大方,同时还应向协助者表示自己的感谢。

走出衣帽间后,宴会的出席者按照惯例应当主动去向主人问候,并感激对方的邀请。如果男女主人同时在场,不要忘却"女士优先",即应当先问候女主人,后问候男主人。若主人当时正与主宾寒暄,或忙得焦头烂额,则对其的问候与感谢可以向后推一下。

主人或接待人员没有邀请或引导来宾入席时,切勿擅自提前闯入宴会厅。可以在宴会厅门外不远处静候,在主人的指定之处集合,或是在休息厅内稍事休息。

当主人邀请大家入席时,不可争先恐后,一拥而上。依照宴会礼仪,首先入席的,应当是主人夫妇与主宾夫妇。在此之后,其他人方可按照由尊而卑的先后顺序井然有序地依次入席。

3. 依次就座。不论西式宴会还是中式宴会,桌次与位次的排列摆放都非常讲究。通常,在每张餐桌上,居中都摆放着桌次牌。在每个人的座次前方,也有写着姓名的位次牌。这些大都会在请柬上注明。入席的时候,一定要"客随主便"。不要到处乱坐,不要随便提议与他人换桌或换座,更不要在这个问题上"挑肥拣瘦",小题大做,以"挑礼"为形式向主人"发难"。

在宴会上入座时,应从自己行进方向的左侧就座。拉动座椅时,应同时使用双手,轻挪轻放。不要一手拎起或举起座椅,让周围的人担惊受怕,也不要把桌椅搞得响声大作。

与他人一同就座时,应先请同桌的女士、长者、职位高者或嘉宾落座。必要的时候,还须主动协助他们拉出座椅,坐在座位上。

坐下时,椅面不要距离餐桌过近或过远。一般认为,二者之间有20厘米左右的间隔最好。坐姿要端庄而稳重,不要仰在椅背上"歇息",双手托腮左顾右盼,双臂支在餐桌上"研究"饭菜,双腿在餐桌下面动来动去,或是双脚到处乱踩、乱蹬。此外,在进餐之前,勿动餐桌上的一切器具,也不要猜测或向周围之人"咨询":"今天将会品尝什么?"

如果有衣帽间,就千万不要将自己的大衣、帽子、皮包带入宴会厅。如果没有衣帽间,也不能将自己带入宴会厅的东西乱放。不能把它们放在桌上、地上或窗台上。最好不要带大的提包去赴宴:一则它可能让主人空欢喜一场,因为它可能会让人觉得是为携带礼品才带的;二则它会让人以为自己是为了连吃带拿地"打包"而有备而来的。

最后,除了上述餐前礼仪之外,外事人员在赴宴时还有三处细节需要注意。

其一,用餐期间不宜随便走动、东游西逛,或是去找熟人打招呼。

其二,宴会举行之中,如无要事,不能退席,否则会被当成是向主人表示抗议。需要中途退场,应在离去之前,向主人进行解释,并为此而道歉。

其三,在吃饱之后,不要急于退席。只有当主人与主宾离开之后,才可以告退。在退场时,应向主人再表谢意。来不及当面讲,则可在事后电话或写信专门致谢。如果参加的是家宴,餐后至少应停留一刻钟以上,再与主人谈上一会儿。马上就走,等于有意表明自己是专门"为吃而来"的。

(二)席间禁忌

美国的开国元勋汉弥尔顿曾言:"除了律法明文禁止的之外,人们可以随心所欲地去做他们自己想做的任何一切事情。"要是对他的这句话稍加修改,把它变成:"除了不合乎礼仪规范的举止之外,人们在宴会上可以自由自在地品尝美味佳肴。"恐怕也是正确的。

总的来说,由于宴会属于一种高层次的社交应酬,因而我方人员在宴会上的一切举止谈吐,都应当端庄、文雅、得体。要做到这一点,就需要对以往我方一些

第四章 外事访问的一般礼仪

人员不以为然的不良举止,从根本上加以系统的清理与禁止。坚持"有所不为",就不会出现大的闪失。这里,特此规定外事人员席间的30戒。

第一戒,用餐时响声大作。在餐桌上吃食物、喝饮料时,一定要入口少,慢慢用。这样的话,就不会发出过大的声音。要是吃得忘乎所以,"电闪雷鸣",响声大作,自己可能觉得有滋有味,其实却是既不雅观,又影响他人的食欲。

第二戒,剔牙时毫不掩饰。在餐桌上虽备有牙签,但不一定非要用不可。即使要用,也不宜当众"公演"整个过程。咧开嘴,在其中捅来捅去,甚至以筷子或手指替代牙签放入嘴里连抠带扒,都是令人作呕的。剔牙之时,应以一只手或餐巾挡在嘴前,作为屏障遮挡。剔出来的东西,应悄悄进行处理,切不可当众"观赏",甚至"废物利用",再次入口,或是随手一弹,"不知君去何方"。牙签用毕,即应立即取出。不要对其恋恋不舍,长时间将它噙在嘴里。

第三戒,随处乱吐废物。在餐桌上,遇到不宜下咽之物时,应以一只手或餐巾掩口,将它轻轻吐在另一只手所拿的勺子或叉子上,然后再将其放入自己面前的食盘上端,待侍者取走。不要把它吐在手上,或以手去口中直接拿取。尤其是不能把它随口吐在餐桌上进行陈列展示,或是悄然吐在地上,制造"公害"。随口乱吐废物,唾液飞溅,是极其败坏他人胃口的。

第四戒,一次入口食物过多。用餐时,细嚼慢咽,吃相才能好看。一次入口的食物过多,腮帮子鼓胀,眼珠子直瞪,不仅自己难受,也让他人担心。吃食物、用饮料时,一次不要取得太多,入口时尤其应当适量,应以不妨碍咀嚼、下咽为宜。用餐不是攻取敌人的阵地,不讲究时不我待,所以大可不必狼吞虎咽,一次"鲸吞"过量。

第五戒,用餐时满脸开花。在用餐过程中,吃完一口或喝完一口之后,特别是预备与身边的"邻居"寒暄几句时,务必要用纸巾或餐巾先揩干净嘴角。要是吃得大汗淋漓,则应随时用餐巾把汗擦干。如果吃得顺口流汤、嘴角带渣、一脸油汗,是很不雅观的。

第六戒,咳嗽、打喷嚏、吐痰。在餐桌上咳嗽、打喷嚏、吐痰,是一种极不自尊、不自爱的表现。它不仅不卫生,有可能污染环境,传播病菌,而且有悖于社会公德,破坏人们的食欲,让人极其厌恶。

第七戒,在用餐时吸烟。不一定有明文禁止,但是宴会上是不宜吸烟的。在用餐时不吸烟,是对在座的不吸烟者表示尊重,也是为了净化空气,有利健康,使大家能够更好地用餐。

第八戒,在就餐过程中当众"宽衣解带"。有的人在宴会上吃得开心了,喜欢脱去外衣,松开领带,放松腰带,撸起袖子,敞开领口,挽起裤管,脱下皮鞋,以便减少束缚、通风透气。实际上,这一系列的做法,俱有损于自我形象,有一些还会失敬于人。

第九戒,在餐桌上整理发型或补妆。整理发型或补妆,应于餐前或餐后在化妆间、休息厅或洗手间内进行。让这一过程当众曝光,会让人觉得浅薄,而且还会妨碍他人。在补妆时,他人是不便用餐的。当自己整理发型时,倘若发屑飞扬,发丝乱舞,则会让人极度反感。

第十戒,口含食物与人交谈。在餐桌上与周围之人交谈时,声音宜小不宜大。此时,不应口含食物,边吃边说。嘴里有东西时说话,难以让人听清楚,而且弄不好还会有其中的一些"残余""突围"出来。原则上,食物进口后不准再吐出来,因此吃东西应当一次一小口。这样,遇到有人找自己说话,就可以迅速将其下咽,再去与人应酬。当然,当别人口含食物时,有教养的人是不该找对方"叙一叙"的。

第十一戒,替人布菜。在用餐时,爱吃什么,想吃多少,讲究的是大家自己照顾自己。主人只要在口头上对来宾相劝即可,千万不要热情过了头,越俎代庖,也不管对方爱不爱吃、能不能吃光,动不动就下手替别人布菜。这不仅让人勉为其难,而且还会造成餐具使用上的不卫生,所以说实属不当之举。

第十二戒,对他人不断地劝酒。在饮酒时,常有个别人口头上对人友好,说什么"感情深,一口闷;感情浅,抿一点"等言语,其实他这样做,主要是想拿别人寻开心,想把别人灌醉了,令其出丑。对任何人都不要这样做,尤其是不要几位男士联手,对外方人员或对一位陌生的小姐"群起而攻之"。

第十三戒,饮酒之时找人划拳。某些人有一大嗜好,饮酒之时若不找几个人

第四章 外事访问的一般礼仪

猜拳行令,便觉得喝不下去。在亲朋好友聚餐时这样做,或许还能使人自娱自乐,可是在正式的宴会上饮酒划拳,大吼大叫,起哄争吵,往往会破坏宴会的气氛,所以是不允许的。

第十四戒,直接下手去取应该用餐具取用的菜肴。不论吃中餐还是吃西餐,绝大多数菜肴均应用相应的餐具取用。在一般情况下,切不可直接下手"攫取"。遇上有些没见过的菜肴,不知道该当如何去取,不妨耐心等一会,先看看别人是怎么操作的,然后"照此办理"。

第十五戒,站起身来取菜。在有些大型宴会上,每张餐桌都很大,菜也很多。想吃自己够不到的菜时,可以请侍者或周围的人帮一下忙,对他们只要道一声谢就可以了。千万不要起身超越"万水千山"去夹菜,更不要离开自己的座位,直接走过去取用。

第十六戒,对食物挑三拣四。取用公用的餐盘内盛放的食物之前,先要看准目标,然后"一次到位",又快又准地把它取过来。不管取什么东西,只要自己的餐具夹住了,就不准再放回去。在公用的餐盘里,对食物切不可翻来翻去,挑肥拣瘦,反复"推敲"。自己已经碰过的食物,别人怎么还好吃呢?

第十七戒,用餐时餐具铿锵作响。在使用餐具时,应当小心谨慎,轻拿轻放,不要使其彼此之间无故"交战",或是在接触碗、盘、碟时,叮当乱响。在吃西餐使用刀叉切菜时,两肘应夹在腰部两侧,以控制动作的大小。不然若像拉大锯一样,磨刀霍霍甩开膀子大干,不只是让身边的人"挨打",而且还会制造难听的噪音。

第十八戒,以餐具指点他人。在与人交谈时,非但不宜吃东西,而且手中的餐具同时也应当放下来。准确地讲,是应当先放在自己面前的食盘上。筷子应当并排竖放,勺子应当平躺,刀叉则应当呈"八"字形摆放。不要把它们摆在公用的菜盘上,或是让它们"立正"于自己的碗、盘之中。切勿一面与人高谈阔论,一面用餐具"指点江山",挥来舞去。用餐具直指交谈对象,"指教"别人,则更不准许。

第十九戒,乱用餐具。各种各样的餐具都有各自独特的使用方法,在宴会上使用它们时,应当遵守成规。例如:使用筷子是为了夹取食物,而不可以挑起食物;勺子只宜取用汤或流质食物,不宜用其舀菜;使用刀叉,讲究左叉右刀,以叉按住食物后,再以刀将其自左而右地切割成小块;单独用叉子时,则需用右手拿着它;等等。如果用筷子吃西餐,用刀子取食豌豆,必定会贻笑大方。

第二十戒,"品味"餐具。在宴会上,餐具只能用以取用食物。它们本身无滋无味,所以切勿当众将其抿来抿去,连舔带咬,或是长时间地含在嘴里。这类做法不但令人作呕,也是很不卫生的。

第二十一戒,同人抢菜。在取用食物时,不要没先没后,不讲顺序,与人争抢。在他人尚未取好之前,不要"眼到手到",逼对方"浅尝辄止"。如果与他人"一同到场",则应退让一步,示意对方先取。要切记,在取菜时,完全没有必要让自己表现得像一只"大馋猫"一样欲壑难填,在餐桌上抢来抢去。

第二十二戒,端着碗、盘用餐。在宴会上用餐时,应当正襟危坐,以筷子、刀叉或勺子将食物送入口中,端起碗、盘吃饭和喝汤的做法是不允许的。除此之外,也不宜低下头去,趴到餐桌上去俯就食物。

第二十三戒,捡食掉出来的食物。出于卫生方面的考虑,掉到桌上、椅子上、衣服上或地面上的任何食物,都不可捡起来再吃。这不是讲节约的时候,更不能提倡"不干不净,吃了没病"。另外,掉到餐桌上、椅子上或地面上的餐具,尤其是西餐餐具,亦不得捡起来再用。坐在自己两侧或对面的,或许是一位异性。因此,当自己低下头,去桌子下面拾东西时,很可能让对方"担惊受怕"。如果还需要用餐具,叫侍者换一副上来就可以了。

第二十四戒,一边行走一边吃喝。除非参加准许边吃边走的酒会或冷餐会,在按固定的位次就座时,是不许一边大吃大喝、一边走来走去的。

第二十五戒,乱吹、乱搅汤或饮料。在餐桌上,有时会为用餐者提供热汤、热菜、热咖啡。如果嫌其太烫,可稍等片刻,或用勺子搅动一下。万万不可用口去吹,用勺子乱搅,或是用两个碗、两只杯子折来折去。除了喝汤应以勺子舀食外,茶或咖啡是不准用勺子舀起来咂摸滋味的。

第二十六戒,双手乱动、乱放。在餐桌旁坐定之后,最好"安分守己"地把双手放在餐桌边缘,或者放在大腿上。切不可将其支在餐桌上、端在胸前、抱在脑后、插在口袋里,或是随意扶在他人所坐的椅背上。那样做,不仅不礼貌,而且不雅观。尤其值得注意的是,在正式场合与他人一同用餐时,千万不要对他人或饭菜指点不已,不要掩口而笑或与人低语,也不要用手搔痒痒、摸鼻子、抓耳朵、搓泥巴,或者在餐桌底下动来动去。在用餐时,以手玩弄餐具,也是不应该的。

第二十七戒,在别人致祝酒词时表现得迫不及待。当宾主在宴会开始之初先后致祝酒词时,应目视发言者,聆听其讲话,在这时与旁人聊天、闭目养神、埋头干自己的事等心不在焉的做法,都会失敬于人。只有在宾主致完祝酒词、宣布开宴后,才可开始进餐。

第二十八戒,在用餐期间不搭理任何人。宴会既然是一种社交形式,那么赴宴者在有必要与他人进行交流时,就不应该一言不发,好像自己只是为吃而来,除了吃喝,对其他一切都漠不关心,麻木不仁。在许多宴会上,主人往往把身份、地位相似的人安排坐在一起。有时,还有意将不相识者组织在一块儿,以便大家相互结识。对于这个好机会,主动放弃是太可惜了。在适当的时候,不妨主动找人攀谈几句。有人找自己攀谈时,亦应予以友好合作。当他人对自己表示友好,如敬酒时,应起身示敬。不过在宴会上话也不可太多太滥,喋喋不休。尤其是在谈话对象的选择上,不宜一味地"钟情"于异性,而"目无"同性。

第二十九戒,大谈特谈让人"浮想联翩"的事物。在用餐时,所谈论的内容应当愉快、健康、有趣。有些让人难以"消化"的内容,尤其是倒人胃口的内容,绝对不要提及。比方说,不要谈论死亡、疾病、凶杀、令人厌恶的动物或在感官上让人恶心的东西。想去洗手间的话,切勿公然告之众人,也不要约人同去。确实需要告诉周围之人时,不妨说:"出去有点事情",或是"去打一个电话"。

第三十戒,非议饭菜。俗话说:"萝卜白菜,各有所好"。在任何宴会上,都难免众口难调。遇上自己不喜欢的菜肴,不用即可,千万不要告之主人。当主人征求意见时,应当对饭菜好话多讲,不足莫提。对饭菜"品头论足",喟叹其"今不如昔",甚至说此处饭菜做得不及某处,往往都会使主人难堪。

六、享用西餐

西餐,是中国人对西式饭菜的一种约定俗成的统称。客观地讲,所谓西餐,其实是一个十分笼统的概念,因为无论从形式上还是从内容上讲,西方各国的饭菜毕竟有着很大的差异,难以一概而论。但在中国人眼里,除了与中餐在口味上存在区别之外,西餐还有两个鲜明的特点:其一,它们源自西方国家。其二,必须以刀、叉取食。久而久之,凡符合以上两个特点者,在中国皆可以西餐相称。

根据西餐礼仪的规范,要吃好西餐,并且不失风度,就必须对西餐的菜序、西餐的座次、西餐的餐具、西餐的品尝、西餐的要求五个方面的基本规范,有一定程度的了解。

(一)西餐的菜序

品尝西餐,首先要明确西餐的菜序问题。西餐的菜序,在此是指西餐用餐的先后顺序问题。与中餐、日餐等东方国家的餐式相比,西餐的菜序具有明显的不同。例如,享用西餐时,通常要先上汤,而在中餐里,汤多在用餐结束后才食用。

了解西餐的菜序,至少有两大好处:一方面,在用餐时可以量力而行,依据个人食量吃好、吃饱。另一方面,在自己点菜时,能够加以比照,进行经济而适当的组合、搭配。

严格地讲,西餐正餐与便餐的菜序通常是有很大差异的。

1. 正餐的菜序。 西餐的正餐,尤其是在正式场合所用的正餐,其菜序既复杂多样,又讲究甚多。在大多数情况下,西餐正餐的菜序由下列八道菜肴依次构成。一顿完整的正餐,一般要吃上一两个小时。

第一,开胃菜。所谓开胃菜,即用来打开胃口之物,它亦称西餐的头盘。在西餐里,它往往不被列入正式的菜序。在大多数情况下,开胃菜是由蔬菜、水果、海鲜、肉食所组成的拼盘,多以各种调味汁凉拌而成,其色彩悦目、口味宜人。

第二，面包。在西餐正餐里所吃的面包，一般都是切片面包，或是需要当时从整个的大面包上切片而食。有时，也有刚刚烤好的小面包。在吃面包时，通常可根据个人嗜好，涂上各种果酱、黄油或奶酪。

第三，汤。西餐之中的汤，大都口感芬芳浓郁，具有很好的开胃作用。按照传统说法，汤是西餐的"开路先锋"。只有开始喝汤时，才算正式开始吃西餐了。常见的汤类，有白汤、红汤、清汤等。

第四，主菜。西餐里的主菜有冷有热，但应以热菜为主角。在比较正规的正餐上，通常要上一个冷菜、两个热菜。两个热菜之中，应当有一个是鱼菜，另一个则是肉菜。有时，还会再上一个海味菜。其中的肉菜必不可少，而且往往代表着此次用餐的档次和水平。

第五，点心。吃过主菜后，一般要上一些诸如蛋糕、饼干、吐司、馅饼、三明治之类的小点心，供没有吃饱的人借以填满肚子。吃饱的人，也可以不吃点心。

第六，甜品。吃毕点心，接着要上甜品。最常见的甜品，有布丁、冰淇淋等。

第七，果品。接下来，用餐者还可在力所能及的情况下，酌情享用干、鲜果品。常用的干果，有核桃、榛子、腰果、杏仁、开心果等。草莓、菠萝、苹果、香蕉、橙子、葡萄等，则是西餐桌上最常见的鲜果。

第八，热饮。在用餐结束之前，应为用餐者提供热饮，以此作为"压轴戏"。最正规的热饮，是红茶或什么都不添加的黑咖啡。二者只能选择其一，而不可同时享用。它们的作用，主要是帮助消化。西餐的热饮，可以在餐桌上，也可以换个地方喝，如到客厅或休息厅里喝。

2.便餐的菜序。在普通情况下，出于节约金钱和时间方面的考虑，人们往往不会吃西餐全餐。假如不是为了尝鲜、犒劳自己，点上几个有特色、有代表性的西式菜品，也就足够了。

一顿西餐便餐的标准菜序，通常由五道菜肴构成，即开胃菜、汤、主菜、甜品、咖啡。

(二) 西餐的座次

在西餐用餐时，人们对于座次的问题十分关注。越是正式的场合，这一点就显得越是重要。与中餐相比,西餐的座次排列既有不少相同之处,也有许多不同之点。以下将对此略做介绍。

1. 座次排列的规则。在绝大多数情况下,西餐的座次更多表现为位次问题。桌次问题,除非是极其隆重的盛宴,一般涉及较少。因此,以下将主要讨论的,便是西餐的位次问题。

排列西餐的位次,一般应依照一些约定俗成、人所共知的常规进行。一了解了这些基本规则,就可以轻而易举地处理好位次排列问题。

第一,女士优先。在西餐礼仪里,女士处处受尊重。在排定用餐位次时,尤其是安排家宴时,主位往往请女主人就座,而男主人则须退居第二主位。

第二,恭敬主宾。在西餐之中,主宾极受尊重。即使用餐的来宾之中有人在地位、身份、年纪方面高于主宾,主宾仍是主人关注的中心。在排定位次时,应请男、女主宾分别紧挨着女主人和男主人就座,以便进一步受到照顾。

第三,以右为尊。在排定位次时,以右为尊依旧是基本规则。就某一特定位置而言,其右侧之位理应高于其左侧之位。例如,应安排男主宾坐在女主人右侧,安排女主宾坐在男主人右侧。

第四,距离定位。一般来说,西餐桌上位次的尊卑,往往与其距离主位的远近密切相关。在通常情况下,距主位近的位子高于距主位远的位子。

第五,面门为上。面门为上,有时又叫迎门为上。它所指的是,面对餐厅正门的位子,通常在序列上要高于背对餐厅正门的位子。

第六,交叉排列。用中餐时,用餐者经常有可能与熟人,尤其是与其恋人、配偶在一起就座,但在用西餐时,这种情景便不复存在。正式一些的西餐宴会,一向被视为交际场合,所以在排列位次时,要遵守交叉排列的原则。依照这一原则,男女应当交叉排列,生人与熟人也应当交叉排列。因此,一个用餐者的对面和两侧,往往是异性,而且还很有可能与其不熟悉。这样做,据说最大的好处,是每一位用餐者都可以因此而广交朋友。不过,这也要求用餐人数最好是双数,并且男女人数应当各半。

2. 座次排列的详情。在西餐用餐时,人们所用的餐桌通常有圆桌、方桌和长桌,有时,还会拼成其他各种图案。不过,最常见、最正规的西餐桌当属长桌。下面就来介绍一下西餐排位的种种具体情况,学习它将有助于更好地理解和掌握排位的基本规则。

第一,长桌。以长桌排位,一般有以下两种主要办法:

其一,男女主人在长桌中央对面而坐。餐桌两端可以坐人,也可以不坐人。

其二,男女主人分别就座于长桌两端。某些时候,如用餐者人数较多,还可以参照以上办法,以长桌拼成其他图案,以便安排大家一道用餐。

第二,圆桌。在西餐里,使用圆桌排位的具体情况并不多见。在隆重而正式的宴会里则尤为罕见。其具体排列方法,基本上是各项规则的综合运用。

第三,方桌。以方桌排列位次时,就座于餐桌四面的人数应当相等。在一般情况下,一桌坐八人、每侧各坐两人的情况比较多见。在进行排列时,应使男、女主人与男、女主宾对面而坐,所有人均各自与自己的恋人或配偶坐成斜对角。

(三)西餐的餐具

不同国家、地区的菜肴,在用餐时所借助的餐具往往大不相同。有的餐式要用筷子,有的餐式要用刀叉,有的餐式则需要直接以手来取食。

使用刀叉进餐,是西餐最重要的特征之一。学习西餐礼仪时,应系统地学习刀叉的使用。除了刀叉之外,西餐的主要餐具还有餐匙、餐巾等。以下,将分别对它们进行系统的介绍。至于西餐桌上出现的盘、碟、杯、水盂、牙签等餐具,其用法与中餐大同小异,在此将不再赘述。

1. 刀叉。刀叉,是对餐刀、餐叉两种西餐餐具的统称。二者既可以配合使用,也可以单独使用。在更多的情况之下,刀叉是同时配合使用的。因此,人们在提到西餐餐具时,往往喜欢将二者相提并论。

学习刀叉的使用,主要是要掌握刀叉的区别、刀叉的用法、刀叉的暗示三个方面的问题。

第一,刀叉的区别。在正规一点的西餐宴会上,通常讲究吃一道菜要换一副刀叉。也就是说,吃每道菜时,都要使用专门的刀叉。既不可以胡拿乱用,也不可以从头至尾只使用一副刀叉。享用西餐正餐时,在一般情况下,出现在每位用餐者面前餐桌上的刀叉主要有:吃黄油所用的餐刀,吃鱼所用的刀叉,吃肉所用的刀叉,吃甜品所用的刀叉,等等。它们不但形状各异,更重要的是其摆放的具体位置各不相同,掌握后一点对于正确地区分它们尤为重要。

其一,吃黄油所用的餐刀。它没有与之相匹配的餐叉,其正确位置是横放在用餐者左手的正前方。

其二,吃鱼所用的刀叉与吃肉所用的刀叉。按照常规,它们应当按餐刀在右、餐叉在左的方位分别纵向摆放在用餐者面前的餐盘两侧。餐叉的具体位置,应处于吃黄油所用餐刀的正下方。有时,在餐盘左右两侧分别摆放的刀叉会有三副之多。要想不拿错,其实一点儿也不困难。关键是要记住,应当依次分别从两边由外侧向内侧取用。

其三,吃甜品所用的刀叉。它应于最后使用,一般被横向放置在用餐者面前餐盘的正前方。

第二,刀叉的用法。使用刀叉,一般有以下两种常规方法可供借鉴:

其一,英国式。它要求:在进餐时,始终右手持刀、左手持叉,一边切割,一边叉而食之。通常认为,此种方式较为文雅。

其二,美国式。它的具体做法是:先是右刀左叉,一口气把餐盘里所要吃的东西全部切割好,然后把右手里的餐刀斜放在餐盘前方,将左手中的餐叉换到右手里,再来大吃一气。这种方式的好处,显然是比较省事。

在以刀叉用餐时,不论采用上述哪一种方式,都应注意以下五点:

一是在切割食物时,不可以弄出声响。

二是进行切割时,要切记双肘下沉,切勿左右开弓。那样做,一方面有碍于人,另一方面则是"卖相"不佳,搞不好还有可能使正在被切割的食物飞出餐盘。

三是被切割好的食物应刚好适合一下子入口。切不可叉起食物后,再一口一口咬着吃。应当以叉铲着食物吃,不能用刀扎着吃。

四是注意刀叉的朝向。将餐刀临时放下时,不可刀口外向。双手同时使用刀叉时,放下时叉齿应当朝下;右手持叉进食,放下时应叉齿向上。

五是掉落到地上的刀叉切勿再用,可请侍者另换一副。

第三,刀叉的暗示。使用刀叉,可以向侍者暗示用餐者是否吃好了某一道菜肴。其具体方法是:

其一,暂停用餐。如与人攀谈时,应暂时放下刀叉。其具体做法是:将其刀右、叉左,刀口向内、叉齿向下,呈"八"字形状摆放在餐盘之上。它的含义是:此菜尚未用毕。但要注意,不可将其交叉放成"十"字形,西方人认为:那是不吉利的图案。

其二,用餐完毕。如果吃完了,或不想再吃了,则可以刀口内向、叉齿向上,刀右、叉左地并排纵放,或者刀上叉下地并排横放在餐盘里。这种做法等于告知侍者:本人已用好此道菜,请他连刀叉带餐盘一块儿收掉。

2. 餐匙。品尝西餐时,餐匙是一种不可或缺的餐具。学习餐匙的使用,应重点掌握其区别、用法两大问题。

第一,餐匙的区别。在西餐的正餐里,一般至少会出现两把餐匙,它们形状不同、用途不一,摆放的位置也有各自的既定之处。

其一,汤匙。一般来说,那把个头较大的餐匙叫作汤匙,通常它被摆放在用餐者右侧的最外端,与餐刀并列纵放。

其二,甜品匙。在西餐正餐的餐桌上,另一把个头较小的餐匙叫作甜品匙。在一般情况下,它应当被横向摆放在吃甜品所用刀叉的正上方,并与其并列。如果不吃甜品、用不上甜品匙的话,有时,它也会为个头同样较小的茶匙所取代。一定要记住,上述两种餐匙各有各的用途,不可相互替代。

第二,餐匙的用法。使用餐匙,有下述几点必须予以高度重视:

其一,餐匙除可以饮汤、吃甜品之外,绝对不可直接舀取其他任何主食、菜肴。

其二,已经开始使用的餐匙,切不可再放回原处,也不可将其插入菜肴、主食,或是令其"直立"于甜品、汤盘或红茶杯之中。

其三,使用餐匙时,应尽量保持其干净清洁。

其四,用餐匙取食时,动作应干净利索,切勿在甜品、汤或红茶中搅来搅去。

其五,用餐匙取食时,一定不要过量,一旦入口,就要一次将其用完。不要一餐匙的东西反复品尝好几次。餐匙入口时,应以其前端入口,而不是将它全部塞进嘴里去。

其六,不能直接用茶匙去舀取红茶饮用。

3. 餐巾。 其貌不扬的餐巾,在西餐里是一个发挥多重作用的重要角色。以下,将主要介绍一下餐巾的铺放、餐巾的用途两方面的技巧。

第一,餐巾的铺放。西餐里所使用的餐巾,通常会被叠成一定的图案,然后放置于用餐者右前方的水杯里,或是直接被平放于用餐者右侧的桌面上。它们面积上有大、中、小之分,形状上也有正方形与长方形之别。

不论大小,也不论哪一种形状,餐巾都应被平铺于自己并拢的大腿上。使用正方形餐巾时,应将它折成等腰三角形,并将直角朝向膝盖方向。若使用长方形餐巾,则可将其对折,然后折口向外平铺。打开餐巾并将其折放的整个过程应悄然于桌下进行,切勿在空中抖动餐巾。

尤其需要注意的是:在外用餐时,一定不要把餐巾掖于领口、围在脖子上、塞进衣襟内,或是担心其掉落而将其系在裤腰上。

第二,餐巾的用途。在正餐里,餐巾主要发挥以下几种具体的作用。

其一,用来为服装保洁。将餐巾平铺于大腿之上,其主要目的就是为了阻挡进餐时掉落下来的菜肴、汤汁,以防止其沾污自己的衣服。

其二,用来揩拭口部。在用餐期间与人交谈之前,应先用餐巾轻轻地揩一下嘴,但不要乱涂乱抹。女士进餐前,亦可以餐巾轻印一下口部,以除去唇膏。以餐巾揩口时,其部位应大体固定,最好只使用其内侧。通常,不应以餐巾擦汗、擦脸,擦手也要尽量避免。特别要注意,不要用餐巾去擦餐具,那样做等于向主人暗示餐具不洁,要求其调换另外一套。

其三,用来掩口遮羞。在进餐时,尽量不要当众剔牙,也不要随口乱吐东西。万一非做不可时,应以左手拿起餐巾挡住口部,然后再以右手去剔牙,或是以右手持餐叉接住"出口"之物,再将其移到餐盘前端。倘若这些过程没有遮掩,是颇为失态的。

其四,用来进行暗示。在用餐时,餐巾可用以进行多种特殊暗示。餐巾最常见的暗示,通常又可分为如下三种:

一是暗示用餐开始。西餐大都以女主人为"带路人"。当女主人铺开餐巾时,就等于是在宣布用餐可以开始了。

二是暗示用餐结束。当主人,尤其是女主人把餐巾放到餐桌上时,意在宣告用餐结束,请各位告退。其他用餐者吃完了的话,亦可以此法示意。

三是暗示暂时离开。若中途暂时离开、一会儿还要继续用餐,可将餐巾放置于本人座椅的椅面上。见到这种暗示,侍者就不会马上动手"撤席",而会维持现状不变。

(四)西餐的品尝

西餐里的各道菜式,在具体的品尝方法上均有所不同。不了解各种菜肴的具体品尝方法,同样也吃不好西餐。以下将扼要介绍西餐里常见的开胃菜、面包、汤、主菜、点心、甜品、果品等的具体吃法,以供参考。

1. 开胃菜。在一般情况下,开胃菜多以色拉为主。在个别时候,也会上一些海鲜或果盘。

第一,色拉。吃色拉时,通常只宜使用餐叉。这是因为色拉在上桌前已被切割完毕,故不应再煞有介事地去"大动干戈",持刀大切。

第二,海鲜。开胃菜里的海鲜,主要有鲜虾、牡蛎、蜗牛。吃小虾时,可以叉取食。吃大虾的话,则应先用手剥壳,再送入口内。有时亦可以叉取食,但不必切割。

吃牡蛎时,应采用专门的餐叉,一只一只地吃。

吃带壳的蜗牛,可先用专门的夹子将肉夹出食之,然后再吮吸壳内的汤汁。若蜗牛已去壳,则可直接以餐叉取用。

2. 面包。在西餐中所吃的面包,主要有鲜面包、烤面包两种。二者在吃法上略有差别,对此应有所区别。

第一,鲜面包。吃鲜面包时,不可一下拿得过多。正确的吃法是:用左手拿大小适当、刚巧可以一次入口的一小块，涂上黄油、果酱或蜂蜜后，再送入口中。不要像吃汉堡包那样双手捧着吃，或是拿着一大块，一口接一口地咬着吃。吃未烤的切片面包，也可以一小块、一小块地撕着吃。

第二，烤面包。吃烤过的面包，是不能撕食的，否则将使面包屑乱飞。在吃的时候，可慢慢地咬着吃。吃的时候，可配以黄油、鱼子酱，挤些柠檬味道会更好。不论吃哪种面包，都不能用它蘸汤或擦盘子。

3. 汤。不论喝哪一种汤，均须知道应当如何"有所为"与"有所不为"。必须明确的是：在西餐里，汤是一道菜，对其不可轻视。

第一，正确之法。喝汤时，讲究以右手持握汤匙，由近而远，向外侧将汤舀起，然后就嘴而饮之。倘若以盘盛汤，盘内之汤所剩无几时，可用左手由内侧托起盘子，使其外倾，然后以右手持匙舀之。

第二，错误之法。在喝汤时，要做到以下"三不"：其一，不端起汤来直接喝。其二，不趴到汤盆、汤盘上去吸食。其三，不用嘴吹汤，或是用盆、盘或汤匙去反复折汤降温。

4. 主菜。西餐的主菜花样甚多，冷菜里的冻子、泥子，热菜里的鱼、鸡、红肉，通常最为多见。

第一，冻子。冻子，即用煮熟的食物和汤汁冷却凝结而成的一种菜肴。最常见的冻子有肉冻、鱼冻和果冻等。吃冻子时，必须以刀切割、以叉取食。

第二，泥子。泥子，通常指的是以虾、蟹或动物的肝、脑为主料，配以鸡蛋、芹菜，加上佐料，搅拌而成的一种口感松软的菜肴。吃泥子时，应主要使用餐叉。

第三，鱼。西餐中所吃的鱼，往往骨、刺很多。必要的时候，可先用餐刀将其切开，轻轻将骨、刺剔除后，再把它切成小块，以餐叉入口。对不想吃的鱼皮，亦可照此办理。若鱼的腥味太重，可在吃前用手挤上一点柠檬汁。

第四，鸡。吃鸡的时候，切勿直接用手取食。应将它首先设法去骨，再以刀叉切割成小块食用。

第五，红肉。在西餐里，肉菜往往指的是猪肉、牛肉、羊肉。平常所说的西餐主菜，往往只与肉菜画等号。在肉菜里，牛排、羊排、猪排，尤其是牛排，经常处于

"重中之重"的位置。吃肉菜时,一般要从左往右,以大小适合一次入口为宜,将其以刀叉切割后进食。

5. 点心。在西餐里,经常吃的点心有饼干、馅饼、三明治、通心粉、土豆片、烤土豆,等等。

第一,饼干。吃饼干时,应用右手单独拿着吃。

第二,馅饼。吃馅饼时,应先用刀叉切成大小适当的小块,然后再用右手托着吃。

第三,三明治。吃三明治,一般应用双手捧着吃。如果不太大,则可仅用右手捏着吃。

第四,通心粉。通心粉又叫意大利面条,吃的时候,不应一根一根挑着吃。标准的方法,是右手握叉,在左手所握汤匙的帮助下,把它缠绕在餐叉上,然后入口而食。对其吸食的做法,肯定是不对的。

第五,土豆片。油炸土豆片,在西餐里多被用作点心,吃的时候应以手取食。但数量不要过大,也不要先捏碎再吃。

第六,烤土豆。作为点心的烤土豆,大都是连皮一起上桌的。吃的时候,应用左手轻按住它,右手持刀先在其上切个口子,令其散热。过一会儿,再用餐叉从口子里取食。必要的话,还可略做切割之后再吃。吃时还可浇上一些专用的肉汁。

6. 甜品。西餐里最常见的、最受欢迎的甜品有布丁、冰淇淋等。其食用方法分别如下。

第一,布丁。西餐里上桌的布丁一般都是半流质的,故不应直接以手取食,或以刀叉助餐。正确之法,是以专用的餐匙取食之。

第二,冰淇淋。在西方国家里,冰淇淋是正餐必备的主要甜品,而非可有可无的一种冷饮。冰淇淋上桌时,通常被置于专用的高脚玻璃杯内,应以餐匙食之。

7. 果品。吃西餐时,所提供的水果有干果、水果之分,并以水果最常见。以下,分别介绍草莓、菠萝、苹果、香蕉、橙子、葡萄等较受欢迎水果的食用方法。

第一,草莓。普通的草莓,可用手取食,蘸些糖或酸奶油也可以。吃带调味汁的草莓,则必须使用餐匙。

第二,菠萝。吃菠萝时,首先应将其切割成小块,然后再以餐叉进食。不要用手抓食,或举而咬食。

第三,苹果。最正规的吃苹果的方法,是取过一只苹果,先切成大小相仿的四块,然后逐块去皮,再以刀叉食之。但现在绝大多数的人,都是用手拿着去皮的小块苹果直接吃了。

第四,香蕉。对付整只的香蕉,应先剥除其外皮,再用刀叉切成小段,逐段食之。不应当一边用手拿着剥皮,一边慢慢咬着吃。

第五,橙子。吃橙子有两种方法。正规的吃法是:首先用刀除去其外皮,再用刀叉将其内皮剥离,然后用刀叉分瓣而食。大众的吃法,则是在用刀去皮后,切成几小块,然后用手取食。

第六,葡萄。吃葡萄时,可取过一小串,一粒一粒用手揪下来吃。其皮、核,可先悄然吐入手中,再转移至餐盘内。吃果盘内不成串的单粒葡萄时,则宜以餐叉相助取食。

(五)西餐的要求

吃西餐时,尤其是参加正式的西餐宴会时,礼仪方面的要求既繁多,又严格。扼要而论,一般人在吃西餐时,必须谨记的礼仪规范有如下几点。

1. 举止高雅。由于正统的西餐礼仪出自古代宫廷,并且相沿已久,故其程式化的规定极多。其中最重要的是,要求用餐者严格约束个人举止,力求使之高雅动人。所以有人曾说:吃中餐,主要是吃美味佳肴,而吃西餐,则主要是在"吃"风度和气氛。对国人而言,在用餐时要检点个人举止,重点是要注意在下述诸方面表现良好。

第一,进食噤声。用餐之际,不论有意还是无意,不论吃东西还是喝东西,尽量不要发出声音,更不要搞得杯盘叮当作响。西方人认为,缺乏教养者才会在进食时出声作响。

第二，禁止异响。除用餐外，体内的任何声响，不论咳嗽、打喷嚏，还是打嗝、放屁，都应自觉控制，不要当众出丑。此外，在就座、用餐时，也不要把座椅、餐桌、餐具弄出怪声。

第三，慎用餐具。在用餐时，务必正确使用各种餐具。不懂的话，可以现场观察并模仿他人，尤其是女主人的做法，但不要把餐具用作他用，尤其是不要以之相互敲击，或指点别人。

第四，正襟危坐。就座时，应从左侧进入，并使身体与餐桌保持两拳左右的距离。上身要呈挺拔之态，不要东倒西歪。双手不要支在桌上或藏于桌下，而应扶住桌沿。双腿切勿乱伸，别忘了自己的对面与两侧皆为异性。

第五，吃相干净。在用餐时，应自觉维护环境卫生，并讲究个人卫生。不要吃得自己"四处开花"，身上、脸上到处"留痕"，也不要把餐盘、餐桌和地面上搞得一塌糊涂。

2. 衣着考究。在吃西餐时，特别是在赴宴时，西方人非常讲究个人的穿着打扮。若不谙此道或明知故犯，既会被人轻视，也会失礼于人。根据用餐规模、档次的不同，用餐时的衣着也不尽相同，大体上说，可有礼服、正装、便装之分。

第一，礼服。西式的礼服，男装应为黑色燕尾服，扎黑色领结；女装则为拖地低胸长裙，并配长筒薄纱手套。面临"须穿礼服"的要求时，其他国家的人士，可以穿本民族的盛装，如我国的中山装、唐装、旗袍等，代替西式礼服。目前，在隆重的宴会上，往往要求参加者必须穿礼服。

第二，正装。在普通的宴会上，通常要求穿正装。在一般情况下，正装指的是深色，特别是黑色或藏蓝色的套装或套裙。需要注意的是，男装不要色彩过淡、过艳，女装则切勿过短、过小。按惯例，穿正装时要穿黑色皮鞋，男士宜穿黑色棉袜，女士则须穿肉色丝袜。

第三，便装。参加一般性的聚餐，可以穿便装。此处所谓的便装有着严格界定。它指的是：男士可穿浅色西装，或仅穿单件的西装上衣。女士则可以穿时装，或是以长西裤代替裙装。但是，绝对不能随心所欲地乱穿一通。不论穿什么服装，在用餐时都不允许当众整理衣饰，例如，不准脱外套、换衣服、松领带、卷袖子、挽裤腿、解腰带、拉袜子、脱鞋子，等等。

3. 尊重妇女。如果说中餐礼仪讲究尊重长者的话，那么可以说，尊重妇女是西餐礼仪的一大特点。西餐礼仪里所讲的尊重妇女，并非纸上谈兵，而是广泛地应用到了各个方面。通常，尊重妇女这一要求，主要体现于下列两点。

第一，礼待女主人。在西餐宴请活动中，女主人往往处于"第一顺序"。其具体表现是：女主人要坐主位，要由女主人"宣布"用餐开始或结束，等等。用西餐时，让女主人忙里忙外、到处张罗，甚至难以入席的情况，是绝对见不到的。

第二，照顾女宾客。在吃西餐时，不论是否相识，男士都有扮演"护花使者"的义务，要处处积极、主动地对女士多加照顾。例如，在用餐之前，要帮助其存放外套，或寻位就座。在用餐期间，要帮助女士取菜，拿调味品，并陪其交谈。

4. 积极交际。参与西餐宴会，除了品尝美食之外，不要忘记进行适当的交际活动。根据西餐礼仪，西餐宴会的主旨就是要促进人们的社交活动。

第一，宾主的交际。应邀赴宴时，不要忘记抽空向主人致意，并且最好找一个时间与其叙一叙旧、联络联络感情。不要吃了就走，那样做好似不把主人放在眼里。

第二，来宾的交际。在用餐时，中餐礼仪不提倡多讲话，西餐礼仪却要求人们届时非谈几句不可。不仅要与老朋友寒暄，而且还要借机多与新朋友畅谈一番。不要只吃不说，或是只找老朋友、年轻貌美的异性交谈，而对其他人不置一词，应与周围人都交谈上几句。

七、酒的品尝

在一般情况下，酒被用来佐餐、助兴。在现代生活中，尤其是在涉外交往之中，酒是不可或缺的角色。亲朋好友相处之际，持杯把盏，小酌几杯，往往"醉翁之意不在酒"。此时此刻，无酒不成席、有酒助人兴，酒逢知己千杯少，酒便充当了人际交往的助兴之物。

自古以来，在世界各国，酒都在跨国交往的各种场合，尤其是在宴请、聚餐活动中一直发挥着重要的作用。久而久之,有关酒的选择、饮用以及待客、佐餐等一系列方面的具体做法,业已形成了一整套规范、完备的礼仪规范。酒礼仪,主要涉及酒的种类、酒的饮用以及酒会的规则三大问题。

(一) 酒的种类

作为饮料之中的主角,酒的具体种类成百上千、非常之多,然而其中名声显赫、家喻户晓,为人们所司空见惯的,却并不太多。就目前而言,在国内所见最多的酒水,主要有白酒、啤酒、葡萄酒、香槟酒、白兰地酒、威士忌酒,以及鸡尾酒,等等。它们既是各种酒类之中的佼佼者,同时也颇有一定的代表性。

为了便于掌握这些酒的主要特性,以便对其正确地加以饮用,下面对它们各自进行具体的介绍。

1. 白酒。在此所介绍的各种酒,除白酒之外,都是从西方国家次第传入的舶来品。这些西洋的酒,眼下有一个颇为摩登的大名,叫作洋酒。只有白酒,才是地地道道的中国货。

第一,白酒的特色。白酒,亦名烧酒、白干。它是用高粱、玉米、甘薯等粮食或某些果品,发酵、蒸馏制成的一种酒类。它通常没有任何颜色,而且酒精含量大都比较高,属于典型的烈性酒。白酒在我国各地均能生产,但因工艺的不同而分成诸多香型。目前,最著名的白酒品牌有茅台、五粮液、剑南春,等等。

第二,白酒的饮用。白酒可以净饮干喝,也可以用来佐餐下饭,甚至还可以泡药做引。但是,白酒一般不能与其他酒类和汽水、可乐等软饮料混合同饮,否则极易醉酒。在正式场合喝白酒,讲究以专用的瓷杯或玻璃杯盛酒。酒杯的容量一般不大,所以喝白酒讲究"酒满敬人"和"一饮而尽"。喝白酒时,通常不必加温、加冰,或兑水稀释。

2. 啤酒。啤酒,是由外国人发明的一种历史悠久的酒类。严格地说,在国外,人们主要把啤酒当成一种日常饮料,并不把它当作真正的酒来看待。不过,对绝大多数中国人来讲,它却是一种最知名、最受欢迎的"洋酒"了。

第一,啤酒的特色。啤酒,又叫麦酒,是一种用大麦和啤酒花为主要原料发酵制成的酒类。它含有大量的泡沫和特殊的香味,味道微苦,酒精含量较低,一般在 4 度左右。目前,世界各国都出产啤酒,主要分为德国式、捷克式、丹麦式三大类型。根据工艺的不同,又有生啤、熟啤之分,黄啤、黑啤、红啤之别。较为知名的啤酒品牌,有德国的贝克,荷兰的喜力,丹麦的嘉士伯,美国的百威,日本的朝日,中国的青岛、燕京、雪花等。

第二,啤酒的饮用。饮用啤酒,一般应采用专用的倒三角形或带把的啤酒杯。饮用它的最佳温度在 7 摄氏度左右,所以不要加冰或久冻。喝啤酒时,通常讲究大口饮用。

在国外,啤酒是上不了筵席的。然而在国内,它却在社交聚餐中频频露面。此外,它还可以充当消暑解渴的最佳饮品。

3. 葡萄酒。 当下,国人在饮酒时尚方面与国外同步的恐怕只有葡萄酒了。作为正式宴会中的佐餐酒,葡萄酒一直地位尊贵。近年来,它在国内也逐渐流行起来。

第一,葡萄酒的特色。葡萄酒,即以葡萄为主要原料发酵酿制而成的一种酒类。它的酒精含量不高,味道醇美,富含营养。根据其色彩的不同,葡萄酒有白葡萄酒、红葡萄酒、桃红葡萄酒之分。根据其糖分含量的不同,又可将葡萄酒分为干、半干、微干、微甜、半甜、甜等几种类型。现在,干葡萄酒最流行。这里所谓的"干",意即它基本不含糖分。葡萄酒的酒精含量大多在 12 度左右。在世界上,最有名气的葡萄酒产自法国的波尔多地区。目前国内名气甚大的拉菲、拉图、木桐、玛歌、奥比昂等"五大名庄葡萄酒",皆产自波尔多地区。

第二,葡萄酒的饮用。葡萄酒不仅可以佐餐,而且也可以单独饮用。饮用不同品种的葡萄酒,往往在温度上有着不同的具体要求:白葡萄酒宜在 13 摄氏度左右饮用,故喝时可加入冰块;红葡萄酒在 18 摄氏度左右饮用最佳,喝时不宜加入冰块;饮用红葡萄酒时,加入柠檬、话梅或雪碧的做法,也是非常不正确的。按惯例,饮用葡萄酒时,应当采用专用的高脚玻璃杯。具体而言,饮用白葡萄酒时,需要采用白葡萄酒杯,并且应当用手指捏着杯腿;饮用红葡萄酒时,则需要采用红葡萄酒杯,并且应当用手指握着杯身。总之,喝白葡萄酒时用手指握着杯身、喝红葡萄酒时用手指捏着杯腿的做法,显然都大错特错了。

桃红葡萄酒,又叫玫瑰红葡萄酒。它的口味、喝法与白葡萄酒略同,而且因其色泽柔美,多为妇女所喜爱。

4.香槟酒。在国内,香槟酒的知名度一直比较高,而且其实际应用也较为广泛。

第一,香槟酒的特色。香槟酒,也叫发泡葡萄酒,或者"爆塞酒"。实际上,它是一种以特种工艺制成的、富含二氧化碳的、起泡沫的白葡萄酒。因其以法国香槟地区所产最为有名,故有此称。它的酒精含量在10度左右,口感清凉、酸涩,并且有水果香味。巴黎之花、香槟王、酩悦、凯歌、白雪等,均为在国际上拥有较高知名度的香槟酒品牌。

第二,香槟酒的饮用。香槟酒在6摄氏度左右饮用为佳,故在饮用之前须将其暂时冷藏于冰桶之内。开瓶时,可稍事摇晃后再除去瓶塞。届时,它就会连泡带酒一同奔涌而出,为人平添欢快的气氛。饮用香槟,须用郁金香形的高脚玻璃杯,并应以手捏住杯脚。香槟酒可用来佐餐、祝酒,也可以单独饮用,或者在庆典、仪式上为人助兴。

5.白兰地酒。在所有洋酒中,白兰地酒是最为名贵的。过去,它曾一度与威士忌酒和茅台酒并称为"世界三大名酒"。

第一,白兰地酒的特色。白兰地酒,亦为葡萄酒大家族里的特殊一员,它是用葡萄汁发酵之后蒸馏精制而成的,故又叫蒸馏葡萄酒。它的酒精含量约为40度,色泽金黄,香甜醇美。世界上知名的白兰地酒品牌,主要有马爹利、轩尼诗、人头马、拿破仑等,并以产于法国干邑地区、贮藏时间较长者为佳。

第二,白兰地酒的饮用。与白酒有所不同,以白兰地为代表的洋酒大都是以盎司计量的,因它并不讲究"酒满敬人"。饮白兰地酒的最佳温度为18摄氏度以上,应将其盛在专用的大肚收口矮脚杯内饮用,先以右手托住杯身观其色彩,并以手掌为其加温。随后,待其香味洋溢时,闻过之后,再慢慢小口品味。若将其一饮而尽,会被视为没有品位。

6.威士忌酒。假如说白兰地酒是洋酒之中的"贵族",那么相对来说物美价廉的威士忌酒则属于雅俗共赏的一种洋酒。

第一,威士忌酒的特色。威士忌酒,是一种用谷物发酵酿造而成的烈性蒸馏酒。它的口味浓烈、刺激,酒精含量约为40度。在世界各国所生产的威士忌酒中,英国苏格兰地区生产的威士忌酒最为有名。其知名品牌,有尊尼获加、皇家礼炮、芝华士、百龄坛,等等。

第二,威士忌酒的饮用。威士忌酒可以干喝,不过加入冰块、苏打水或姜汁后,味道往往更好。喝威士忌酒时,最好采用专门的平底小玻璃杯,耐心细致地慢慢品尝。喝威士忌,不但可以自斟自酌,而且也可以去酒吧里喝。

7.鸡尾酒。鸡尾酒,是目前中国人在社交场合接触较多的一种酒。对于鸡尾酒,不少人都有一定程度的了解。

第一,鸡尾酒的特色。准确地讲,鸡尾酒并非某一种类的酒,而是一种混合型的酒。它是用各种不同的酒,以及果汁、汽水、蛋清、糖浆等其他饮料,按照一定的比例,采用专门的技法调配而成的。它的口味有浓有淡,酒精的含量有多有少,但其共同特点是异彩纷呈、层次分明、闪烁不定,好似雄鸡之尾,故被叫作鸡尾酒。鸡尾酒中的知名者有好几千种,其大名远扬者,就有马提尼、曼哈顿、红粉佳人、血腥玛丽、亚历山大、螺丝起子、天使之吻,等等。

第二,鸡尾酒的饮用。饮用鸡尾酒,可以去酒吧,也可以在聚餐时。为了便于观赏其独具特色的丰富色泽,最好用高脚广口的玻璃杯来盛鸡尾酒。大凡讲究的人,通常都不会把数种不同的鸡尾酒混杂在一起乱喝。

(二) 酒的饮用

善于饮酒的人,不仅能饮,而且会饮。要真正做到饮酒得体、合乎礼仪,一般需要特别注意搭配的菜肴、敬酒与干杯和酒量适度三大问题。

1.搭配的菜肴。酒的主要功能,是在用餐时开胃助兴。然而欲使酒正确地发挥这一作用,就必须懂得酒菜搭配之道。唯有如此,二者才会相得益彰。不然,就很有可能会事倍功半,甚至坏人食欲。

下面,分别就中餐与西餐聚餐、宴请时,酒与菜肴的正确搭配方法略做介绍。

第一,中餐中酒菜的搭配。若无特殊规定,正式的中餐宴会通常都要上白酒与葡萄酒两种酒。因为饮食习惯方面的原因,中餐宴请中上桌的葡萄酒多半是红葡萄酒,而且一般都是甜红葡萄酒。选用红葡萄酒,是因为红色充满喜气。而选用甜红葡萄酒,则是因为不少中国人对口感不甜、微酸的干红葡萄酒不太认同。

在餐桌上,通常在每位用餐者面前排列着大小不等的三只杯子。按惯例,它们自右而左(以就餐者面向为准),依次分别是白酒杯、葡萄酒杯、水杯。

具体来讲,在搭配菜肴方面,中餐所选的酒讲究不多。爱喝什么酒就可以喝什么酒,想什么时候喝酒亦可完全自便。

按惯例,正规的中餐宴会一般不上啤酒。只有在便餐、大排档中,它的身影才更为多见。客观地讲,以之搭配凉菜,效果往往要更好一些。

第二,西餐中酒菜的搭配。在正式的西餐宴会里,酒绝对是主角。它不仅最贵,而且与菜肴的搭配也十分严格。一般来讲,吃西餐时,每道不同的菜肴,需要配不同的酒;每吃一道菜,便要换上一种新的酒。

西餐宴会中所上的酒,可以分为餐前酒、佐餐酒、餐后酒三种。它们各自又可分为许多种类。

其一,餐前酒,别名开胃酒。显而易见,它是在开始正式用餐前饮用,或在吃开胃菜时与之搭配的。在一般情况下,人们喜欢在餐前饮用的酒有鸡尾酒、味美思和香槟酒。

其二,佐餐酒,又叫餐酒。毫无疑问,它是在正式用餐期间饮用的酒。西餐里的佐餐酒均为葡萄酒,而且大多数是干葡萄酒或半干葡萄酒。在正餐或宴会上选择佐餐酒,有一条重要的讲究不可不知,即"白酒配白肉,红酒配红肉"。这里所说的白肉,即鱼肉、海鲜、鸡肉。吃这类白肉时,必须以白葡萄酒搭配。这里所说的红肉,即牛肉、羊肉、猪肉。吃这类肉时,则应配以红葡萄酒。鉴于西餐菜肴里的白肉多为鱼肉,故这一说法有时又被改头换面地表述为"吃鱼喝白酒,吃肉喝红酒"。其实二者的本意完全相同。但须明确的是:此处所说的白酒、红酒,都是葡萄酒。

其三，餐后酒。它指的是在用餐之后，用来帮助消化的酒。最常见的餐后酒是利口酒，它又叫香甜酒。最著名的餐后酒，则是有"洋酒之王"美称的白兰地酒。在一般情况下，饮不同的酒，要用不同的专用酒杯。在每一位用餐者面前桌面上右边餐刀的前方，大都会横排放置着三四只酒水杯。取用它时，可依次由外侧向内侧进行，亦可"紧跟"女主人的选择。在它们之中，香槟杯、红葡萄酒杯、白葡萄酒杯以及水杯，往往必不可少。

2. 敬酒与干杯。 在较为正式的场合，酒的饮用颇为讲究具体的程式。在常见的饮酒程式之中，斟酒、敬酒、干杯应用得最多。

第一，斟酒。通常，酒应当在饮用前再斟入酒杯。有时，男主人为了表示对来宾的敬重、友好，还会亲自为其斟酒。

在侍者斟酒时，勿忘道谢，但不必拿起酒杯。但在男主人亲自来斟酒时，必须端起酒杯致谢，必要时，还须起身站立，或欠身点头为礼。有时，亦可向其回敬以"叩指礼"，即以右手拇指、食指、中指捏在一起，指尖向下，轻叩几下桌面。这种方法适用于中餐宴会上，表示向对方致敬。

主人为来宾所斟的酒，应是本次宴会上最好的酒，应当场启封。斟酒时，通常需要注意以下三点：

其一，面面俱到。应一视同仁，切勿有挑有拣，只为个别人斟酒。

其二，讲究顺序。可以依顺时针方向，从自己所坐之处开始，也可以先为尊长、嘉宾斟酒。

其三，斟酒适量。白酒与啤酒均可以斟满，其他洋酒则无此讲究，不必斟得过满。

除主人与侍者外，其他宾客一般不宜自行为他人斟酒。

第二，敬酒。敬酒，亦称祝酒。它具体指的是在正式宴会上，由男主人向来宾提议，为了某种事由而饮酒。在敬酒时，通常要讲一些约定俗成的祝愿、祝福之言。在正式的宴会上，主人与主宾还会郑重其事地发表一篇专门的祝酒词。因此，敬酒往往是酒宴上必不可少的一项程序。

敬酒，可以随时在饮酒的过程中进行。频频举杯敬酒，会使现场氛围热烈而欢快。不过,要是致正式的祝酒词的话,应在特定的时间进行,并以不影响来宾的用餐为首要考虑。

通常,致祝酒词最适合在宾主入席后、用餐前开始。有时,也可以在吃过主菜之后、甜品上桌之前进行。

不论致正式的祝酒词,还是在普通情况下敬酒,内容均应越短越好。千万不要连篇累牍、长篇大论、喋喋不休,切勿让他人等候良久。

在他人敬酒或致辞时,其他在场者应一律停止用餐或饮酒,应坐在自己的座位上,面向对方认真地洗耳恭听。对对方的所作所为,不要小声讥讽,或公开对对方的啰唆表示反感。

第三,干杯。干杯,通常是指在饮酒时,特别是在敬酒时,以某种方式劝说他人饮酒,或是建议对方与自己同时饮酒。在干杯时,往往要喝干杯中之酒,此所谓"先干为敬",故称干杯。有的时候,干杯者相互之间还要碰一下酒杯,所以又叫碰杯。

干杯,需要有人率先提议。提议干杯者,可以是致祝酒词的主人、主宾,也可以是其他任何在场饮酒之人。提议干杯时,应起身站立,右手端起酒杯,或者用右手拿起酒杯后,再以左手托扶其杯底,面含笑意,目视他人,尤其是自己敬酒的对象,口诵祝颂之词。例如,祝对方身体健康、生活幸福、家庭平安、节日快乐、工作顺利、事业成功以及双方合作成功,等等。

在主人或他人提议干杯后,应当手持酒杯起身站立。即便滴酒不沾,也要拿起水杯做做样子。在干杯时,应手举酒杯,至双眼高度,口道"干杯"之后,将酒一饮而尽,也可饮去一半或适当的量。然后,还须手持酒杯与提议干杯者对视一下,这一过程方告结束。

过去,在中餐中喝白酒,干杯时必须一饮而尽,杯内不剩残酒,现在不必非得如此。在西餐里,祝酒干杯讲究只用香槟酒,绝不可以啤酒或其他葡萄酒代替。饮香槟干杯时,以饮去一半杯中之酒为宜,但也要量力而行。在中餐里,还有一个讲究,即当主人亲自向来宾敬酒并干杯后,来宾应当回敬主人,与他再干一杯。回敬时,应右手持杯,左手托底,与对方一同将酒饮下。有时,在干杯前,可稍微象征性地与对方碰一下酒杯。碰杯时,不要用力过猛,非听到响声不可。出于敬重之意,可使自己的酒杯较对方为低。也有些国家的习俗是:碰杯时高举酒杯为敬。与对方相距较远时,可以"过桥"之法作为变通,即以手中酒杯之底轻碰桌面,这样做,也等于与对方碰杯了。不过,这一方式只是中式的。在西餐宴会上,人们只祝酒而不劝酒,只敬酒而不真正碰杯。使用玻璃酒杯时,尤其不宜彼此碰杯。在西式宴会上,越过身边之人而与相距较远者敬酒干杯,或者多人交叉干杯,也是不允许的。

3.酒量宜适度。不论在哪一种场合饮酒,均须谨记:切忌过量饮酒,并要保持风度。

第一,饮酒限量。在任何时候,饮酒都不要争强好胜、故作潇洒,没有必要非要"一醉方休"不可。饮酒过多,不仅易伤身体,而且也容易出丑丢人、惹是生非。

不仅高兴之时需要如此,心情不佳之时也需要如此,万万不可借酒浇愁。至于存心酗酒,则是更不应该的自残行为。

在饮酒之前,应根据既往经验,对自己的酒量心知肚明。不论碰上何种情况,都不要超水平发挥。在正式的酒宴上,特别要主动将饮酒限制在自己平日酒量的一半以下,免得醉酒误事。

第二,依礼拒酒。假如因为生活习惯或健康等原因而不能饮酒,可以下列合乎礼仪的方法,拒绝他人的劝酒:

其一,申明不能饮酒的客观原因。

其二,主动以其他软饮料代酒。

其三,委托亲友、部下或晚辈代为饮酒。

其四,执意不饮杯中之酒。

应当注意的是:不要在他人为自己斟酒时又躲又藏、乱推酒瓶、敲击杯口、倒扣酒杯,或将酒偷偷倒掉。把自己的酒倒入别人杯中,尤其是把自己喝了一点的酒倒入别人杯中,也是不对的。

第三,移风易俗。在饮用酒水时,不要忘记律己敬人之规,特别是要杜绝下列既有害于人又有损于己的陋习恶俗:

其一，闹酒。所谓闹酒，即耍酒疯。极个别的人，在饮酒时经常借机生事或装疯卖傻、胡言乱语。这一做法，实在令人厌烦。

其二，酗酒。有的人嗜酒如命，或饮酒成瘾，这不仅有碍身体，而且也有损个人形象。

其三，灌酒。敬酒干杯，需要彼此情愿。要学会敬酒不劝酒，千万不要强行劝酒，不要说什么"感情深，一口闷。感情浅，一点点"。非要灌倒他人、看对方笑话不可，都是失礼之举。

其四，划拳。有人饮酒时喜欢猜拳行令，或大吵大闹、哗众取宠，这种做法也是非常失仪的。

（三）酒会的规则

酒会，是便宴的一种形式，兴起于西方。而今，酒会在国内也极其多见。它实际上相当于一种形式比较简单的，略备酒水、点心款待来宾的招待会。在一般情况下，正规的酒会均由鸡尾酒来唱主角，所以有时又叫鸡尾酒会。所谓酒会，只不过是鸡尾酒会的简称而已。酒会上所提供的酒水、点心、菜肴均以冷的为主，因此有时也被称作冷餐会。

在涉外活动中，人们参加酒会的机会和主办酒会的机会都是很多的。因此，了解酒会的特点和用餐的形式，对每个人而言都有其必要性。

1. 酒会的特点。 除以酒水为主角和以冷食为主菜这两大特征之外，酒会通常还有以下几个方面的明显特点。不了解这些特点，就不容易了解酒会何以迅速普及和大受欢迎。

第一，不必准时。出席酒会时，来宾到场与退场的时间一般掌握在自己手中。因此，酒会的参加者完全没有必要像出席正规宴会那样，非要准时到场、退场不可。

第二，不限衣着。参加酒会时，若无特别要求，穿着打扮上不必刻意修饰，只要做到端庄大方、干净整洁，不似"生猛海鲜"般吓人即可。

第三，不排席位。在酒会上，通常不为用餐者设立固定的座位。也就是说，它是不用排桌次、位次的。届时一般均须站立,找一个座位稍做休息也未尝不可。

第四,自由交际。与上一特点相关,因无席位限定,所以在酒会上,用餐者完全可以自由自在地随便选择自己所中意的交际对象,与之自由组合、随意交谈。这样一来,就不必非与不喜欢的人进行周旋了。

第五,自选菜肴。与正式宴会上依选定的菜单次第上菜大不相同,在酒会上,用餐者对于所享用的酒水、点心、菜肴,均须根据个人口味和需要,自己去餐台上取用,或吩咐侍者代劳。所以,酒会也被叫作自助餐。因此,用餐时完全不必墨守成规。

2. 用餐的形式。 酒会虽然礼仪从简,但也并非完全没有规范性。参加酒会时,至少有以下八个方面的礼仪规范,是绝对不可不知,也不能不予以自觉遵守的。

第一,掌握餐序。酒会上提供的餐食品种不一定多,但取用时一定要依照合理的顺序而行,才能吃饱、吃好,否则很有可能乱吃一通,甚至贻笑大方。标准的酒会餐序依次应为:开胃菜、汤、热菜、点心、甜品、水果。按常规,鸡尾酒通常可在餐前或吃毕甜品时饮用。

第二,排队取食。在用餐时,不论去餐台取菜,还是从侍者手里的托盘选择酒水、小食,均应遵守秩序、认真排队、依次而行。必须自觉摒弃加塞儿、不排队、哄抢等坏习惯。

第三,多次少取。选取菜肴时,不论是爱吃的还是尚未品尝过的,都应当每一次只取用一点。若觉不够,可以下一次再接着去取用。若是取菜时狂取一通,好像生怕下次取不到似的,则会贻笑大方。

第四,力戒浪费。在酒会上,自己选取酒水、点心、菜肴时,切记不要超标过量。取来的东西必须全部吃完,把它们扔掉或浪费掉,都是不允许的。

第五,勿施于人。在酒会上,除家人、至交外,千万不要擅自去替别人取酒水、点心、菜肴,因为自己不可能知道此刻对方是不是有此需要,或者对方对此是否喜欢。出于礼貌,让一让对方则是可行的。

第六，禁止外带。在酒会上，只要有本事，吃多少喝多少都行，但是绝对不能"顺手牵羊"，把酒会上的东西带回家。

第七，送还餐具。用餐完毕，应将自己用过的餐具集中于一处，或主动送至指定地点。

第八，适度交际。参加酒会的人可以自选对象进行交际，并不等于说参加者可以来了就吃或吃了就走。届时，若不与任何人交往，则是不符合酒会要求的。

八、饮用咖啡

在国际社会，咖啡向来是诸多饮料之中的主角。在许多国家、地区，咖啡不仅被用来提神、解渴，而且还频频现身于各种各样的社交聚会。它受欢迎的程度，绝对不亚于在中国被视为国粹的茶。

近年来，随着对外交流的深入与扩大，作为世界三大饮品之一的咖啡也逐渐步入了中国人的日常生活，成为国人，尤其是文化程度较高者所喜爱的一种时尚饮品。

由于中国人过去对咖啡这种纯西方的饮料接触不多，所以一些人只知道喝咖啡时髦，却不晓得如何喝咖啡方为得体。实际上，喝咖啡，除了其饮料自身的功能之外，更重要的是要借以促进人与人之间的交际，展现个人自身的教养与素质。也就是说，喝咖啡在很大程度上是一种礼仪性的社交活动。越是正式的场合，就越是如此。

根据惯例，喝咖啡需要特别关注喝咖啡的时机、咖啡的种类、喝咖啡时的举止三个方面的具体问题。

（一）喝咖啡的时机

喝咖啡，应当把握适当的时机。具体而言，喝咖啡的时机，又包括喝咖啡的时间与喝咖啡的地点两个方面。

1. 喝咖啡的时间。如上所言，喝咖啡实质上是一种礼仪活动，所以在具体时间的安排与选择上,有必要细心斟酌,切勿贸然而行。一般而言,喝咖啡的时间不外乎如下几种具体选择。

第一,自己饮用。自己喝咖啡,原则上不必受时间的限制。想要喝的话,随时可以。只要记住不要喝过量,不要因喝咖啡而过度刺激神经,从而影响休息即可。

第二,家里待客。在家中以咖啡待客,不论想以喝咖啡这种形式会友,还是纯粹将其视作饮料,大体上不应当超过下午4点钟。因为有很多人在此时间之后不习惯再喝咖啡。

第三,外出会客。邀人外出、在咖啡厅会客时喝咖啡,一般应当避开上午。其最佳的时间有二:一是周末;二是午后。可根据具体情况,与交往对象协商安排。

第四,宴会待客。在正式的西式宴会上,往往以咖啡作为其终局。而正式一些的西式宴会大都在晚间举行,因此在宴会上喝咖啡通常是在晚间。不过为了照顾个人嗜好,宴会中上咖啡的同时往往还会提供红茶,由来宾自选其一。

2.*喝咖啡的地点*。喝咖啡,讲究具体地点的选择。具体地点不同,喝咖啡时的礼仪要求往往也会有所不同。一般而言,喝咖啡最常见的地点有:客厅、写字间、花园、餐厅、咖啡厅、露天咖啡座,等等。

第一,客厅。在客厅内喝咖啡,主要适用于招待客人。有些时候,自己与家人喝咖啡也会选择此处。

第二,写字间。在写字间里喝咖啡,主要是在工作间歇自己享用,是为了提神。此时要求不多。

第三,花园。在自家花园喝咖啡,固然宜于自己与家人消闲休息,此外,也适于招待客人。西方有一种专供女士社交的咖啡会,就是在主人家的花园或庭院中举行的。它不排位次、时间不长,重在交际与沟通,喝咖啡只不过是一种表面的形式。

第四,餐厅。在西方,咖啡往往是正餐中最后出现的一道"菜点"。在餐厅里用餐时,人们往往会选用咖啡佐餐助兴。

第五,咖啡厅。咖啡厅,有时又叫咖啡屋、咖啡室,它是一种装饰高档、气氛温馨的饮食服务点。除供应咖啡外,它还可提供其他餐饮。在此处喝咖啡,往往与鲜花、乐曲、红烛相伴,故经常有一些人选择来此会友。

第六,露天咖啡座。露天咖啡座,通常设于室外。它被视为一种露天的"咖啡厅",多设于街道两侧,仅为客人提供桌椅与遮阳伞,适合于自我休息或与友人聊天。在西方国家里,这种场所随处可见。一般来说,置身于此,讲究的主要是自由自在、休息观景。

(二) 咖啡的种类

与茶叶一样,咖啡的种类也非常之多。在非正式场合,选择何种咖啡都无可厚非。但在正式场合,它却不仅仅是一个个人习惯问题,而是一个涉及选择者身份、教养、见识的问题,故应当对这一问题充分了解,认真对待。

由于依据的标准不同,咖啡可被分为多种类别。目前,区分咖啡的种类,主要依据的是其配料的添加与制作的方法。

1. 根据配料区分。依据喝咖啡时添加的配料不同,咖啡可被分为多个品种,其中最为常见的有下述六种。

第一,黑咖啡。黑咖啡,此处指的是既不加糖,也不加牛奶的纯咖啡。在正统的西餐里压轴的,就是这种宜于化解油腻的咖啡。直至今日,喝这种咖啡,仍被西方人视为身份高贵或出身上流社会的一个标志。

第二,白咖啡。白咖啡,一般指的是喝之前加入牛奶、奶油或特制的植物粉末的咖啡,有人亦称为法式咖啡。喝这种咖啡时,加糖与否完全可以自行决定。它适合在各种情况之下,尤其是在非正式场合饮用。

第三,浓黑咖啡。浓黑咖啡,全名叫意大利式浓黑咖啡。它以特殊的蒸汽加压的方法制作,极黑极浓,不宜多喝。喝浓黑咖啡时,可加入糖或少量的茴香酒,但不宜加入牛奶或奶油。

第四,浓白咖啡。浓白咖啡,全名叫作意大利式浓白咖啡。其制作方法基本上与浓黑咖啡相类似,只是加入了用牛奶打制出来的奶油或奶皮,故此显得又稠又浓,口味甚佳。喝浓白咖啡时,不宜再添加牛奶,加入少许用柠檬皮榨取的汁液是允许的。至于是否加糖,则可由自己决定。

第五,爱尔兰式咖啡。爱尔兰式咖啡的最大特点是:饮用它之前无须加入牛奶,而是加入一定量的威士忌酒。至于加不加糖,则请饮者自便。它的味道浓烈,刺激而提神。

第六,土耳其式咖啡。所谓土耳其式咖啡,大致与白咖啡类似,在咖啡之中可以酌情加入适量的牛奶与糖。但是,与其他种类所不同的是,它的咖啡渣并未除去,而是被装入杯中与咖啡一起端上桌,供人饮用。它的杯大、量大,并稍显浑浊,深受中东地区人民的喜爱。

2. 根据制作区分。根据制作方法的不同,咖啡大体上可被分为现煮的咖啡、速溶的咖啡、罐装的咖啡三种。

第一,现煮的咖啡。现煮的咖啡,这里指的是在喝咖啡之前,当场将一定数量的咖啡豆放入特制的咖啡具,现磨、现煮。与速溶咖啡相比,它费时费力,并且不易把握火候,对技术水平要求较高。

在习惯喝咖啡的西方国家里,会不会煮咖啡,是一位家庭主妇是否称职的一大标准。因此,西方人有一个习惯,家里来了客人,若有可能,一定要待之以现磨现煮的咖啡,并且由女主人亲自为客人煮咖啡、上咖啡。这既是一种礼遇,同时又体现着一种待客的档次。所以,遇上女主人这般厚待时,来宾无论如何都不能忘了当面称道一下女主人为自己所煮的咖啡"味道好极了",否则是极不礼貌的。

第二,速溶的咖啡。速溶的咖啡,通常指的是以现代工艺将咖啡提纯、结晶、装罐,喝时只需冲入适量的热开水即可。因其非常方便省事,深受快节奏的现代人欢迎。不过,它仍属于一种方便食品,口味比较单一,在档次上难与现煮的咖啡相提并论。在较为正式的场合,一般难觅其身影。应当切记:自己喝速溶咖啡与否,无可非议,但在款待重要客人时,却最好不要上这种咖啡,尤其不要把它视为一种高档咖啡而正式介绍给客人。

第三,罐装的咖啡。罐装的咖啡,一般指的是将煮好的咖啡装入瓶子或罐子之内,可随时饮用。它饮用时比较方便,但口味稍差,不适宜待客。

（三）喝咖啡时的举止

在较为正式的场合，特别是在大庭广众之下喝咖啡时，务必注意个人举止，要处处谨慎，依礼而行。其中最主要的是，要在喝咖啡的数量、配料的添加、喝咖啡的方法三个具体方面多加注意。

1. 喝咖啡的数量。 喝咖啡的具体数量，在正式的场合，应注意如下两点。

第一，杯数要少。在正式场合喝咖啡，与其说咖啡是一种饮料，倒不如说它是一种休闲或交际的陪衬。所以完全可以说：人们喝咖啡时多半是"醉翁之意不在酒"。在一般情况下，咖啡一杯足矣，至多不应多于三杯。

第二，入口要少。喝咖啡既然不是为了充饥解渴，那么在喝时切勿喝相粗鲁，见笑于人。端起咖啡杯仰脖一饮而尽，或是大口吞咽咖啡、喝时响声大作，都是十分失礼的。喝咖啡时，一杯咖啡总要喝上十来分钟，并且应分为十来口慢慢地喝。唯有一小口一小口慢慢地品尝咖啡，才能悟出其难言之妙，并且显得自己举止优雅脱俗。

2. 配料的添加。 在某些情况下喝咖啡时，需要饮用者自己动手，根据个人需要和爱好，往咖啡里面添加一些诸如牛奶、方糖之类的配料。遇到此类情况，一定要牢记自主添加、文明添加两项要求。

第一，自主添加。在添加咖啡的配料时，尽量自主添加而不要越俎代庖地去为他人添加配料。因为个人的需要与偏好往往相去甚远，唯有自己才最了解。自作主张地为他人添加配料，往往只会强人所难，令对方反感或者不快。当然，他人为自己添加配料时，还是应当真诚地向其道谢，而不宜责怪对方多事。

第二，文明添加。在添加咖啡的配料时，要求文明添加，实际上就是要求大家在具体操作时自然大方、温文尔雅，尽量避免不卫生、不得体的做法。例如，若大家同时需要添加配料，彼此要相互谦让，不要你争我抢。当某种配料用完，需要补充时，不要大呼大叫、责备侍者。需要加牛奶时，动作要稳重，不要洒得满桌都是。打算加糖时，应用专用的糖夹或糖匙去取，而不要用自己所用的咖啡匙去取，更不要直接下手去取。

3.喝咖啡的方法。喝咖啡时有许多讲究与禁忌,其中,在礼仪方面要求最多的,主要涉及杯的持握、匙的使用、取食甜点、交谈须知四个方面。

第一,杯的持握。喝咖啡时,不可以双手握杯,不可以用手托着杯底,不可以俯身就近杯子去喝,不可以用手端着碟子而去吸食放置于其上的杯中的咖啡。

持握咖啡杯的得体方法是:伸出右手,用拇指与食指握住杯耳,再轻缓地端起杯子。若用一只手握住杯身、杯口,或者将手指穿过杯耳之后再握住杯身,都是不正确的方法。

在正式场合,咖啡都是盛入杯中,然后放在碟子上一起端上桌的。碟子的作用,主要是用来放置咖啡匙,并接收溢出杯子的咖啡。若碟中已有溢出的咖啡,切勿泼在地上或倒入口中,可用纸巾将其吸干,或将其倒入杯中。

喝咖啡时,是否需要同时端起碟子,不好一概而论。若坐在桌子附近喝咖啡,通常只需端杯子,而不必端碟子。若距桌子较远,或站立、走动时喝咖啡,则应用左手将杯、碟一起端起,至齐胸高度,随后再以右手持杯而饮。喝咖啡时,采用这种方式又迷人,又安全。说它迷人,是因为姿势好看。说它安全,则是可以防止溢出杯子的咖啡弄脏衣服。

第二,匙的使用。作为咖啡具大家族中的重要一员,在正式场合喝咖啡时,人手一只的咖啡匙其实作用不大。如果穷尽其极,它只能够做以下三件小事:一是加入牛奶或奶油后,以之轻轻搅动,使牛奶或奶油与咖啡相互融合。二是加入方糖之后,用它略加搅拌,促使方糖迅速溶化。三是若嫌咖啡太烫,可待其自然冷却,或以匙稍做搅动,促使其变凉。

咖啡匙的使用,有以下两点非常重要的禁忌:第一,不可以用匙去舀起咖啡来饮用。在公共场合那么做,必定会令人侧目。第二,不可以让它在咖啡杯中立正。不使用它的时候,可将其平放在咖啡碟里。

第三,取食甜点。在饮用咖啡时,为了不伤肠胃,往往会同时备一些糕点、果仁、水果之类的小食品,供饮用者自行取用。

需要取食甜点时,首先要放下咖啡杯。而在喝咖啡时,手中也不宜同时拿着甜点品尝。切勿双手左右开弓:一边大吃,一边猛喝。这种做法,会显得吃相不雅。此外，切勿只吃不喝，使得本末倒置。

第四，交谈须知。在喝咖啡时，应适时地与交往对象进行交谈。交谈时要细语柔声、降低音量，千万不要大声喧哗、乱开玩笑，更不要与人动手动脚、追追打打。那样做，会破坏喝咖啡的现场氛围。

当他人喝咖啡时，切勿向其提出问题。自己喝过咖啡要讲话以前，最好先用纸巾揩一揩嘴，免得咖啡顺嘴流淌或弄脏嘴角，显得自己模样难看。

九、公务参观

公务参观，在此指的是因为工作需要而有计划、有准备地对特定的项目所进行的实地观察。对外事人员而言，在出访时，参观是一项开阔眼界、增长知识、陶冶情操的活动，是工作的需要，并且有可能在尽量短的时间内获得更多的信息。但是，应该注意，不要因为自己的求知欲和好奇心而干扰了别人。

一般来讲，外事人员所进行的参观，首先都应当被视为工作的一种需要，而绝非娱乐休闲。特别是因公进行的正式参观，不管其具体项目如何，亦是执行公务。既然如此，无论个人参观还是集体参观，外事人员都应当严格遵守参观的礼仪规范。其主要内容，包括以下四个方面。

（一）选择项目

在进行参观之前，必须事先选择好将要参观的项目。在选择参观项目时，必须遵从一条基本原则，即参观的项目，应当在一定的程度上同自己的业务相关。通过对此项目的参观，将会有助于自己目前的工作。

具体来讲，外事人员在实际工作中选择参观项目时，应当注意以下四点：

1. 有针对性。参观项目的针对性，就是在当时的情况下，一定要选择对参观者最重要、最有实际价值的项目，切不可乱选、滥选项目，劳民伤财。

2. 量力而行。在安排参观的具体项目时，要同时兼顾参观的费用、时间、路途以及近期的工作等各种因素，一定要充分地考虑到各种实际困难，从实际可能出发，坚持量力而行，而不应超额付出。

3. 合乎需要。选择参观项目时，要尊重参观者本人或者绝大多数参观者的意愿，要照顾参观者个人的特点与兴趣，适合其专业与特长。

4. 客随主便。参观的具体项目，可以由参观者自己提出来，也可以由东道主，即参观的具体项目所归属的国家、单位、部门或个人首先提议。如果由参观者自行建议，须经东道主认可，切不可贸然造访。

（二）准备参观

欲使参观达到既定的目标，在参观之前，就必须做好充分准备。必要时，还需要制定专门的参观计划。

参观计划的主要内容，大体上包括下述几项：一是参观项目；二是参观人数；三是负责人以及工作人员；四是起止时间；五是交通工具；六是饮食住宿；七是安全保卫；八是费用预算。

对以上有关参观计划的重点内容，在报请上级批准后，应酌情向东道主通报，并向全体参观人员传达，以便使大家做到心中有数。

依照参观礼仪的惯例，进行正式的、有组织的公务参观，实际上等同于外出进行正式的公务访问，至少它也是正式的公务访问的一个有机组成部分。所以，在外出参观之前，应当重点做好以下准备工作：

1. 了解背景。为了使参观者对参观项目提前有所认识，以便在进行参观时有的放矢，抓住重点、难点，应当在参观之前了解一下参观项目的背景，以避免在参观时信口开河，提出外行、不适当的甚至令人见笑的问题。

在国外进行参观，需要了解的背景材料有：参观项目的历史、现状、发展前途，参观项目的主要特色、优点与不足，参观项目在本地区、本行业以及国内外的地位与反响，等等。

除对参观项目的背景要有所了解之外，还应进行外事纪律教育，并组织参观者学习参观项目所在国的政治、经济、文化、习俗等方面的常识。

2. 进行分工。为使参观得以顺利进行，最好的办法是在参观之前对全体参观者进行必要的分工,把领队、带路、接洽、应酬、翻译以及交通、膳食、安全等各个方面的具体工作,都落实到人,使每一件事情都有专人负责。

在参观之前,还可以结合每位参观者的个人所长,把提问、记录、录音、拍照等具体任务分配下去。这样,在进行参观时,全体参观人员就可以目标明确地分头深入考察,在参观之后再进行一下汇总,就能掌握更为全面的情况。

3. 礼仪准备。参观者在参观时,不可避免地要与出面接待的东道主之间发生交际应酬关系。因此,参观者,尤其是参观团体的负责人,要提前做好必要的礼仪准备,以免在参观中失礼于人。

具体来讲,要安排专人提前准备好在必不可少的礼仪性场合,如东道主迎接参观者时,负责上前与对方进行应酬、寒暄,向对方主动问好,通报参观团的情况。向对方作自我介绍后,应把参观团的主要成员也介绍给对方,使对方对参观团及其成员有一个大致的了解,从而保证参观活动顺利、有序地进行。

此外,要确定在必要时进行发言的相关人选,不要届时大家推来推去,或是随便找个人敷衍了事。

4. 明确要求。外事人员在进行参观之时,每一个人都代表着国家、单位。为维护国家和单位的声誉,有必要对每一名参观者都提出明确的要求:

第一,衣着的要求。参观者的衣着打扮,往往影响东道主对其的总体印象。因此,参观者在参观时的装束,既要注意时令与行动方便,也应兼顾具体的参观项目。比如,在参观风景名胜时应着便装,而在参观工厂、农村、部队、学校与机关时,则应着正装。有时,还须遵守参观场所有关着装的特殊要求。

第二,携带用具的要求。在参观时,通常应当预备一些必要的辅助用具。例如,参观者都应当携带记录用具。为了方便笔记,应当预备两支以上的圆珠笔和足够使用的小卡片纸。如果在参观时还想录音、拍照或摄像,还必须备齐录音带、胶卷、录像带以及电池、充电器等用具。切不可因此而去麻烦东道主,动不动就向东道主借用东西。

(三)遵从规定

在进行各种类型的参观时,外事人员都要认真遵从东道主方面有关参观的具体规定,绝不能明知故犯。在参观时,外事人员能否自觉地这样做,不但反映出自身的素质,而且也反映着自己对东道主的真实态度。

一般而言,东道主方面的规定一般具体涉及以下几个方面:

1. *时间的规定*。每一个具体参观项目都有其具体的参观时间,超过规定的时间,东道主通常不会予以接待。

2. *内容的规定*。不同关系、不同单位、不同层次者,往往会遇到不同的"待遇"。参观的具体内容,往往内外有别,与参观者的身份有着直接的关系。

3. *线路的规定*。参观时一般都会划定一定的行进路线,参观者在参观时只能按此行进,切不可乱闯"禁区"。

4. *服饰的规定*。东道主一般都会向参观者做出服饰方面的规定,或是为了表示庄严肃穆,或是为了环境保护,或是为了方便工作。

5. *物品的规定*。因为参观项目的不同,或是出于安全、卫生方面的考虑,有些参观现场是限制参观者携带某些物品自由出入的,如食品、饮料、易燃品、易爆品等。有的参观项目对笔记、录音、拍照、摄像及其用具,也有明文的禁止或限制性规定。

6. *传播的规定*。某些涉及专利、秘密的参观项目,一般都会要求参观者为之保密,而不可公开扩散,不可接受新闻界的采访,不可向非相关人士进行传达。

7. *人员的规定*。有些参观项目,东道主还会按照自己特定的标准,对参观者的身份及其具体人数,做出一定的限制性规定。

在参观之前,一定要熟悉、了解东道主方面的有关规定,切不可不闻不问。对于东道主临时附加的参观规定,应当具体问题具体分析,一般对此不必全部接受。予以拒绝时,要注意有理、有礼、有节,不可过于生硬,以免与东道主之间发生不愉快的事情。

(四)落实要求

外出进行公务参观,既然主要是为了开展工作,那么就应当像是平常办公一样,专心致志、全力以赴地把参观进行好。

要端正参观态度,即在参观时应当全力以赴,集中精力,并且要注意在参观时个人服从集体。具体而言,有下述三方面的要求:

1. 集中精力。在参观时,一定要聚精会神,把自己的全部注意力集中在参观项目上,尤其是要将注意力集中在自己所应注意的重点上,切不可舍本逐末,主次不分,"不务正业"。要想在参观时把全部注意力集中在参观项目上,就一定要做到以下"四好":

第一,看好。要对参观项目进行全面而仔细的观察,不应在参观时挑三拣四、跳跃式前进,也不应心神不定或是与人聊天。

第二,听好。在参观时要专心聆听东道主方面所做的各种介绍。一般来讲,东道主方面的介绍有三种:其一,参观前的概括性介绍;其二,参观时的具体性介绍;其三,应参观者之请所做的答疑性介绍。在对方介绍时,参观者切不可走神,更不能中途退出。

第三,问好。在参观中可以有准备、有目的、有礼貌地向东道主方面的有关人员提出疑问。所提问题要有针对性,不要没话找话,泛泛而问。另外,提问题时要有礼貌,不要提出让对方尴尬、难堪或不易回答的问题,更不能反复提问,反复追问。

第四,记好。在东道主方面允许的前提下,参观者应当尽自己的一切可能,以笔记、绘画、录音、拍照、摄像等各种形式,为自己的参观做好记录。主要是要记下东道主方面的介绍、说明,陈列的图表、模型、实物,现场的总体印象等。对其中重要的数据等资料,则需要慎重核实。

2. 尊重主人。一般而言,东道主都会热情招待参观者,这时参观者也应表现出同样的热情。别人介绍情况时,应该神情专注地倾听,不要走神,有问题待别人讲完后再发问,这时候参观者的好奇心是会大受欢迎的。当然,提问题也不可过多,对别人的经验,应该真心实意地称赞。但是不要看到什么都称赞,那样别人会觉得参观者言不由衷。对不如自己的地方,也不要表露出来,不要在东道主面前夸奖自己如何如何。总之,尊重别人,这是有修养的人任何时候都不应忘记的。

每个团体都有自己的制度,参观者自然也不应该特殊。例如,有些卫生要求很高的车间,需要进去之前换衣服、换拖鞋。有些有危险或谢绝参观的地方,也不要因好奇而擅自闯入。

3. 服从集体。在参加集体性的参观活动时,必须注意要个人服从集体。在整个参观过程中,都要服从命令、听从指挥,不允许自行其是。

在参观时,不可乘机处理个人的私事,而应当力争把分配给自己的具体任务又快又好地完成。在一般情况下,不能中途擅自离队。外出时要请假,归队则要准时,尽量不要在集体参观时个人独自行动。

在外出参观时,切不可与东道主方面的任何人员进行私下接触。在出国参观访问时,尤其需要注意这一点。绝对不允许随意代表自己所在的单位向东道主方面提出额外要求,或是对参观项目擅自进行评价。

十、馈赠礼品

在外事活动中,礼品问题一向较为敏感。与民间交往之中对待礼品的赠送与收受随意性较大所不同的是,外事活动中的礼品赠送与收受均具有独具的特殊性。

外事场合中礼品的特殊性,主要体现于下述五个方面:其一,我方通常不主动向外方人士赠送礼品。其二,当外方人士主动向我方人员赠送礼品后,我方可酌情予以回赠。其三,我方出席外方的重大节庆活动或正式出访时,可考虑向外方赠送具有纪念意义的礼品。其四,我方人员在任何情况之下,均不得主动向外方索要礼品。其五,我方人员在正式的外事活动中所获赠的外方礼品,不论是送给集体还是送给个人的,通常一律上交给自己所在的工作单位或部门。

虽然"礼尚往来"在外事活动中是司空见惯的,但外事人员如果对上述特殊规定一无所知或不甚了解,就极有可能招致一些不必要的麻烦;或者失敬于外方人士,被对方曲解了我方的本意;或者好心办了坏事,甚至因此而犯了错误。

在外事活动中,礼品的问题实际上包括了礼品的赠送与礼品的接受两个方面。当我方人员向外方人士赠送礼品时,我方通常处于较为主动的位置;而当我方人员接受外方人士的礼品时,我方则一般处于较为被动的位置。不论从哪一个方面来讲,外事人员都有一定的礼仪规范应予遵守。二者虽然角度不同,但都不允许外事人员对其有所忽略。

(一)赠送礼品

礼品的赠送,是由一系列的具体环节所构成的。在外事活动中需要赠送礼品时,我方人员通常应对下述三个要点予以重视。

1. 礼品定位。礼品定位,在此是指确定适用于外事活动的礼品的特殊之处。唯有定位准确,礼品在外事活动中才会起到应有的作用。不然的话,就有可能前功尽弃,劳而无功。

为用于外事活动的礼品进行定位时,应当认真遵守下列五项规则。

第一,突出礼品的纪念性。向外方赠送的礼品,不论获赠对象是集体还是个人,均应注重其纪念性。换句话来说,就是不应过分突出其身价,不宜以价格昂贵见长,而是应当强调其纪念意义。须知,在不少国家里,在官方活动中向个人或组织赠送身价高昂的礼品都不受欢迎。弄得不好,还有贿赂之嫌,甚至为此而触犯法律。

外事人员必须谨记,与外方的旧友新朋们打交道时,没有必要次次送礼,回回大礼。即便有必要向对方赠送礼品,也要讲究"礼轻情义重"。有时,送给外方人士一本画册、一套明信片、一张照片、一枚纪念章,亦受对方欢迎。

第二,明确礼品的对象性。同样一种礼品,送给不同的对象,效果往往相差甚远。礼品的对象性是指在外事活动中进行礼品选择时,应当根据具体对象的不同而有所区别。

礼品的对象性,主要要求外事人员在选择礼品时,必须注意因人而异、因事而异。所谓因人而异,是指选择礼品应当不同对象不同对待,切忌千篇一律。例如,日本人对中国的抽纱手帕十分欣赏,可将它送给意大利人却会被认为十分晦气。所谓因事而异,则是指对礼品的选择应根据具体场合的不同而有所变化。

比方说,用于国务活动的礼品与用于私人拜访的礼品便绝对不宜相同。

第三,体现礼品的民族性。在任何时候,独具特色的礼品往往最受欢迎。将此规则运用于外事活动中所使用的礼品上,便是应努力使之体现民族性。因为在外方人士眼里,最具有中华民族传统特色的东西,往往才是最好的、最受欢迎的东西。

一些中国老百姓眼中的寻常之物,诸如唐装、布鞋、手炉、剪纸、窗花、图章、玉佩、筷子、二胡、笛子、空竹、风筝,以及中国结、油纸伞、生肖挂件等,一旦送到外方人士手里,往往便会备受青睐、身价倍增。外事人员以之送给外方人士,投其所好,何乐而不为!

第四,牢记礼品的时效性。向外方人士赠送的礼品,一般不宜太过前卫或另类,但是对其时效性却不能不注意。礼品的时效性,此处指的是有些礼品只有在一定的时间段之内才会"大放异彩",产生其应有的效果。若是忽略其时效性,其效果往往便会锐减。

例如,倘若在2008年北京奥运会举办前夕和举办期间,我方人员向外方人士赠送印有其标志或吉祥物的礼品,必定大受欢迎。在此之后数年已过的今日,仍然以之送人,则除专业收藏者之外,对方定会对此兴趣锐减,甚至还有可能视其为"处理品"。

第五,兼顾礼品的便携性。在一般情况下,为外方人士尤其是远道来访的外方人士选择礼品时,除须考虑以上几点之外,还须兼顾其便携性问题。即送给外方人士的礼品不仅要满足上述诸点,而且还必须使之易于为对方所携带。至少,也不应赠送易于损坏或是为对方平添不必要麻烦的礼品。

有些原本不错的礼品,例如,以民间工艺精制的陶瓷、玻璃制品或巨型图画、雕塑、屏风、摆件,因其易破、易碎、不耐碰撞挤压,或者体积庞大、笨重,通常都不宜向外方人士贸然相赠。

2. 避免犯忌。由于"十里不同风,百里不同俗",同一种礼品在不同国家、不同地区、不同民族里,往往会被赋予一些不同的寓意。有鉴于此,在外事交往中为外方人士挑选礼品时,无论如何都不应冒犯对方的有关禁忌,否则其实际效果便会南辕北辙。避免冒犯禁忌是一个绝对不可被外事人员忽视的大问题。

根据一般经验,如下九类物品在外事活动中不宜充当礼品。平时,外事人员通常将其统称为"对外交往九不送"。

第一,一定数额的现金、有价证券。在许多国家里,政府部门或公司、企业往往都有明文规定,禁止其工作人员在对外交往中接受现金、有价证券,或是实际价值超过一定金额的物品。此项规定,不仅是一项常规的职业禁忌,而且亦被视为反腐倡廉的应有之举。

第二,天然珠宝、贵金属饰物及其他制成品。忌向外方人士赠送此类物品的缘由,与前者基本上相同。

第三,药品、补品、保健品。中国人的习惯,是有病时吃药治病,无病时进补、保健。但在国外,个人的健康状况却属于"绝对隐私"。若按照中国人的老习惯,将与个人健康状况直接挂钩的药品、补品、保健品尤其是中成药送给外方人士,往往都不会为对方所欢迎。

第四,广告性、宣传性物品。不少外国人,特别是发达国家的人,极度崇尚个人尊严,因而其自我保护意识极强。外事人员若将中国人大都来者不拒的带有明显广告性、宣传性的物品或带有明显的本单位标志的物品送与对方,往往会被对方理解为我方有意利用对方,或是借机进行政治性、商业性宣传。

第五,冒犯受赠对象的物品。送给外方人士的任何物品,都应以不得冒犯受赠对象,包括不冒犯其本人,不冒犯其所在国家、所在地区、所在民族,不冒犯其所代表的单位,作为前提条件。若礼品本身,包括其品种、形状、色彩、图案、数目、外包装或者其寓意,冒犯了受赠者的个人禁忌、职业禁忌、民族禁忌或宗教禁忌,都会使馈赠行为功亏一篑。

第六,易于引起异性误会的物品。在人际交往中,"男女有别"是必须谨记的。在任何情况下,外事人员在面对外方异性人士时,都必须有所顾忌。向关系普通的异性赠送礼品时,务必要三思而后行,切勿弄巧成拙,误向对方赠送示爱之物或含有色情、下流之意的物品。

第七,以珍稀动物或宠物为原材料制作的物品。出于维护生态环境、保护珍稀动物的考虑,在国际社会中,珍稀动物及其制成品,诸如以大熊猫、东北虎、藏羚羊的毛皮制成的物品或象牙制品,显然不宜充当礼品。与此同时,以猫、狗等宠物为原材料的制成品,也不宜选为礼品。

第八,有悖现行社会规范的礼品。挑选拟送外方人士的礼品时,勿忘遵守法律、道德等现行的社会规范。此处所说的现行社会规范,不仅是指中国现行的社会规范,而且还应当将交往对象所在国家现行的社会规范包括在内。出访之际,后者往往必须优先予以考虑。疏忽了这一点,则可能误人误己,甚至会害人害己。

第九,涉及国家机密、行业秘密的物品。在外事活动中,我方人员必须具有高度的国家安全意识与保密意识。对于外方人士,既要讲究待人以诚,又要注意"防人之心不可无"。在任何情况下,都不可自作主张,未经批准擅自将内部文件、统计数据、情况汇总、技术图纸、生产专利等有关国家、行业的核心秘密,随意送给外方人士。否则不仅有损于国家利益或行业利益,而且还可能会为此而受到法律的制裁。

3. 遵循规则。向外方人士赠送礼品时,我方人员必须遵循国际社会所通行的礼品赠送规则——"六W规则"。

所谓"六W规则",指的是外事人员向外方人士赠送礼品时,有六大要点必须在总体上予以统筹考虑。在英文里,这六大要点均以"W"字母作为词首,故此外事礼仪名之曰"六W规则"。

第一个"W"——"Who"。它要求:外事人员决定向外方人士赠送礼品时,首先必须明确受赠对象是"谁",即要求了解清楚受赠者的具体情况。对于来自不同国家、不同地区、不同民族、不同阶层、不同年龄、不同性别、不同职业、不同的受教育程度以及不同的文化背景的外方人士,为其所选择的礼品自然应当有所区别。

第二个"W"——"What"。它要求:外事人员必须重视送给外方人士的礼品具体应当是"什么"。这一问题与上一问题具有明显的因果关系,却又不能完全为其所取代。这是因为选择适用于外事活动的礼品,不但要因人而异,而且要兼顾赠送者的能力、交往双方的关系、赠送礼品的具体场合等。

第三个"W"——"Why"。它要求：外事人员在为外方人士选择礼品时，须明确"为什么"。必须强调的是，我方人员向外方人士赠送礼品的目的，既不是为了贿赂、收买、拉拢对方，也不是为了逢迎、讨好对方。我方的基本意图从来都是而且也只能是为了向对方表达自己的尊重、友好与善意。

第四个"W"——"When"。它要求：我方人员作为赠送者时，必须审慎地对待"什么时间"赠送礼品为宜的问题。一般而言，在外事活动中，宾主双方处理这一问题的具体做法是有所不同的。充当客人时，外事人员通常应当在宾主双方相见之初或首次正式拜会主人时，即向主人奉上礼品。充当主人时，外事人员则往往应在饯行宴会上或前往客人下榻之处为其送行时，向客人赠送礼品。

第五个"W"——"Where"。它要求：外事人员必须认真确定"什么地点"适宜向外方人士赠送礼品。按照国际惯例，处理这一问题应讲究"公私有别"：因公交往赠送的礼品，应在办公地点或大庭广众之前赠送，以示郑重其事或光明正大。因私交往赠送的礼品，则应在私人居所或并无他人在场之际赠送，以示双方关系密切，私交甚深。

第六个"W"——"Which"。它要求：外事人员应充分考虑礼品赠送的具体方式，即何种赠送礼品方式的问题。就我方人员而言，应着重注意三点：一是要关注赠送者的身份。若有可能，在官方活动中向外方人士赠送礼品时，最好由当时到场的我方身份最高者亲自出马，以提高赠送活动的档次。二是要重视礼品的包装。在国际交往中，礼品的包装一向被视为是礼品的有机组成部分。对礼品认真加以包装，不但可以提升其档次，而且还意味着赠送者郑重其事的态度以及对受赠者的尊重。对礼品不加任何包装，或者不认真加以包装，则往往会使之自行贬值或令受赠者感到不受重视。三是要进行礼品的介绍。对礼品的产地、特征、用途以及寓意，应向受赠者进行必要的说明。

（二）接受礼品

在外事活动中，外方人士经常有可能向外事人员赠送礼品。在这种情况下，外事人员的临场表现与反应,是十分重要的。

在正常情况下,外事人员在收受外方人士的礼品时,需要重视以下四个要点:

1. 欣然接受。当外方人士向我方人员赠送礼品时,我方人员通常应当当场予以接受。此时此刻,外事人员最得体的表现,是应当高高兴兴、落落大方地将外方人士所馈赠的礼品当即接受下来。切不可躲躲闪闪、扭捏作态地推来推去,或者言行不一地跟对方过分客套。

具体而言,当场接受外方人士的礼品时,我方人员应当面含微笑,起身站立,先以双手接过礼品,随后与对方握手,并正式就此而向对方表达自己由衷的谢意。在接受外方人士的礼品时,我方人员若面无表情、畏缩不前,使用左手去接礼品,或者不向对方口头道谢,都是十分失礼的。

2. 启封赞赏。在国外,特别是在许多西方国家里,人们在接受礼品时,大都习惯于当场立刻拆启礼品的外包装,将其取出仔细欣赏一番,然后再对其略表赞赏之意。这种中国人以往所难以接受的做法,早已在国际社会里逐渐演化为受赠者接受礼品时必须遵循的一项重要礼节。

在外事活动中接受外方人士所赠送的普通礼品时,外事人员若不当即将其启封,或者对其不置一词,都会被理解为对其完全不屑一顾,因而会使赠送者的自尊心受到极其严重的伤害。

3. 拒绝有方。对于外方人士所赠送的普通礼品,我方人员并非应当一律来者不拒。但若外方人士赠予我方人员的违法、违禁、违规的物品,有辱我方国格、人格的物品,有伤风化、有悖社会公德的物品,有碍我方正常执行公务的物品,或有害于双方关系的物品,我方人员则应坚辞不受。

需要指出的是,拒受外方的礼品时,我方人员应阐明其具体原因,有礼有节、不卑不亢。若发现对方确无恶意,则还须在拒受礼品的同时,向对方致以感谢。

4. 有来有往。接受外方人士的礼品之后,切莫忘记"有来有往"。其办法之一,是应在适当之时回赠给对方适当的礼品。礼品的性质与档次,大体上可与对方的礼品相近或相仿。其办法之二,是在接受礼品后,尤其是在接受较为珍贵的礼品后,应真诚地向对方道谢。除了应当场向赠送者正式道谢之外,还可在事后再度表达此意。常规的做法是在一周内致信、发邮件或打电话再次感谢对方,亦可在此后再次与对方相见时,提及自己很喜欢对方所赠送的礼品。

十一、给付小费

在国外,特别是在许多欧美国家里,服务行业十分发达。在那里,人们可以享受到形形色色的极其周到的服务。对于这一点,凡有出国访问经历的人都有同感。

然而我方人员在国外享受外方周到服务的同时,往往会对一种情况颇不习惯,那就是对对方服务人员致谢的方式。在国内,人们向服务人员道谢,往往口道"多谢"即可。可是在国外,向服务人员道谢的常规方式却是必须在正常支付服务费用的同时,付给对方一定金额的小费。对于这一做法,不少初次出访的中国人既不适应,又不情愿,但又不得不照此办理。

所谓小费,又叫小账,它一般是指消费者在享受服务人员为自己提供的服务时,额外付给服务人员的金钱。在国外,付给服务人员小费,不仅是对对方热情、周到服务的一种肯定,也是获得对方迅速服务的一种手段。

目前,在一些国家的服务行业中,小费不但成为服务人员所获得报酬之中的一项,而且还往往会占服务人员所获报酬中的一大部分。所以,在出访期间享受国外服务行业的各项服务时,我方人员既要懂得给小费,又要会给小费。在那些人们寸步离不开小费的国度里,疏忽了这一点,必将自寻烦恼。

在国外需要付给小费时,主要应当对其给付场合、给付方式、给付金额与相关事宜等四个方面的具体问题了解清楚。

(一)给付场合

给付小费的问题之一,是什么场合应当向服务人员给付小费。

大体而言,在许多国家里,几乎所有的服务行业都流行给付小费的做法。就

具体情况而论,给付小费最为常见的场合主要有:

1. 住宿酒店。出国访问,不能不住酒店。下榻酒店,小费不可或缺。住宿酒店时,对下述人员往往必须付给小费。

第一,门童。当门童为客人叫出租车或者为其开关车门、大门时,一般应付给其小费。

第二,行李员。行李员为客人搬送行李之后,通常应付给其小费。

第三,送餐者。有些客人惯于在客房内用餐,为此必须付给送餐者小费。

第四,客房服务员。客房服务员每天需要定时打扫、整理客房,因此应付给其小费。

2. 餐馆就餐。任何人都不能与吃喝绝缘。出访之际,在餐馆用餐时给付小费,往往是小费支出总额之中的一个大项。其具体的给付人员有:

第一,引位员。假定需要一个自己中意的位置,那么向引位员支付小费常常是必须的。

第二,侍者。对于忙来忙去的侍者,自然必须付给小费。

第三,乐手。一些餐厅里有专业乐手为就餐者演奏,给付其小费往往是顺理成章之事。

第四,卫生间保洁人员。如果中途去卫生间方便一下,那么有时亦须付给其保洁人员小费。

3. 美容美发。在国外,美容美发是人们的重要日常活动项目之一。其需要给付小费的人员主要有:

第一,美容师。有的国家不需要给美容师小费,有的国家则相反。

第二,发型师。在绝大多数流行给付小费的国家里,都有付给发型师小费的习惯。

第三,泊车者。如果需要泊车者代替自己泊车的话,那么亦应向其支付小费。

4. 乘坐出租。在许多国家里,乘坐出租车之时,不但应当全额支付租车费,而且还应当付给出租车司机小费。

5.观看演出。在国外观看较为高档的演出时,通常也必须向有关服务人员给付小费。其需要给付者有:

第一,衣帽厅侍者。享受存放衣帽的服务后,一般应付给衣帽厅侍者小费。

第二,节目单发放者。遇到在演出厅外发放节目单的工作人员,往往应付给其小费。

第三,剧场领位员。需要有关工作人员为自己引领寻位时,应给付对方小费。

6.旅游观光。在国外旅游观光时,小费通常必不可少。其具体给付人员主要有两类:

第一,导游员。给付导游员小费,早已成为一项惯例。在国外参加团队旅游时,对此不容置疑。

第二,驾驶员。在国外随团旅游时,必须给付旅游车驾驶员以小费,因为旅途的方向在其"掌握"之中。

除了上述六类给付小费最为普遍的场合之外,还有其他一些服务场合也需要给付小费,否则自己很难得到迅速提供的服务,而且所得到的服务也难以保质保量。

(二)给付方式

在不同国家、不同行业里,往往流行着具体不同的小费给付方式。对此如果缺乏了解,或者自己所采取的给付小费的方式不到位,都会直接破坏给付小费的效果。

一般而言,目前国外所流行的给付小费的具体方式主要存在下述几种。

1.列入账单。在宾馆住宿、餐厅就餐时,所应支付的小费通常都会明码实价地列入正式的账单之中。除宾馆、餐厅之外,此种给付小费的方式并不多见。

2.不取找零。在一些地方,人们习惯在消费之后,结算账目时只取回大额整款,而将小额零钱充当小费。有时,全部找回的金额亦可充当小费。

3.多付现金。有人在结账前,明明早已知道具体的消费金额,可是偏偏还要多付一些现金。其目的,就在于告之服务人员此乃付给对方的小费,"不用找了"。

4. 私下给付。在有些地方,人们惯于私下给付小费。其具体做法通常是由消费者悄悄把一定数额的小费塞到服务人员的手中,而不是在众目睽睽之下给付。

5. 由其自取。在国外,人们私下付给服务人员小费的另外一种方式,是将其置于某一约定俗成之处,例如,床头、茶盘或酒杯之下,而由服务人员自己取回。

6. 变相支付。有的国家禁止小费,有的职业不准收取现金小费。于是人们往往会向有关人员赠送一些适当的小礼物,以之替代小费。

(三) 给付金额

在国外,向服务人员给付小费的具体金额颇有讲究。它往往既不可以少给,也不必多给。给付的小费金额过少,会被人视为吝啬鬼;给付的小费金额过多,则又会被人视为有意炫耀富有。

在正常情况下,在国外向服务人员给付小费的具体付费方式有两种,其给付金额亦各自不同。

1. 按比例付费。在国外,向服务人员给付小费通常都是由消费者依照本人的消费总额的一定比例来支付,即所谓按比例付费。就一般情况而论,按比例给付服务人员的小费约占消费者消费总额的5%~20%之间。具体而言,在不同场合按比例给付服务人员的小费所占消费者消费总额的具体比例,往往又有所不同:

住宿酒店时,账单上通常明确地标有需要收取消费者消费总额的10%~15%作为小费。

在餐馆就餐时,消费者大约需要按自己消费总额的5%~20%付给服务人员小费。付给领班的小费,应为消费总额的5%左右。

搭乘出租车时,一般应当按照车费的15%付给出租车司机小费。

去酒吧时,付给侍者与管酒人的小费应各为自己消费总额的15%。

美容美发时,消费者往往需要按本人消费总额的10%~20%付给小费。

2.按定额付费。除按比例付费之外,在国外,小费还可以按照一定的定额付给服务人员。对于一些特定工作岗位上的服务人员而言,采用此种方式通常更会受欢迎。所以,我方人员在国外随身携带一定数额的小额现钞,往往是必要的。

在一般情况下,鉴于按定额给付小费这一方式之中的"定额"约定俗成,在服务人员与服务对象之间已经达成默契,因此它更加易于操作。不过,在不同国家里,由于人们的消费能力有所不同,付给同一工作岗位上服务人员的小费的具体定额,往往会有所不同,但是其差距也不会太大。举例而言:

住宿宾馆时,付给门童的小费,应在1美元左右;付给客房服务员的小费,应为1~2美元。

在机场、港口、火车站,请行李员替自己搬运行李时,一般应当按自己所带行李的具体件数给付小费,一件行李大体应当给付0.5~1美元小费。另外,付给存车者的小费应为1美元。

观看影剧时,付给节目单发放者与领位员的小费,应为0.5~1美元。付给衣帽厅服务员的小费应为1美元。

在卫生间方便之后,付给保洁人员的小费,应为0.5美元左右。

(四)相关事宜

给付服务人员小费时,如下五项事宜必须为我方人员所知晓并践行。

1.尊重对方。给付服务人员小费,意在肯定其工作成绩。因此,应对对方不失尊重,切勿居高临下地侮辱或戏弄对方。

2.悄然给付。向服务人员给付小费时,宜悄然进行,而切忌在大庭广众之下公开操作。

3.掌握时机。给付小费的时机,往往直接制约着服务的效果。有经验的人,通常都会"先入为主",在服务开始前或服务之初付给服务人员小费。

4.按质付费。给付小费,亦须"按质论价"。当服务质量下降或欠佳时,可减少小费的具体数额,或者拒付小费。

5. 有所区别。在国外,并非所有国家、所有行业都要求给付小费。在中国国内接待外方来宾时,亦不应向其索要小费。

主要参考书目

1. 彭青龙. 国际商务礼仪[M]. 北京:华东师范大学出版社,2018.
2. 宋允孚. 国际公务员与国际组织任职[M]. 北京:中国人民大学出版社,2016.
3. 平原春. 西方礼仪文化[M]. 昆明:云南人民出版社,2016.
4. 史兴松. 国际商务礼仪(英文版)[M]. 北京:对外经济贸易大学出版社,2016.
5. 张建国. 中国礼宾与公务接待[M]. 北京:中国人民大学出版社,2015.
6. 萧芳芳. 洋相:英美社交礼仪[M]. 武汉:湖北科技出版社,2015.
7. 周国宝,等. 现代国际礼仪(英文版)[M]. 北京:北京师范大学出版社,2014.
8. 郭宗娟. 礼仪与职业形象[M]. 北京:机械工业出版社,2013.
9. 陈保健,等. 礼仪学[M]. 成都:西南交通大学出版社,2013.
10. 李嘉珊,等. 国际礼仪范式[M]. 北京:高等教育出版社,2012.
11. 刘青. 世界礼仪文化[M]. 北京:时事出版社,2010.
12. 钱刚镡. 实用国际社交礼仪[M]. 台北:商周出版社,2009.
13. 张国斌. 外交官说礼仪[M]. 北京:华文出版社,2009.
14. 陈振民,等. 国际礼仪指导[M]. 上海:上海教育出版社,2008.
15. 李晶. 现代国际礼仪[M]. 武汉:武汉大学出版社,2008.
16. 曾启芝. 国际礼仪[M]. 台北:五南出版社,2008.
17. 范荧. 国际礼仪指导[M]. 上海:学林出版社,2007.

18. 连娟珑. 国际礼仪[M]. 台北:文京图书有限公司,2007.

19. 陈美雪. 国际礼仪[M]. 台中:华格那企业有限公司,2006.

20. [美]特·莫里森,等. 国际商务礼仪大全[M]. 北京:电子工业出版社,2006.

21. 庄铭国. 国际礼仪公务员必修手册[M]. 北京:中共中央党校出版社,2006.

22. 陈春. 涉外礼仪[M]. 哈尔滨:哈尔滨工业大学出版社,2004.

23. 陈红. 国际交往实用礼仪[M]. 北京:清华大学出版社,2004.

24. [德]阿·克尼格. 克尼格礼仪大全[M]. 北京:中国商业出版社,2004.

25. [美]莱·戈德曼. 第一印象[M]. 北京:中国时代经济出版社,2004.

26. 文泉. 国际商务礼仪[M]. 北京:中国商务出版社,2003.

27. 张德平. 出国人员实用礼仪手册[M]. 北京:新时代出版社,2003.

28. [美]玛·米切尔,等. 商业礼仪[M]. 沈阳:辽宁教育出版社,2002.

29. 朱立安. 国际礼仪[M]. 广州:南方日报出版社,2001.

30. 李天民. 现代国际礼仪知识[M]. 北京:世界知识出版社,1999.

31. 广东省外办礼宾处. 外事礼宾实用手册[M]. 广州:中山大学出版社,1998.

32. [美]芭·帕切特,等. 国际商务礼仪[M]. 北京:中国对外翻译出版公司,1998.

33. 刘延风. 礼宾工作手册[M]. 北京:警官教育出版社,1997.

34. 对外经贸部交际司. 涉外礼仪 ABC[M]. 北京:中国人民大学出版社,1997.

35. 王振槐. 国际商务礼仪[M]. 北京:北京审计出版社,1997.

36. [美]莱·鲍尔德里奇. 企业人礼仪手册[M]. 海口:海南出版社,1997.

37. [美]苏珊·萝安. 个人公关[M]. 海拉尔:内蒙古文化出版社,1997.

38. [美]林·布伦南,等. 商务礼仪[M]. 北京:新华出版社,1997.

39. 张怡. 涉外礼仪[M]. 上海:中国纺织大学出版社,1996.

40. 程润明,等.国际商务礼仪[M].上海:上海外语教育出版社,1996.

41. [美]大卫·罗宾逊.商务礼仪[M].北京:北京大学出版社,1996.

42. [美]伊·波斯特.西方礼仪集萃[M].北京:生活·读书·新知三联书店,1996.

43. 李柠.国际商务礼仪[M].北京:财政经济出版社,1995.

44. 钟敬文.中国礼仪全书[M].合肥:安徽科技出版社,1995.

45. 张敏杰.当代国际礼仪指南[M].长春:长春出版社,1994.

46. 张彦,等.涉外礼仪[M].南京:译林出版社,1993.

47. 佟玉华,等.百国礼俗与食宿[M].北京:商业出版社,1993.

48. 陈栋康,等.国际商务礼俗[M].北京:对外经贸出版社,1992.

49. 刘玉学,等.涉外礼俗知识必读[M].北京:旅游出版社,1990.

50. 焦宏昌.中外禁忌与礼俗[M].北京:中国人民大学出版社,1990.

51. 蒲爱梅.国际社交礼仪规范[M].北京:世界图书出版公司,1990.

52. 谭敏,等.国际社交礼仪[M].北京:中信出版社,1990.

53. 杨允祚.国际礼仪手册[M].南京:江苏科技出版社,1989.

54. 耿建华.国际交往礼节趣谈[M].天津:天津人民出版社,1989.

55. 侯宪举,等.实用中外礼仪[M].西安:西安交通大学出版社,1989.

56. 陆永庆.东西方礼节礼貌[M].南昌:江西人民出版社,1988.

57. [日]松平靖彦等.现代日本礼仪[M].上海:上海翻译出版公司,1988.

58. [日]寺西千代子.国际礼仪手册[M].长春:吉林文史出版社,1988.

59. [法]让·塞尔.西方礼节与习俗[M].上海:上海人民出版社,1987.

60. [英]埃·唐纳德.现代西方礼仪[M].上海:上海翻译出版公司,1986.

61. [加]云从龙夫妇.西方的礼节[M].北京:商务印书馆,1986.

62. 李斌.国际礼仪与交际礼节[M].北京:世界知识出版社,1985.

后　记

　　大约 20 年前,我开始致力于应用礼仪的研究。当初,我研究应用礼仪的起点,就是外事礼仪。这既与我的专业有关,又与社会发展的客观需要相联系。

　　此后,我陆续出版了多部有关礼仪方面的专著与教材。然而,由于种种原因,一直未能撰写一部专门的外事礼仪专著。尽管许多供职于外事部门的友人再三要求我尽快撰写这样一部专著,而且这也是我多年的夙愿,但是却长时间未能如愿。

　　2000 年 5 月,我的学生兼朋友、首都经济贸易大学出版社编辑田玉春先生找到我,诚邀我在总结自己多年教学与科研心得的基础上撰写一部专门的外事礼仪专著,并慨然允诺出任本书的编辑。在他的热情鼓励下,我终于下决心写作此书。两年来,虽然我和田玉春先生的工作都非常繁忙,但他一直锲而不舍地督促我的撰写工作。尽管本书的交稿时间一拖再拖,可是首都经济贸易大学出版社的有关领导却始终对我表示谅解。因此,我谨借本书正式出版之际,向田玉春先生以及首都经济贸易大学出版社的有关领导致以衷心的感谢。

　　在外事工作中,礼仪只能算是一支"偏师"。不过它在外事工作中却往往牵涉到方方面面,几乎无时无处不在。因此对外事礼仪必须认真对待,讲究规矩,审慎而为,来不得半点疏忽大意,更不能自行其是。有鉴于此,在撰写此书的过程中,我本着为自己负责、为读者负责、为出版社负责的精神,自始至终严肃认真,反复推敲。应当承认,我是将本书作为自己多年来从事外事礼仪教学与研究的成果与总结来看待的。

　　为了确保本书的准确与权威,在写作过程中,我曾反复向外交部政策研究室、中联部政策研究室的有关专家征求意见与建议。与此同时,我还将本书的主要内容在北京市外办、长春市外办、烟台市外办、葫芦岛市外办等外事单位进行过试讲,以便了解实际工作部门的反映。但是,这并不能够保证本书完全正确无误。倘若广大读者从中发现不足之处,敬请指教。

最后,感谢读者对我的支持!

作者

2002 年 3 月 23 日于

北京市世纪城小区居所

再版后记

　　拙作《外事礼仪》自 2002 年 9 月由首都经济贸易大学出版社出版以来,受到了许多读者的欢迎,中国人民大学等多所院校将其选定为 MPA 外事管理方向指定教材,外交部、中联部、商务部、外宣办、对外友协等许多涉外部门的专家对其予以肯定。以其为主要内容的《国际礼仪》(20 集)系列电视片在中央电视台、中央教育电视台《百家讲坛》等栏目连续播出多次,受到广大电视观众的好评。

　　与此同时,作者自己也发现了本书所存在的个别不足之处,并收到了一些读者与有关专家、学者所提出的中肯意见和建议。

　　在此基础上,作者用三个多月的时间对《外事礼仪》一书进行了较为全面的修订,不仅增加了一些章节与主要参考书目,而且还纠正了某些失误之处。现交付再版,以期本书能够与时俱进,更好地服务于广大读者,服务于我国的对外开放,服务于我们伟大的社会主义祖国。

　　再次感谢广大读者对本书的大力支持!

作者
2004 年 8 月 8 日

修订第三版后记

我所撰写的《外事礼仪》(修订第二版)于2004年9月出版,迄今已近6年。近期我应广大读者与出版社的要求,对其又一次进行了较为全面而系统的修订。

我需要在此对广大读者进行说明的是,此次修订的重点有二:

其一,本着"与时俱进"的精神,再次增加了某些章节。这一点,既是进一步充实与完善本书内容的需要,又符合广大读者的实际需要。

其二,本着"精益求精"的要求,对本书的具体内容与文字上的某些明显的错误,进行了认真的改正;对一些叙述上不够严谨或准确的地方,进行了尽可能的调整。

我在上面所做的一切,都是我应该做的,而且也是我所必须努力去做的。今后,我还会一如既往地这样继续认真地去做。

最后,再次感谢近年来广大专家、学者与读者对本书的热情肯定与具体指教!

作者

2010年5月

修订第四版后记

我所撰写的《外事礼仪》《公司礼仪》，自2002年9月、2003年5月分别由首都经济贸易大学出版社推出后，已分别相继出版过第三版、第二版。现在，我已完成了《外事礼仪》第四版、《公司礼仪》第三版的修订。

在此，除了对广大读者的支持表示感谢、对首都经济贸易大学出版社的领导与本书责任编辑田玉春先生的信任与鞭策表示感谢之外，我有必要强调以下两点，是为对两书此次修订的说明。

一方面，目前全社会重视礼仪，在我国已经蔚然成风。正所谓"衣食足而知礼仪"，随着我国社会主义现代化建设的大踏步进行，中国社会与中国人民已经越来越普遍关注学礼、讲礼、懂礼、用礼。"人无礼则不立，事无礼则不成，国无礼则不宁"，时下已是国人的一种共识。有鉴于此，本次修订更加关注生活与工作中礼仪细节的规范性，更加关注礼仪的实用性与可操作性。

另一方面，简化礼仪，目前亦是大势所趋、人心所向。有道是"大礼必简"，唯其如此，才能够进一步推广、传播、普及礼仪。必须承认，礼仪的简化与当前国人重实效、讲节俭的社会风气相辅相成。我一向认为：礼者，宜也。礼仪只有便于操作，才有其成效可言；而欲使礼仪便于操作，就不能搞繁琐哲学，而是必须令其简洁易行。这一点亦为本次修订中对相关内容增删时所坚持的指导思想。

最后，再次感谢大家的体谅与爱护！

作者

2013年4月

修订第五版后记

《礼记》有言:"礼,时为大,顺次之,体次之,宜次之,称次之。"对于这一名句,我的解读是:礼仪的具体应用,最重要的是必须合乎时代的变化;其次是要合乎主流社会的伦理道德规范;其次是要合乎其适用对象的实际情况;其次是要合乎人情世故;最后是要合乎应用者本人的身份。时至今日,《礼记》的此种主张依旧具有重要的指导意义。在修订《外事礼仪》(第五版)时,我亦奉此为基本原则。

具体而言,在对《外事礼仪》(第五版)的基本内容进行修订时,我主要关注以下两点:

其一,力求当代礼仪规范的中国化。作为涉外交往中"发出中国好声音,讲述中国好故事"的主角,外事人员在具体运用外事礼仪时坚持此点无疑至关重要。

其二,追求当代礼仪规范的大众化。随着当代中国国际参与度的日益提高,越来越多的中国人全方位地进入了国际社会。在外国人眼里,中国人人人都是中国的名片,人人都是中国的窗口。在此背景下,礼仪包括外事礼仪大众化或曰普及化的迫切性,自不待言。

为使本书能够更好地服务于广大读者,除必要的纠错正误以及对某些不合时宜的章节予以删除之外,根据当代外事工作与广大外事工作者的实际需要,我在此次修订中着重于增加更多的具有可操作性的内容。

在本版《外事礼仪》出版之际,我要再次对广大读者的支持与鼓励表示感谢,并对首都经济贸易大学出版社领导与本书责编田玉春先生的肯定与督促表示感谢!

作者
2016 年 9 月 19 日于山东养马岛

修订第六版后记

目前,中国人民正在以习近平同志为核心的中共中央领导下,改革与开放并重,努力建设富强、民主、文明、和谐、美丽的社会主义强国。在此背景下,我对《外事礼仪》这部教材进行了新的修订。

对《外事礼仪》的此次修订,需要具体说明的主要有以下三点:

其一,力求更好地服务于我国的对外开放。本着"与时俱进"的精神,此次修订对有关内容以时效性、适用性为第一原则进行了必要的调整。

其二,尽可能地在总体上使之从简、务实。先贤尝言:"为学日益,为道日损。"就礼仪规范而言,"大礼必简""求真务实"早已成为共识。因此,在此次《外事礼仪》的修订中,对某些过时的、实用性较差的内容,进行了删减。

其三,坚持"古为今用""洋为中用"二者并重。众所周知,在涉外交往中,外事人员既要继承、发扬优秀的中华传统,又要善于借鉴世界各国的先进文化,并要向国际惯例学习。正如习近平同志所言:文明因交流而多彩,文明因互鉴而丰富。此次修订中,中华传统礼仪与国际社会的通行礼仪,同样地受到了重视。

本次修订,历时近半年。在此过程中,首都经济贸易大学出版社领导与本书责任编辑田玉春先生对本人多有帮助、指导与督促,广大读者与有关专家、学者、同行对本人亦多有意见、建议与指教,在此一并表示感谢!

中国礼仪经典《礼记》上说:"礼也者,义之实也。"据《孝经》记载,孔子亦曾明言:"礼者,敬而已矣。"本人向来认为,"礼"之大义,即"敬人"。此处所谓"敬人",理当包括敬先贤、敬师长、敬前辈、敬宾客、敬同事、敬邻里、敬家人,同时亦应包括敬国家、敬社会、敬单位、敬职业、敬自己。换言之,就是要努力地做到《礼记》上所要求的"勿不敬"。本人今年年届60岁,从事礼仪的教育、普及工作30余年。在此写下以上感言,与大家共勉。

作者

2019年9月于北京